Lernziel Leben

Rudolf Affemann

Lernziel Leben

Der Mensch als Maß der Schule

21/1.77

dva

Gesamtherstellung: Sulzberg-Druck GmbH, Sulzberg im Allgäu
Printed in Germany
ISBN 3 421 01773 5

Für Michael

Inhalt

1 Hat Seneca recht?

Der Philosoph Seneca klagte vor bald 2000 Jahren: »Wir lernen nicht für das Leben, sondern für die Schule.« Die Bildungstradition kehrte diesen Vorwurf um in die Behauptung: »Nicht für die Schule, sondern für das Leben lernen wir.« Wohl jeder von uns erinnert sich daran, in seiner Schulzeit dieses Wort gehört zu haben. Jede Lehrergeneration gebraucht es aufs neue, um die Schüler zum Lernen, angeblich zum Lernen fürs Leben anzureizen. Damit hat die Schule selbst ein Richtmaß geschaffen, an dem sie zu messen ist. Die Frage lautet: Lernen wir in der Schule mehr für das Leben oder lernen wir mehr für die Schule?

Der Leser mag sich die Frage vorlegen, wieviel er noch von dem weiß, was er in der Schule an Wissen aufnahm. Sind es 20 oder 30 Prozent? Oder ist es noch weniger? Welche Noten würden wir wohl erhalten, wenn wir die Klassenarbeiten unserer Kinder mitschrieben? Die Noten »mangelhaft« und »ungenügend« wären sicher zahlreicher als die Zensuren »sehr gut« bis »ausreichend«. Mit unserem heutigen Wissensstand würden nur wenige von uns das Klassenziel einer weiterführenden Schule erreichen. Trotz der spärlichen Schulkenntnisse, die uns verblieben, stehen wir aber im Beruf unseren Mann und sind manchmal sogar recht erfolgreich. Offenbar war es kein Verlust, daß uns die meisten Schulkenntnisse abhanden kamen. Wenn wir sie aber ohne Schaden vergessen konnten, stellt sich die Frage: Wozu haben wir sie dann überhaupt gelernt? Oder anders gefragt: Wieviel von dem, was wir in der Schule lernten, benötigen wir tatsächlich im Beruf und in den anderen Lebensbereichen?

Natürlich brachte uns die Schule nicht nur Wissen bei, sondern auch Können. Wir lernten Lesen, Schreiben, Rechnen, sprachlichen Ausdruck, logisches Denken und anderes mehr. Manche Einzelkenntnisse wurden gebüffelt, um Fähigkeiten zu schulen. Auch wenn wir die Einzelheiten, an denen sich Fähigkeiten bildeten, längst vergessen haben, blieben uns jene Fähigkeiten erhalten. Hierzu ist jedoch zu fragen: Worauf liegt das Schwergewicht schulischen Lernens? Erwerben unsere Schüler Unmengen von Einzelkenntnissen, weil Besitz von möglichst umfänglichem Wissen ein wesentliches Bildungsziel darstellt, oder dient Wissen vornehmlich der Ausbildung von Fähigkeiten? Leider ist das erstere der Fall. Sinnvoll wäre es, im Leben gefragte Fähigkeiten mittels Lernen in der Schule zu erschließen und dabei die Einzelkenntnisse zu erarbeiten, ohne die Ausbildung von Fähigkeiten unmöglich ist. Sinnlos ist es hingegen, Berge von Kenntnissen aufzuhäufen, die im Leben nicht verlangt und entsprechend rasch wieder vergessen werden. In der Schule überwiegt sinnloses Lernen bei weitem. Der Lernaufwand in der Schule ist groß, der Ertrag an lebenswichtigen Kenntnissen und Fähigkeiten jedoch klein. Die Schule arbeitet demnach mit einem niedrigen Nutzeffekt. Das aber geschieht in einem Lebensalter, in dem der junge Mensch ungewöhnlich lernfähig ist.

Ich behaupte also: Das meiste, was wir in der Schule lernen, brauchen wir im Leben nicht. Den größten Teil des Erlernten kann der Schüler, weil der im Lehrplan vorgesehene Stoff ja inzwischen behandelt wurde, nach der nächsten Klassenarbeit, spätestens aber nach der Abschlußprüfung vergessen. Kein Mensch wird ihn jemals wieder danach fragen. Behalten muß er nur die Stoffmenge, die er im anschließenden Studium benötigt oder die das Leben als Basiswissen verlangt. Das aber ist ein Ausschnitt, der, gemessen an der Wissensfülle der heutigen Schulen, wohl unter 30 Prozent liegen dürfte.

Man kann entgegnen: Auch wenn der größte Teil des Lernaufwandes in der Schule für das Leben ohne direkten Belang ist, so erfüllt die Schule dennoch für den Schüler eine außerordentlich wichtige Funktion. Am Ende des Lernens erhält er nämlich ein Abschlußzeugnis, das ihm Berechtigungen verleiht. Mit diesem

Papier hat er bessere Berufs- und Lebenschancen. Er kann studieren, hat das Recht, in bestimmte Laufbahnen des öffentlichen Dienstes einzutreten und Bezahlung nach einer festen Besoldungsklasse zu erhalten. Auf dem Wege über die Berechtigungsscheine wird die Schule – gleich, wie bildungsrelevant ihr Lernen ist – für das Leben bedeutsam.

Dennoch wäre es verfehlt, den Sinn des Lernens in der Schule zu sehr mit dem Erwerb von Berechtigungsscheinen verbinden zu wollen. Schul- und auch Hochschulerfolg garantieren keinen Berufs- und Lebenserfolg. Deshalb sind die von Schule und Hochschule bescheinigten Qualifikationen daran zu messen, inwiefern sie tatsächlich zu dem befähigen, für das sie formal qualifizieren. Die Anforderungen des Lebens sind auch das Maß, welches an Schulzeugnisse und akademische Diplome anzulegen ist. Wird nicht das in unserem Schulwesen erlernt, was im Leben wichtig ist, so werden auf die Dauer gesehen Zeugnisse von Schule und Hochschule auch keine Berechtigungen zu größeren Sozialchancen vermitteln.

Einige Anzeichen deuten darauf hin, daß jene Diskrepanz von formaler und inhaltlicher Qualifikation in das Bewußtsein der Öffentlichkeit rückt, und daß daher die Bedeutung der Berechtigungsscheine abnimmt. Bislang bestand auch in der Berufswelt eine gewisse Schul- und Hochschulgläubigkeit. Seit einer Reihe von Jahren geht man in der Wirtschaft jedoch zunehmend dazu über, mittels eigener Untersuchungen festzustellen, ob und inwieweit Mitarbeiter – gleich, welche Zeugnisse sie aufweisen – für die zu besetzende Position geeignet sind. Auch im Hinblick auf den öffentlichen Dienst gibt es Tendenzen, die Koppelung von Schul- und Hochschulabschlüssen mit Laufbahn- und Besoldungsgruppen aufzulösen. Wird der Sinn des Lernens in der Schule zu sehr auf das Erwerben von Berechtigungen abgestellt, so kann es sein, daß junge Menschen in einer schulkritischer werdenden Gesellschaft schon bald bedeutungslose Scheine in der Hand halten.

Die Gründe der aufkommenden Skepsis gegenüber Schul- und Hochschulabschlüssen liegen nahe. Zu sehr weichen die Anforderungen des Lebens, im Beruf und in den anderen Lebensbezügen, von dem in unseren Bildungseinrichtungen Erworbenen ab. Ich möchte hierfür drei kurze Beispiele anführen: In den meisten Berufen spielt die Fähigkeit, mit Menschen umgehen zu können, eine große und oft sogar die ausschlaggebende Rolle. Viele Berufe – übrigens auch der der Hausfrau – verlangen Organisationsvermögen. Welche Hilfen geben uns Schule und Hochschule hierzu? Zukünftig werden in allen Berufen die Fähigkeit und Bereitschaft zu lebenslangem Lernen Voraussetzung sein, um mit dem immer rascher werdenden Wandel Schritt zu halten und um, sollte ein alter Arbeitsplatz aufgelöst werden, einen neuen zu erhalten. Die Schule hilft bislang jedoch kaum, das Lernen zu lernen und lernfähig wie lernwillig zu bleiben. Ihre Stoffüberfütterung bewirkt eher das Gegenteil.

Dem einen Satz: »Das meiste, was wir in der Schule lernen, brauchen wir im Leben nicht«, entspricht folglich der andere Satz: »Das meiste, was wir im Leben brauchen, lernen wir in der Schule nicht.« Das ist nicht nur im Hinblick auf den Beruf der Fall, sondern trifft in gleicher Weise auf die anderen Lebensbereiche, auf das private und öffentliche Leben zu. Zu den wichtigsten Dingen im Leben gehört es – um wieder zwei naheliegende Beispiele zu geben – eine gute, glückliche Ehe zu führen und seine Kinder zu den Menschen erziehen zu können, die sie aufgrund ihrer positiven Anlagen zu sein vermögen. Jeder Verheiratete weiß aber, wie schwierig es ist, sich in der Ehe zu entfalten, gleichzeitig dem Partner dieselben Möglichkeiten einzuräumen und ihm, vielleicht auf Kosten der eigenen Interessen, bei seiner Entwicklung zu helfen. Die Schule lehrt uns nicht, ehefähig zu werden. Kinder zu erziehen, ist eine noch schwierigere Kunst. Wir erfahren zu wenig vom Kind und seiner Entwicklung. Wer verhilft uns dazu, so erziehen zu können, wie es für das Kind gut ist, auch wenn wir unsere eigenen Interessen hierbei zurückstellen müssen? In der Schule lernen die zukünftigen Eltern bislang praktisch nicht, ihre Elternfähigkeit zu entwickeln.

Eine Demokratie lebt davon, daß sich jeder einzelne Bürger für das Gemeinwesen verantwortlich fühlt und nach Maß seiner Kräfte dieser Verantwortung tätig nachkommt. Nimmt er seine

Möglichkeiten nicht wahr, so tritt er die kleine Menge an Macht ab, die er besitzt. Dadurch bilden sich bei anderen Machtanhäufungen, die ein demokratisches Gemeinwesen bedrohen. Gemeinschaftskunde und politische Bildung in der Schule waren bislang nur ganz unzureichend in der Lage, die Verantwortungspotentiale beim einzelnen Schüler dauerhaft zu mobilisieren und zu konstruktivem, realistischem Handeln für das Gemeinwesen freizusetzen.

Auf der anderen Seite wird es immer wichtiger, leben zu lernen, denn das Leben wird zunehmend komplizierter und schwieriger. Die traditionellen Einstellungen, die dem Leben früher seine Bahnen vorzeichneten, sind weitgehend zerfallen. Die Kehrseite der Freiheit, die dadurch entstand, heißt Unsicherheit und Hilflosigkeit dem Leben gegenüber. Im privaten Bereich greift Einsamkeit um sich. Beziehungslosigkeit stellt sich ein. Immer mehr Ehen werden geschieden (im Jahre 1974 9,3 Prozent mehr als 1973). Kinder und Jugendliche weisen zunehmend häufiger neurotische Störungen auf. Der Gebrauch von Psychopharmaka, mit denen wir Ängste und Verkrampfungen zurückdrängen sowie Hemmungen überspringen, steigt erschreckend. Das Tempo der Entwicklung unserer technischen Welt prägt das Berufsleben. Streßzustände mehren sich. Hinter vielen psychosomatischen Krankheiten stecken als wesentliche Ursachen auch Berufsprobleme.

Im öffentlichen Leben werden die Belastungen größer. Wirtschaftskrise und Aussicht auf kleinere Wachstumsraten schaffen neue politische Probleme. Der Verteilungskampf wird härter. Jugendarbeitslosigkeit im großen Stile droht. Klassenkampfgesinnung flammt wieder auf. Beunruhigende Polarisationserscheinungen zwischen den Parteien mehren sich. Die öffentlichen Hände der Bundesrepublik Deutschland gaben im Jahre 1975 etwa 60 Milliarden DM mehr aus, als sie einnahmen. Auf die Dauer können wir nicht über unsere Verhältnisse leben. Wie werden Staatsbürger und gesellschaftliche Gruppen reagieren, wenn der Staat aus Finanzmangel gezwungen ist, Leistungen zurückzunehmen? Sind wir auf die harten Jahre, die vor uns liegen, gerüstet? Haben uns nicht gerade umgekehrt die Jahre

des Überflusses auch im Hinblick auf die steigenden Belastungen unseres politischen Zusammenlebens verwöhnt?
Die Kinder und Jugendlichen, die jetzt zur Schule gehen, erleben nur die Zeiten der Überflußgesellschaft. Die Strukturen dieser Gesellschaft leben in Gestalt ihrer seelischen Innenstrukturen fort, obgleich die Veränderungen in der Gesellschaft nunmehr andersartige seelische Einstellungen erforderlich machen. Es ist eine Selbsttäuschung anzunehmen, die Zeiten bräuchten nur härter zu werden und schon würden die gesunden Kräfte bei den Wohlstandskindern anspringen. Das wird bei einigen der Fall sein. Viele sind dem rauhen Wind, der ihnen ins Gesicht weht, jedoch nicht gewachsen. Sie weichen vor ihm aus in allerlei seelische, körperliche und soziale Störungen. Die ersten Anzeichen können wir bei jugendlichen Arbeitslosen beobachten, die trotz mancherlei Anläufen keine Stelle erhielten.
Aus Sorge um die heranwachsende Generation kann der kritischen Frage, inwieweit sich die Schule bereits darauf eingestellt hat, daß sie junge Menschen in ein Leben entlassen wird, das in vieler Hinsicht komplizierter und belastender ist, als wir es aus den letzten 20 Jahren gewöhnt sind, nicht ausgewichen werden. Je größer die Belastung der Zukunft, um so mehr muß sich die Schule jetzt schon auf jene Realitäten einstellen. Um so weniger können wir uns den Luxus von Lernen in der Schule leisten, das nicht dem Leben dient.
Die Frage, inwiefern die Schule dem Leben diene, oder ob sie vielleicht sogar Leben erschwere, erhält zusätzliches Gewicht, weil immer mehr Menschen durch unser Schulwesen betroffen sind und weil viele von ihnen unter der Schule leiden. Infolge der vor zwölf Jahren eingeleiteten Bildungsexpansion nimmt die Schule im Leben einer weit höheren Zahl von Menschen einen großen Raum ein, als dies früher der Fall war. Die Anzahl der Grund- und Hauptschuljahre wurde von acht auf neun erhöht. Millionen von Schülern besuchen heute das Gymnasium und die Realschule. Wie sehr die Schülerzahlen stiegen, wird deutlich anhand der Abiturientenziffern. In den zehn Jahren von 1965 bis 1975 erhöhten sie sich von 7 Prozent auf 20 Prozent eines Altersjahrganges. Bis 1985 werden sie wohl 31 Prozent erreichen.

Junge Menschen, die mit drei Jahren in den Kindergarten eintreten und mit 28 Jahren die Universität verlassen, verbrachten 25 Jahre, also mehr als ein Drittel ihres Lebens in unseren Bildungseinrichtungen.

Immer mehr junge Menschen erfahren in einer immer länger werdenden Zeit, daß der Schule für den Lebensabschnitt der Schulzeit ein immer größer werdendes Gewicht zufällt. Hiervon und von den damit verbundenen Schul- und Lebensproblemen sind jedoch nicht nur die Schüler betroffen, sondern in mancherlei Hinsicht auch deren Eltern. Sofern der eine oder andere Großelternteil noch im Haushalt mitlebt, bekommt auch er die Schulproblematik mit. Vergessen darf man ferner nicht, daß rund eine halbe Million Lehrer von der Schulproblematik ebenfalls erfaßt ist.

In diesem durch die Schule betroffenen Menschenkreis, der viele Millionen umfaßt, entstand in den letzten Jahren nach einem anfänglichen Hochgefühl des bildungsreformerischen Aufbruches ein zunehmendes Unbehagen an der Schule. Wir können die Augen nicht vor der Tatsache verschließen, daß ungezählte Menschen, die mit der Schule zu tun haben, an dieser Schule leiden. Und das über lange Jahre hinweg.

Jugendliche sind froh, wenn die Jugendzeit, die doch angeblich die schönste Zeit ihres Lebens sein soll, vorüber ist, weil sie dann die Schule hinter sich haben. Eltern, die sich mit ihren Kindern wegen der Schule herumplagen mußten, möchten keine weiteren Kinder mehr bekommen, weil sonst die Last mit der Schule noch einmal losgehen würde. Lehrer leiden unter ihrem Beruf. Oft zerbrechen gerade die Besten, die mit pädagogischem Engagement ausgezogen waren, an unserem Schulsystem.

Wenn hier geäußert wird, daß viele Menschen an der Schule leiden, so mag das in einigen Ohren pathetisch und unglaubwürdig klingen. Es läßt sich leider jedoch nicht bestreiten, daß die Schule ein Teil der Ursachen ist, die Neurosen von Schülern verschärft und zum Ausbruch bringt. Unter dem Einfluß der Schule treten bei ihnen akute Störungen auf, die in schweren Fällen bis zum Selbstmord führen können. Die Schulproblematik der Kinder macht, wenn sich dies jahraus, jahrein wiederholt, manche Mutter krank. Wie häufig und wie nachhaltig das Klima in vielen Familien durch die Schule in Mitleidenschaft gezogen wird, wissen die für unser Schulwesen Zuständigen wohl kaum. Auch bei Lehrern stellt die Schule oftmals eine ursächliche Komponente beim Auftreten neurotischer Störungen und psychosomatischer Krankheiten dar. Schon allein diese Feststellungen zeigen, daß ein Schulsystem, welches bei einer Großzahl von Menschen Unbehagen, Verdrossenheit, Störungen und sogar Krankheiten bewirkt, nicht lebensfreundlich, lebensnah und menschgemäß sein kann. Um so mehr gilt es herauszuarbeiten, was die Ursachen des Leidens an der Schule sind, um danach den Entwurf einer dem Menschen mehr entsprechenden Schule vorlegen zu können.

Wenn eine Großzahl von Menschen an einer Einrichtung leidet und innerlich wie äußerlich an ihr Schaden nimmt, so müssen sich die für jene Institution Zuständigen bohrenden Fragen aussetzen. Es wäre jedoch nicht fair, die Verantwortung für Mißstände im Schulwesen nur denen zuzuschieben, die aufgrund ihres Berufes oder wegen ihres Amtes für die Schule verantwortlich sind. Nicht nur Bildungspolitiker, Angehörige der Kultusverwaltung und Lehrer tragen für die Schule Verantwortung; wir alle sind für sie verantwortlich. Als Edding, Picht, Dahrendorf und andere die Bildungswelle auslösten, entstand eine Massenbewegung, von der die Bildungsreform jener Jahre getragen war. Kein Kultusminister hätte es damals wagen können, auf jenes stürmische Bildungsverlangen, das von den Massenmedien kräftig unterstützt wurde, auch nur mit einer vorsichtigeren oder anders zentrierten Bildungspolitik zu antworten. Er hätte sich als Kultusminister kaum halten können.

Worunter wir heute in der Schule leiden, wurde bereits zu jener Zeit durch einige Fehler im Ansatz eingeleitet. Breiteste Schichten der Bevölkerung, gleich zu welcher Partei sie tendierten, stimmten damals jenem bildungspolitischen Aufbruch zu, einschließlich der Fehler, die er im Ansatz enthielt. Verfehlt wäre es daher, sich jetzt der staatsbürgerlichen Mitverantwortung für die heutigen Nöte im Bildungswesen entziehen zu wollen und die »Schuld«, sofern man davon reden möchte, nur bei den Bildungsplanern von damals zu suchen. Unangebracht ist es ferner, den einzelnen Lehrer zur Zielscheibe des Unmutes zu machen, der aus den Schulnöten erwächst. Der Spielraum des Lehrers in der Schule, es so oder anders zu machen, ist klein. Außerdem gibt er in der Schule weiter, was er während der eigenen Ausbildung gelernt hat. Kritik am Lehrer sollte bedenken, daß der Lehrer dem Schüler viel schuldig bleiben muß, weil er in seinem Studium selber nichts anderes erhielt. Der Lehrer vollzieht weitgehend nur das System, in dem er steht. Oft fühlt er sich mehr als Opfer des Systems, als daß er ihm zustimmen könnte.

Ohne Sündenböcke zu suchen, aber auch ohne Rücksicht auf die derzeit bestehenden Schulstrukturen gilt es also zu untersuchen, inwieweit wir in der Schule für das Leben lernen, inwieweit die Schule Selbstzweck ist und wie eine lebensbezogene Schule aussehen müßte. Seltsamerweise stellt sich diese Frage für eine erhebliche Anzahl von Menschen, die sich berufsmäßig mit der Schule befassen, kaum, oder sie wird rasch abgetan. Als Antwort auf die Frage, die uns hier beschäftigt, erfährt man häufig von Vertretern der Schule, selbstverständlich würde die Schule dazu dienen, leben zu lernen. Manche Lehrer erklären, sie könnten den Ruf nach einer humanen Schule schon nicht mehr hören; er diffamiere die Schule. Zur Begründung solcher Äußerungen wird auf schriftlich niedergelegte Bildungsziele sowie auf Grundsatzerklärungen zu Lehrplänen hingewiesen, in denen tatsächlich Bezüge zum Leben ausgewiesen sind. Dennoch bleibt zu überprüfen, ob die Schulpraxis mit der Bildungsabsicht übereinstimmt, oder ob jene Absichtserklärungen im Deklamatorischen stecken bleiben. Dieses kritische Zurückfragen geschieht jedoch meistens nicht. Was sind die Gründe?

In jedem Beruf wird man betriebsblind. Demgemäß erzeugen auch die Berufe, deren Geschäft die Schule ist, Betriebsblindheit. Hinzu kommt die Spezialisierung des Lehrers auf seine Fächer. Im Zuge der Verwissenschaftlichung des Unterrichts änderte sich die Einstellung des Lehrers. Die erzieherische Haltung, durch die er stärker auf den Schüler als Person denn auf den Wissensstoff bezogen war, ging weitestgehend verloren. Zugleich verstärkte sich die zum Teil schon früher vorhandene Spezialisierung des

Lehrers auf sein Fachgebiet im hohen Maße. Der Spezialist sieht immer nur einen kleinen Ausschnitt. Der Blick für das Ganze der Wirklichkeit, des Lebens, des Menschen, verschwindet. Je spezialisierter der Lehrer wurde, um so mehr kam ihm der Bezug zur Person des Schülers und zur vielschichtigen Wirklichkeit des Lebens abhanden, auf das er ihn durch sein pädagogisches Handeln vorzubereiten hätte. Der zu einem kleinen Fachwissenschaftler ausgebildete Lehrer bemerkt gar nicht mehr, wie weit das, was er in seinen Schulstunden betreibt, vom Leben entfernt ist.

Eine wichtige Rolle in der Gestaltung des Schulwesens spielen die Verwaltungsbeamten der Kultusbehörden. Hier sind nicht wenige tätig, die nie in einer Schulstube als Lehrer standen, die also die Schule nur von außen kennen und die auch nicht auf andere Weise unmittelbare Erfahrungen mit jungen Menschen sammelten. Gelegentlich ist von Ministerialbeamten, die aus dem Schuldienst kommen, zu hören, daß die sie damals bedrängenden und bedrückenden Erfahrungen relativ rasch verblassen und damit als Antrieb zu kritischer Sichtung und menschgemäßer Umgestaltung der Schule entfallen. Außerdem ändert sich die Schulszene rasch. Lehrer klagen häufig über die Schulferne der Verwaltung.

Schule solle für das Leben zurüsten und der Beruf sei einer der drei Lebensbereiche, sagten wir. Wie aber sollen diejenigen auf alle möglichen Berufsfelder außerhalb der Schule vorbereiten, deren einzige Berufserfahrungen in der Schule gesammelt wurden? Die meisten Lehrer kennen nur einen Beruf, nämlich den des Lehrers. Die Berufswelt ist für sie die Schulwelt. In der Regel haben die für das Schulwesen Zuständigen ihr ganzes Leben hindurch nichts als Schule kennengelernt. Ihr Weg führte sie von der Schule zur Hochschule und wieder in die Schule zurück. Deshalb ist es gut zu verstehen, wie schwer es den Lehrern und Angehörigen der Schulverwaltung fällt, ständig im Auge zu behalten, inwiefern sich der Schüler durch das Lernen in der Schule auch tatsächlich für die Berufswelt qualifizieren könne. Nur zu leicht wird aus der Schule eine Welt für sich oder gar die Welt schlechthin.

Wenn verlangt wird, das Leben solle das Lernziel der Schule sein, mag schließlich der Einwand kommen, die Schule sei damit überfordert. Dem wäre entgegenzuhalten: Wenn die Schule nicht imstande ist, die Eigenschaften und Fähigkeiten zu bilden, die in den verschiedenen Lebensbezügen erforderlich sind, was ist dann überhaupt ihr Nutzen und ihr Sinn?
Wird verlangt, die Schule müsse ihren Erziehungsauftrag zur Lebensvorbereitung neu entdecken und wahrnehmen, so äußern manche Vertreter der Schule die Auffassung, allein die Familie könne jenen Aufgaben nachkommen. Ausgehend von tiefenpsychologischen Erkenntnissen über die Bedeutung der ersten Lebensjahre des Kindes erklären Lehrer häufig, was die Familie nicht geschafft habe, könne die Schule auch nicht erreichen. Selbstverständlich kann die Schule die Familie nicht ersetzen. Ohne Zweifel werden beim Kind bereits in der Familie wesentliche Grundlagen für das spätere Leben gelegt. Dennoch bleibt die Schule ein wichtiger Erziehungsträger, der sich nicht allein auf Information zurückziehen darf. Familienerziehung und öffentliche Erziehung bedingen und ergänzen sich.
Es stimmt nicht, daß Mängel und Fehlentwicklungen der frühen Kindheit unkorrigierbar seien. Prinzipiell ist es auch später noch möglich, blockiertes Leben freizusetzen, neue Lebensmöglichkeiten zu eröffnen und schwache Kräfte zu stärken. Der Lehrer besitzt hierzu mehr Möglichkeiten, als viele glauben. Voraussetzung ist allerdings, daß unser Schulwesen anders konzipiert wird, daß die Schulbedingungen menschengerechter gestaltet werden und daß der Lehrer eine veränderte Ausbildung erhält.
Zur Besinnung darauf, inwieweit die Schule dem Leben diene und wie groß ihr Wirkungsgrad sei, zwingt schließlich die finanzielle Situation. In den Zeiten der Überflußgesellschaft wuchs auch im Bildungswesen manch Überflüssiges. Auch dies kostet Geld, viel Geld sogar. Heute fehlt es Bund, Ländern und Gemeinden an Mitteln, um lebensnotwendigen Verpflichtungen nachzukommen. Deshalb muß auch das Bildungswesen daraufhin gesichtet werden, was essentiell wichtig und was vielleicht wünschenswert aber dennoch entbehrlich ist. Eine Finanznot von den Ausmaßen der gegenwärtigen nötigt nicht allein, hier und

da etwas zu streichen. Auf diese Weise entstünde nur Flickwerk. Es ist vielmehr unumgänglich, von neuen Ansätzen aus neue, auf das Wesentliche konzentrierte Konzepte zu entwerfen. Eben dies geschieht, wenn das Schulwesen unter dem Aspekt der Vorbereitung auf das Leben umgestaltet wird.
Unsere Bildung kostet, wie gesagt, sehr viel Geld. Im Jahre 1975 wurden von Bund, Ländern und Gemeinden 58 Milliarden DM für Bildung ausgegeben. Bereits im Jahre 1974 hatten die Bildungsausgaben 17 Prozent aller öffentlichen Ausgaben erreicht. Weil Bildung sehr personalintensiv ist und weil Personalkosten rasch ansteigen, läßt es sich leicht errechnen, wie die Kostenprogression im Bildungsbereich der kommenden Jahre aussehen wird. Dem aber steht die schon erwähnte Finanzmisere des Staates gegenüber.
Jede Mark, die durch Steuern in die Kassen fließt, kann nur einmal ausgegeben werden. Jede Million, die wir für die Schule aufwenden, fehlt zur Schaffung von Ausbildungsplätzen von Schulabgängern. Genauso müssen wir sie dem Entwicklungshilfehaushalt oder dem Sozialetat und damit den vielen alten Menschen entziehen, die mit ihrer mageren Rente ein kümmerliches Dasein fristen. Für eine Million Deutscher Mark könnte man viele Kinder in der Dritten Welt vor dem Hungertod retten. In härtester, zugespitzter Form lautet die Frage somit: Wie weit können wir es verantworten, eine Unzahl von Menschen jener Länder verhungern zu lassen, um mit dem gleichen Geld, das sie am Leben erhalten hätte, auf dem Wege von Bildungsinvestition unsere eigene Zukunft zu sichern? Bis zu welchem Punkt dürfen wir uns selbst der Nächste sein? Wo liegt die Grenze?
Mit diesen Fragen fordere ich nicht, den Bildungsetat zu kürzen und das Geld in den Entwicklungshilfe-, den Sozialetat oder in andere Haushalte zu stecken. Ich treibe die Frage nur auf die Spitze, um deutlich zu machen, daß Bildungsausgaben in Zeiten finanzieller Not noch verantwortungsbewußter daraufhin überprüft werden müssen, wie wohl ihr Ertrag sei. In solchen Zeiten ist es besonders dringlich, die Schule daraufhin abzuklopfen, inwieweit in ihr das Leben gelernt wird und inwieweit sie trotz aller anders lautenden Bildungsdeklamationen faktisch Selbst-

zweck ist. In Jahren des Mangels – und davon gibt es mehr, als wir uns eingestehen – darf es kein überflüssiges Lernen in der Schule geben. Denn auch das kostet Geld.
Vielleicht wird eingewendet, hier seien falsche Alternativen einander gegenübergestellt. Man solle das eine tun und das andere nicht lassen. Erweiterungen der Bildungsausgaben seien genauso dringlich wie Erweiterungen im Sozial- und Entwicklungshilfehaushalt. Prinzipiell stimmt das. Nur ist eben nicht alles finanzierbar, was finanziert werden sollte. Steuererhöhungen stoßen schnell auf Grenzen. Die Steuern erhöhen sich ohnedies von Jahr zu Jahr, weil die Arbeitnehmer infolge von Geldentwertung und Einkommenszuwachs in eine höhere Steuerklasse hineinwachsen. Außerdem steigen die Sozialabgaben jährlich. Der Punkt dürfte bald erreicht ein, an dem der Arbeitswille des Bürgers erlahmt, weil der finanzielle Anreiz zur Leistung schwindet. Wir sollten aus dem negativen dänischen Beispiel, dem Entstehen einer Steuerprotestpartei mit großem Anhang lernen.
Die Entwicklung der letzten Jahre zeigt, daß auch bei der Wirtschaft kaum mehr Geld herauszuholen ist. Übermäßige finanzielle Belastungen der Wirtschaft schlagen sich nieder in hohen Preisen ihrer Produkte. Darunter leidet die Wettbewerbsfähigkeit; Entlassungen sind die Folge. Stehen der Wirtschaft nicht genügend Investitionsmittel zur Verfügung, so ist sie nicht imstande, die neuen Ausbildungsplätze zu schaffen, welche die geburtsstarken Jahrgänge, die in den nächsten Jahren aus den Schulen herausdrängen werden, benötigen. Einige Zahlen mögen die Tragweite dieses Problems demonstrieren. Während im Jahre 1975 nur 760 000 Schüler das allgemeinbildende Schulsystem verließen, wird sich diese Zahl im Jahre 1982 auf 960 000 erhöht haben. Erst Ende der 80er Jahre werden die Zahlen der Jahre 1975/76 wieder erreicht sein. Dem steht jedoch gegenüber, daß die Zahl der jährlich angebotenen Ausbildungsplätze in den letzten 10 Jahren von 600 000 auf 470 000 sank. Falls nicht sofort energische Maßnahmen getroffen werden, steht zu befürchten, daß die Hälfte der Schulabgänger des Jahres 1982 keinen Ausbildungsplatz vorfinden. Diese Maßnahmen aber kosten Geld. Man kann nicht gleichzeitig die finanziellen Belastun-

gen der Wirtschaft erhöhen und erwarten, daß sie in den nächsten Jahren mehr als eine Million neuer Ausbildungsplätze schafft. Aus diesem Grunde muß auch im Bildungssektor jede Mark daraufhin angeschaut werden, wie wohl ihr Ertrag sei. Unter dem Gesichtspunkt der Rentabilität der Mittel muß folglich unser Bildungswesen genau überprüft und neu zentriert werden.

Soll Leben das Lernziel der Schule sein, soll die Schule auf das Leben zugeschnitten werden, so müssen wir umreißen, von welcher Vorstellung des Lebens wir ausgehen. Was Leben sei, ist eine sehr anspruchsvolle Frage. Seitdem Menschen nachdenken, wurde hierüber nachgesonnen und seitdem sie schreiben können, ist viel darüber geschrieben worden. Ich beschränke mich also darauf, Schwerpunkte des Lebens zu nennen, beziehungsweise anzugeben, was ich für Grundelemente unseres Lebens halte. Die nachfolgenden Angaben erheben deshalb keinen Anspruch auf Vollständigkeit, zumal es im Hinblick auf unser Anliegen, Zielvorstellungen einer lebensbezogenen Schule zu gewinnen, genügt, vom Wesentlichen auszugehen.

Beschränkung auf schwerpunktartige Aussagen hinsichtlich der verschiedenen Lebensbereiche erweist sich aus politischen Gründen als unumgänglich. Die Grundzüge der Bildungspolitik sollten von einer breiten Mehrheit der Wählerschaft bejaht werden. In einem demokratischen Staat lösen sich Regierung und Opposition in der Regierungsverantwortung ab und damit auch in der Verantwortung für die Gestaltung des Schulwesens. Falls die Parteien bei einer lebensbezogenen Umstrukturierung des Schulwesens von wesentlich anderen Vorstellungen über das Leben ausgingen, wäre die Kontinuität aufgehoben, welche die Schule zu ihrem Dienst am Menschen benötigt. Erziehung und Entwicklung des Menschen verlangen hingegen Stetigkeit und Konsequenz. Wenn es nicht möglich wäre, zwischen den Parteien eine Verständigung hinsichtlich ihrer Grundauffassung von Leben zu erzielen, so müßte die Bemühung um Kontinuität im Schulwesen noch stärker von der Schulverwaltung wahrgenommen werden. Damit aber erhielte die Exekutive, die wegen ihres berufsmäßigen Sachverstandes ohnedies häufig genug auf indirekte Weise gesetzgeberisch tätig wird, eine noch stärkere legislative Funktion. Falls die Kultusbehörde in noch größerem Umfang für Kontinuität im Schulwesen einzutreten hätte, würde dies das Verharrungsvermögen eines so vielschichtigen Systems noch einmal verstärken. Damit wären jedoch die nötigen Wandlungsprozesse des Schulwesens in Frage gestellt. Die Abläufe des Lebens zeichnen sich auf der einen Seite aus durch gleichbleibende Elemente, die sich unverändert über weite Zeiträume erstrecken. Auf der anderen Seite ist Leben ein Prozeß des Umbruchs, dessen Geschwindigkeit in unseren Tagen rapide zunimmt. Diesen beiden Grundzügen aber hat die Schule Rechnung zu tragen, dem gleichbleibenden und dem sich verändernden.

Falls über die Grenzen der Parteien und der gesellschaftlichen Gruppierungen hinweg eine gemeinsame Schau der fundamentalen Elemente unseres Lebens möglich wäre, könnten wir uns getrost den Pluralismus unterschiedlicher Auffassungen in Fragen, die mehr am Rande liegen, leisten. Aus diesen Gemeinsamkeiten würde sich eine hinreichend tragfähige Übereinkunft hinsichtlich der Bildungsziele und daraus resultierend der Bildungsinhalte ergeben. Von jener Übereinstimmung im Ansatz her könnte dann auch leichter – bei allen Unterschieden in der Akzentuierung – Einigkeit über Bildungsformen und Bildungswege erzielt werden.

In diesem Sinne wird in den folgenden drei Kapiteln zur Frage: »Was ist Leben?« Stellung genommen. Aus wesentlichen Lebensbedürfnissen und -vollzügen gilt es dabei, die hierzu nötigen psychologischen Fähigkeiten, Charaktereigenschaften und Persönlichkeitsmerkmale abzuleiten, die sodann der Schule in allen Lernbereichen als Bildungsziele dienen können. Wie bisher unterscheiden wir hierbei drei Lebensbereiche, den des Privatlebens, des Berufslebens und des öffentlichen Lebens. Wir beginnen mit einer Analyse des Privatlebens.

2 Was brauchen wir im Privatleben?

Mitte März 1976 gingen an zwei aufeinanderfolgenden Tagen zwei beunruhigende Meldungen durch die Presse, die den seelischen Zustand des westlichen Menschen unserer Zeit erhellen: In einer Meldung der FAZ vom 19. 3. hieß es: Der Leiter des Regierungsinstitutes gegen den Drogenmißbrauch, Robert Dupont, teilte in Washington mit, daß den Schätzungen seines Institutes nach täglich 300 000 bis 400 000 Amerikaner Heroin nehmen, also von der schwersten und gefährlichsten aller Süchte befallen sind. Entgegen vielen anderen Berichten, die von einem Abflauen der Suchtwelle sprachen, breitet sich Dupont zufolge die Heroinsucht weiter aus.

Am 20. 3. informierte die FAZ über Erhebungen der »Deutschen Hauptstelle für Suchtgefahren«. In den Jahren 1950 bis 1974 stieg der Pro-Kopf-Verbrauch an Alkohol in der Bundesrepublik von 3,6 auf 11,6 Liter. 37 Prozent der erwachsenen Bundesbürger müssen heute als »starke Alkoholtrinker« gelten. Zugleich weist die »Hauptstelle gegen Suchtgefahren« auf das Problem des Medikamentenmißbrauches hin. Der Verbrauch von Medikamenten aller Art ist innerhalb von 14 Jahren um 400 Prozent gestiegen. Das Gefährliche dabei ist, daß »in immer größerem Ausmaß Medikamente nicht als Heilmittel, sondern als Anregungs- und Beruhigungsmittel genommen werden«. Laut Angaben der »Hauptstelle« wird Polytoxikomanie derzeit zum Hauptproblem. »Es handelt sich hierbei um die gleichzeitige Einnahme von Medikamenten und geistigen Getränken, womit immer mehr Personen ihre Alltagsprobleme bewältigen und ihre

persönlichen Konflikte lösen zu können glauben.« Diese Angaben weisen darauf hin, daß die Zahl der Alkoholabhängigen in den letzten Jahren erheblich größer geworden ist.
Für den Fachkundigen sind diese Befunde und die Tendenzen zu einer explosionsartigen Ausbreitung der Probleme leider keine Überraschung. Ich selbst wies in meinem Buch »Krank an der Gesellschaft« (Stuttgart, 1973) auf jene Zusammenhänge hin und forderte entsprechende Konsequenzen. Dennoch sind jene Nachrichten in mehrfacher Hinsicht alarmierend. Ich möchte nicht hervorheben, wieviel Leid beim Betroffenen und in seinem Lebenskreis mit solchen Formen von Suchtkrankheit verbunden ist. Jeder Leser sollte genügend Vorstellungskraft besitzen, um sich die menschliche Seite des Problems vor Augen führen zu können. Ich möchte allerdings auf die Kostenseite hinweisen. Jene Süchte führen in der Regel zu schweren und am Ende meistens tödlichen Leberschädigungen. Ärztliche Behandlungen, Kuren, Lohnfortzahlungen, Renten bei Frühinvaliden verschlingen kaum vorstellbare Summen, welche wir alle aufbringen müssen. Je mehr die Folgekosten solcher individueller und sozialer Krankheiten ansteigen, um so geringer wird der Anteil der Mittel, die zur Erschließung von Zukunftschancen investiert werden können.
Bestürzend sind diese Informationen noch aus anderen Gründen. Die Suchtkrankheiten breiten sich mit großer Geschwindigkeit aus. Von dieser Ausbreitung des Alkoholismus und der Polytoxikomanie sind vor allem Jugendliche und Frauen betroffen. Wahrscheinlich wird auch dieser Personenkreis durch die ungünstiger verlaufende Entwicklung der Wirtschaft in naher Zukunft besonders stark in Mitleidenschaft gezogen werden. Eine große Zahl von Frauen ist heute mit ihrer Rolle als Hausfrau und Mutter nicht mehr zufrieden. Diese Frauen erhalten entweder im Beruf eine Teilerfüllung oder träumen davon, wenn die Kinder größer sind, wieder in den Beruf zurückzukehren. Werden bei doppelt verdienenden Ehepaaren nicht gerade die Frauen die ersten sein, die in Zeiten der Arbeitsknappheit nach Hause geschickt werden? Daß diese unzufrieden gemachten und hoffnungslosen Frauen sich mit Alkohol und Tabletten trösten,

dürfte naheliegen. Auch bei arbeitslosen Jugendlichen ist mit dem gleichen Resultat zu rechnen.
So schwer die Probleme wiegen, die mit der zunehmenden Süchtigkeit des modernen Menschen verknüpft sind, so können wir dennoch vor der Erkenntnis nicht die Augen verschließen, daß die Not der Suchtkrankheiten ein weiteres Problem signalisiert, das noch verbreiteter ist und zusätzliche Schwierigkeiten aufgibt. Im Suchtverhalten bemüht sich der Mensch, seelische und zwischenmenschliche Nöte zu überdecken, die er nicht lösen zu können glaubt. Sucht ist ein Versuch, untergründige Depressivität zu kompensieren. Der Zustand von Depressivität ist gekennzeichnet durch innere Leere, Mangel an starkem Lebensgefühl, Verlust von Lebensspannung, Kraftlosigkeit, rasche Ermüdbarkeit, mangelnde Belastungsfähigkeit, das Gefühl, auch von relativ durchschnittlichen Forderungen überfordert zu werden, Streßempfindungen bei kleineren Belastungen, Mangel an Sinn, Lebenszielen, Selbstgefühl; dafür sind vorhanden Ängste aller Art, Ratlosigkeit und vor allem das Gefühl von Einsamkeit.
Das eben beschriebene depressive Syndrom ist dabei, zur Krankheit unserer Zeit zu werden. Die damit verbundene Grundstimmung des Entleerten, Gelähmten, Initiativelosen, Resignierten wird gegenwärtig zur untergründigen Gestimmtheit des modernen Menschen. Damit zeigt sich aber, daß das Suchtproblem nur die Spitze des depressiven Eisbergs darstellt. Viele Millionen von Menschen – besonders in der jüngeren Generation – sind mehr oder weniger ausgeprägt, mehr oder weniger offenkundig depressiv.
Zum Teil gab es auch bereits in früheren Zeiten verbreitete Zustände von Depressivität. Diese waren jedoch durch die damals herrschenden und selbstverständlich funktionierenden Ordnungsgefüge überdeckt und meistens auf sozial fruchtbare Weise ausgeglichen. Durch die Auflösung der herkömmlichen Formen weiß der Mensch unserer Zeit nicht mehr, was er glauben soll, woran er ist, wie er sich verhalten soll. Ihm gingen Sinn, Werte, Orientierungen, Rollenmuster und Pflichtenkataloge verloren. Mit Hilfe dieser Gefüge wurden einstmals Leere überbrückt, Angst kanalisiert, Kommunikationen hergestellt,

schwaches Leben gestützt. Besonders die vielen Pflichten machten es dem Depressiven früher unmöglich, sich gehen und hängen zu lassen. Er wurde durch seine kategorischen Imperative hochgerissen und zur Überwindung seiner depressiven Lethargie angeleitet. Mittels dieser Herausforderungen aber wurden manche schwachen Lebenskräfte gestärkt. Unter dem Druck von Belastungen wuchs die Belastbarkeit des Menschen.

Zusammen mit der Auflösung von Traditionen, Ordnungen, Autoritäten gingen damit – psychologisch gesprochen – die Zwangsstrukturen verloren, die noch vor wenigen Jahren untergründige Depressivität kompensierten. Eine Folge der Emanzipationsbewegung ist der Ausbruch von, beziehungsweise die Verstärkung der Depressivität bei Hunderttausenden von Menschen. Hinzu kommt, daß in der jungen Generation mehr an depressiver Verbildung entstand als in den Zeiten davor. Ungezählte Säuglinge und Kleinkinder wurden emotional unterernährt. Die Familienatmosphäre, in der sie aufwuchsen, war zu sehr auf das Nützliche, Praktische, Nüchterne, Sachliche ausgerichtet. Gemüt und Gefühl spielten in den Eltern-Kind-Beziehungen der letzten Jahrzehnte eine zu geringe Rolle. Zum depressiven Lebensverlust bei kleinen Kindern trug auch unser Freiheitsverständnis bei. Wir glaubten, daß Bindungen unsere Freiheit – als Vielzahl von Wahlmöglichkeiten aufgefaßt – beeinträchtigen würden. Wir glaubten, Bindungen würden der Entfaltung eines freien Menschen im Wege stehen. Also banden sich häufig die Ehepartner zu wenig aneinander und an ihre Kinder. Als moderne Pädagogik galt es, daß auch von seiten der Kinder keine festen emotionalen Bindungen an die Eltern entstehen sollten. Allein Bindungen solcher Art verleihen aber die fundamentale Sicherheit, die zur Entfaltung des im Kind angelegten Lebens nötig ist.

Infolge mangelnder emotionaler Förderung und infolge mangelhafter Forderung durch Übernahme kleiner Aufgaben, altersgemäßer Pflichten, dosiertem Verzicht usw. konnten bei einer Unzahl von Kindern der jüngeren Generation viele ihrer angelegten Lebensmöglichkeiten nicht zur Verwirklichung gelangen. Damit trat an die Stelle von Leben Leere. Das Selbst dieser Jugendlichen wurde zu wenig entwickelt. Die Folge waren unzureichendes Selbstgefühl und Selbstbewußtsein. Weil keine stabilen kindlichen Persönlichkeiten entstanden, werden schon durchschnittliche Belastungen als Überforderungen empfunden, die Streßzustände auslösen.

Die depressiven Zustände können in der Regel eine Zeitlang mit allen möglichen äußeren Mitteln zugedeckt werden. Besonders Konsumgüter fungieren als Ersatzleben. Werden die Belastungen durch das Leben – etwa durch die Schule – stärker und sind die spärlichen Kraftreserven, über die ein junger Mensch, der durch die frühen Störungen seiner Entwicklung von den Energiereserven seiner seelischen Tiefenschichten abgeschnitten ist, verbraucht, so kommt es zur Dekompensation der depressiven Grundverfassung, die sich in Form von seelischen, sozialen, körperlichen Störungen oder in Gestalt von Suchtverhalten äußern kann.

Ich wählte diesen Einstieg in ein Kapitel, das erste Bildungsziele einer Lebensschule formulieren möchte, weil das Negativbild der Entwicklung des modernen Menschen die Richtung anzeigt, in der wirkliches Leben und Selbstfindung des Menschen zu suchen ist und weil ich mir von dem gewählten Verfahren ein Höchstmaß an Übereinstimmung in den Bildungszielen verspreche, die sich aus jenem Aufriß ergeben.

Niemand, gleich welcher Partei er angehört, gleich welcher gesellschaftlichen Gruppe er zuzurechnen ist, wird den Wunsch haben, die Absolventen unserer Schulen sollten ein depressives Leben führen und alkohol- wie arzneimittelsüchtig werden. Vor dem Hintergrund der sich ausbreitenden Depressivität dürfte in positiver Hinsicht Einigkeit erzielt werden können, wie der Mensch beschaffen sein muß, wenn ihm ein erfülltes und glückliches Privatleben gelingen soll. Damit aber hätten wir einen ersten Katalog gemeinsamer Bildungsziele.

Soll der junge Mensch von Depressivität und Süchten verschont bleiben, will er ein erfülltes Leben führen, so sind die folgenden Zielvorstellungen anzustreben. Unter anthropologischem Aspekt betrachtet läßt sich sagen, der Sinn des menschlichen Lebens sei es, daß sich der Mensch in ihm verwirkliche. Als Depressiver verwirklicht er gerade nicht das in ihm angelegte und ihm zur Verwirklichung aufgegebene Leben. Er verliert es vielmehr und verfehlt sich selbst dabei. Selbstverwirklichung bedeutet umgekehrt die Entwicklung der dem Kind in die Wiege gelegten Anlagen, sofern diese ohne Schaden für Individuum und Gesellschaft realisierbar sind. Leben sollte ein Prozeß permanenter Selbstwerdung sein. Je mehr sich das Selbst ausgestaltet und je mehr ihm durch Erziehung dabei geholfen wird, um so mehr äußert sich dies in Selbstgefühl, in Selbstbewußtsein, in Selbstvertrauen und in Selbstsicherheit. Selbstwerdung und Hilfe zur Selbstwerdung erweisen sich damit als erste Erziehungsziele einer Schule, die zum Leben befähigen möchte.

Aus dem Negativbild des depressiven Menschen ergibt sich des weiteren, wie der Mensch sein soll und was er benötigt, wenn er ein Privatleben führen will, das Anspruch auf ein solches Prädikat erheben kann. Leben im Privatbereich setzt lebensvolle Gesamtpersönlichkeit voraus. Je mehr die verschiedenen Schichten des Menschen erschlossen werden, um so größer werden Vielfalt und Spannweite seines Lebens. Zu nennen wären seine seelischen, geistigen, sozialen, leiblichen Möglichkeiten genauso wie die Bezüge seines Menschseins, die ihn auf Transzendenz verweisen. Werden die keimhaften Anlagen im Kind durch mitmenschliche erzieherische Zuwendung erschlossen, so bildet sich mannigfaltiges Leben. Im Gegensatz zum Depressiven besitzt dieser Mensch ein starkes Lebensgefühl. Er ist erfüllt von Lebensspannung. Es drängt ihn dazu, aus seiner Lebendigkeit etwas zu gestalten. Dieser Mensch ist beseelt von Tatendrang. Er möchte etwas leisten. Arbeit und Leistung sind ihm ein Bedürfnis. Im Handeln aber werden weitere Lebensmöglichkeiten, die in ihm liegen, erschlossen. Neue Initiative und neue Aktivität sind die Folge. Soll Leben das Lernziel der Schule sein, so hat sie ständig an der Erschließung der Gesamtpersönlichkeit des Schülers zu arbeiten. Sie wird ihn um so mehr in das Leben hineinstellen, je mehr sie von seinen angelegten Lebensmöglichkeiten entfacht.

Der depressive Mensch ist gekennzeichnet durch Kraft- und Ziellosigkeit. Will der Mensch zu wirklichem Leben gelangen, so braucht er Kraft, Ziel und Sinn. Leben verlangt folglich eine in zweierlei Richtung offene Beziehung des Menschen. Erstens braucht er Offenheit gegenüber den Tiefenschichten seines Unbewußten. Hier sind Energien (Entwicklungs- und Handlungsenergien) enthalten, über deren Ausmaß sich der Nichtfachmann kaum zutreffende Vorstellungen zu machen vermag. Selbst als Fachmann ist man beeindruckt, wenn man zum Beispiel miterlebt, welche Energien in einem akuten schizophrenen Ausbruch freigesetzt werden. Leben verlangt zweitens Offenheit gegenüber Wertmarkierungen, Sinndeutungen, Zielgebungen und transzendenten Bezügen. Wird der Mensch von diesen Dimensionen abgeschnitten, so fällt sein Leben in sich zusammen. Leben ohne Ziele, Wert und Sinn erlischt. Damit werden der Schule zwei weitere Erziehungsziele zugewiesen. Sie muß den Zugang zu den Kraftreserven in der Tiefenseele offenhalten und den jungen Menschen zur Offenheit gegenüber ethischen und religiösen Dimensionen erziehen, wobei sie dem Einzelnen die Freiheit läßt, diese Offenheit in entsprechende Vollzüge umzusetzen.

Leben verlangt also Menschen, die imstande sind, auf sich selbst gestellt zu bestehen. Sie müssen in der Lage sein, Leben aus den Quellen der eigenen Seele zu beziehen. Stehen sie in einem Prozeß des inneren Wachsens und äußeren Handelns, so stellt sich bei ihnen auch die Stabilität von Persönlichkeit ein, die im Leben unabdingbar ist.

Nur solche Menschen sind wahrhaftig selbständig und innerlich unabhängig. Kriterium der Fähigkeit zu eigenständigem Leben ist das Vermögen allein sein zu können. Wer mit sich selbst nichts anfangen kann, vermag auch nicht allein zu sein. Im Alleinsein zeigt sich der wahre Zustand der Persönlichkeit. Auf der anderen Seite stellt die Fähigkeit, allein sein zu können, eine wichtige Voraussetzung dar, wenn sich weiteres Leben entfalten soll.

Menschliche Reifung erfordert, wie wir sahen, einerseits mitmenschliche Kommunikation. Reifung geschieht durch Begegnung. Der Mitmensch spendet die seelische Nahrung, die man zum Wachstum braucht. Er bietet die Korrektur, die das Leben benötigt, wenn Wildwuchs vermieden und wenn es nicht in die

Irre gehen soll. Von ihm können die Herausforderungen ausgehen, auf die die Eigenkräfte angewiesen sind, wenn sie stark werden sollen. Andererseits ist zu persönlichem Wachstum aber auch Alleinsein nötig. Ein altes Wort besagt: »Was wird, wird still.« Durch Alleinsein kann vieles verarbeitet werden, was man aufgenommen hat. Unverdautes aber versperrt den Weg zu weiterer Entfaltung. Im Alleinsein können Wirklichkeiten aus dem Unbewußten in die bewußte Persönlichkeit eintreten und Gestalt annehmen. Ebenso wie zur Entfaltung von Leben Fähigkeit und Möglichkeit miteinander zu reden erforderlich ist, muß der Mensch auch mit sich selbst allein sein, still und schweigsam sein können. Worte können zerreden. Ohne Selbstbesinnung im Alleinsein verliert sich der Mensch.

Für die Schule bedeutet dies, an der Bildung eines Menschen mitzuwirken, der fähig ist, auf sich selbst gestellt zu leben, dessen Wurzeln nicht im anderen Menschen oder in der Gruppe, sondern im eigenen Untergrund liegen. Sie hat Eigenständigkeit, Selbständigkeit und damit echte Unabhängigkeit zu fördern. Es ist sicher wichtig, daß sie beitragen soll, den Menschen teamfähig zu machen. Dies darf jedoch nicht dazu führen, daß sich der junge Mensch ausschließlich als Gruppenwesen versteht, daß er gruppenabhängig oder, um es noch zugespitzter zu sagen, daß er gruppensüchtig wird. Die Fähigkeit des Alleinseins kann entwickelt werden im auf sich selbst gestellten Arbeiten. Es wäre eine für den jungen Menschen schädliche Fehlentwicklung der Schule, wenn sie ihm seine Hausaufgaben abnehmen würde oder wenn er auch bei Aufgaben, die er selbständig lösen kann, eine ständige Hilfs- und Aufsichtsperson zur Seite hätte.

Erfülltes Privatleben verlangt echte Gemeinschaftsfähigkeit. Diese aber setzt Einzelmenschen voraus, die auf ihren eigenen Beinen zu stehen vermögen. Ein innerlich leerer lebensarmer Mensch saugt sich am anderen voll. Wer schwach und instabil ist, stützt sich mit Hilfe des »Partners« oder der Gruppe ab. Einer, der mit sich nichts anzufangen weiß, weil er zu wenig er selbst wurde, schlüpft in den anderen hinein und lebt aus, wie mit den Lebensäußerungen des Mitmenschen. Nach außen hat dies oft den Anschein einer starken oder gar innigen Beziehung.

In Wirklichkeit handelt es sich um die Scheingemeinschaft eines oder – dies gibt es oft – zweier Gemeinschaftsunfähiger.
Solche »sozialen« Beziehungen vermögen zur Reifung nichts beizutragen. Weiteres Wachstum kann nicht erfolgen, weil der Mensch ja aus sich aussteigt. Er identifiziert sich gerade nicht mit seinem mageren Eigenleben, sondern mit der verlockenderen, weil durch Projektion verklärten Person des anderen. Echte Gemeinschaft und wirkliche Reifung, die daraus erfolgt, setzt immer personales Gegenüber von Ich und Du voraus. Dies aber erweist sich, wie gesagt, in der Fähigkeit, auch ohne den anderen aus sich heraus leben zu können. Verlust eines geliebten Menschen wird Trauer und Schwund von Lebensmöglichkeiten nach sich ziehen. Ein solcher Verlust wird jedoch nicht, wenn Eigenleben bestand, das eigene Leben aufheben.
Eine Schule, die zum Leben helfen will, muß den Blick schärfen für echte und Scheingemeinschaft. Sie sollte zur Einsicht verhelfen, daß man nicht nur materiellen Substanzen und Ideologien, sondern auch Menschen gegenüber süchtig werden kann. Schule für das Leben hat unter anderem die Aufgabe, Partnerschaftsfähigkeit zu entwickeln. Das aber bedingt, daß sie beim Entstehen von lebensvollen Einzelmenschen mitwirkt, die auf dem Wege sind, ihre unverwechselbare, unaustauschbare Eigenart auszugestalten.
Partnerschaft gebietet Eigenständigkeit wie Individualität. Nur ein eigenständiger Mensch vermag Anregungen zu liefern, die eigene Qualität aufweisen und sich von der Qualität des anderen unterscheiden. Partnerschaft ist allein möglich aufgrund von eigenem Potential. Verfügen beide nicht über hinreichendes Eigengewicht, so sind sie unfähig, sich wechselseitig in Frage zu stellen und beieinander Korrekturen anzubringen. Um die oft notwendige harte Kritik am Gegenüber durchzuhalten, benötigt man selbst viel Stehvermögen, Unabhängigkeit vom Du und Selbstbewußtsein.
Menschliches Leben ist untrennbar mit zwischenmenschlichen Beziehungen verbunden. Menschwerdung geschieht nur in dem Maße, wie Zuwendung von seiten des Mitmenschen geschieht und wie Hinwendung zu ihnen erfolgt. Wie erwähnt, gilt es

hierbei zwischen echten und Scheinbeziehungen zu unterscheiden. Wirkliche Gemeinschaft gründet sich auf Vertrauen. Vertrauen stellt sich damit als eine der wichtigsten Fähigkeiten des Menschen, wenn nicht sogar als die wichtigste überhaupt, heraus. Keimhaft ist Vertrauen als Urvertrauen bereits im Säugling angelegt. Macht das Kind vertrauenerweckende Erfahrungen mit seinen Eltern und mit anderen Vertrauen einflößenden Erziehern, so wächst sein Vertrauen. Es wird zusätzlich gekräftigt, wenn die Erzieher das Kind dazu anregen, seinerseits Vertrauen zu schenken. Geht es solche Wagnisse ein und hat es dabei Erfolg, so ist weiteres Wachstum von Vertrauen das Ergebnis.

Die Fähigkeit, vertrauen zu können, gewinnt in unserer Zeit immer mehr Bedeutung. Lebensangst breitet sich aus. Angst kann jedoch nicht durch Sicherungen, auch nicht durch soziale Sicherheit, überwunden werden. Sicherheit steigert vielmehr sogar die untergründigen Ängste. Der Mensch bekommt um so mehr Angst für den ja nicht ausschließbaren Fall, daß seine Sicherungen einmal entfallen. Angst wird nur durch Vertrauen überwunden. Dabei springt der Mensch trotz seiner sorgenvollen Gedanken über sie hinweg vertrauend in ein Dunkel und erfährt, daß er nicht ins Bodenlose fällt, sondern getragen wird und aufgehoben ist.

Unter uns breitet sich immer mehr Mißtrauen aus. Eine pädagogische Konflikttheorie erzeugt noch zusätzliches Mißtrauen. Auch Massenmedien beteiligen sich daran, Gräben zwischen Eltern und Kindern, Lehrern und Schülern aufzureißen. Bei vielen drängt sich der Eindruck auf, wer vertraut, sei der Dumme. Zunehmendes Mißtrauen aber bewirkt Einsamkeit und affektives wie aggressives Gegeneinander. Diesen Entwicklungen gegenüber reicht es nicht aus, Vertrauen allein zu beschwören. Hierzu ist bereits zu viel jener Potenzen verschüttet worden. Vertrauen gilt es neu zu lernen. Wir müssen uns gegenseitig zum Vertrauen erziehen. Der Schule fällt hierbei eine wichtige Rolle zu. Gewiß ist vordringlich die Aufgabe der Familie, Urvertrauen zu entwickeln. Haben sich in den ersten Lebensjahren Mißtrauen und Verschlossenheit eingenistet, so fällt es späteren Erziehern

schwer, dagegen anzugehen. Dennoch hat eine Schule, die sich recht versteht, Chancen, Schule des Vertrauens zu sein. Geschieht Erziehung im Vertrauen, so ist auch in der Schule Zuwachs an Vertrauen die Folge.
Vertrauen ist das zentrale Element von Liebe in all ihren Formen. Liebe sollte im Privatleben eine große Rolle spielen als freundschaftliche Liebe, als erotische Liebe, als sexuelle Liebe und als selbstlose Liebe. Liebe setzt im Unterschied zur Verliebtheit voraus, daß die Zuwendung dem Partner gilt, der er wirklich ist. Verliebtheit und Schwärmerei umkleiden ihn mit eigenen Wunschbildern und Erwartungsvorstellungen. In dieser »Liebe« liebt man in Wahrheit sich selbst. Echte Liebe zum anderen ist darum nur möglich aufgrund großer Realitätsnähe. Soll die Realität nicht mit eigenen Projektionen überdeckt sein, so ist es nötig, die zur Projektion tendierenden verdrängten Inhalte des Unbewußten in die bewußte Persönlichkeit aufzunehmen. Je mehr ein Mensch ins Unbewußte verdrängt, je mehr er sich über sich selbst etwas vormacht, um so mehr verschiebt er die abgewiesenen Inhalte der eigenen Seele in andere Menschen hinein oder er unterschiebt sie den Bedingungen der Gesellschaft. Durch rationale Selbsterhellung allein kann jener Realitätsbezug nicht hergestellt werden. Integration des Verdrängten schließt vielmehr Erfahrungen in sich, die oftmals unangenehm sind. Will die Schule zur Erlangung von Liebesfähigkeit verhelfen, so ist umfassende emotionale wie soziale Erziehung vonnöten.
Ehe und Familie sind wohl die wichtigsten Gegebenheiten im Privatleben der meisten Menschen. Eine bereichernde und befriedigende Ehe verlangt Ehefähigkeit. Familienerziehung, die diesen Namen verdient, erfordert Elternfähigkeit. Umwelteinflüsse machen es heutzutage besonders schwer, Ehefähigkeit zu erlangen. Liebe in der Ehe bedeutet Bindung an einen einzigen Menschen. Damit geht die Freiheit, ähnliche Beziehungen mit anderen Partnern zu pflegen, verloren. Das widerstrebt unserem Freiheitsbedürfnis, das ja gerade die Emanzipationsbewegung so stark hervorhebt. Bindung wird seit einiger Zeit mit Zwang in einen Topf geworfen. Um so schwerer aber wird es für den Zeitgenossen, sich zu binden. Auch Einflüsse aus der Konsumge-

sellschaft behindern die Fähigkeit, in der Ehe auf viele andere Möglichkeiten zu verzichten. Wir sind es gewöhnt, daß zu unserem Leben ein reiches Angebot von Konsummöglichkeiten gehört, und daß Leben heißt, von diesen vielfältigen Möglichkeiten Gebrauch zu machen. In der Ehe aber soll der Konsument nun plötzlich eine konträre, nämlich – gemessen am Überfluß der Konsumangebote – eine asketische Haltung beziehen.
Es wäre eine Illusion zu meinen, daß diese für die Ehe notwendigen Einstellungen gleichsam aufgrund eines Willensaktes zustande kämen, wenn sich die Partner entschließen, die Ehe einzugehen. Eine sorgfältige Erziehung sollte der allgemeinen Prägung, die der junge Mensch durch Einflüsse des Zeitgeistes und der Konsumgesellschaft erhält, entgegenwirken. Auch hier muß bereits die Familie die Grundlagen späterer Ehefähigkeit legen. Zugleich vermag jedoch personale Erziehung in der Schule manches von dem auszugleichen, beziehungsweise zu ergänzen, was der junge Mensch an sozialer Bindungsfähigkeit im Elternhaus nicht bekam.
Elternfähigkeit ist ähnlich schwer zu erlangen wie Ehefähigkeit. Eine gewisse Hilfe wäre es schon, wenn Eltern mehr darum wüßten, daß Kinder keine kleinen Erwachsenen sind, sondern daß sie ganz anders sind. Das jedoch wissen selbst viele Pädagogen und Journalisten nicht, die zum Beispiel davon ausgehen, das Kind sei ein genauso rationales Wesen wie der erwachsene Mensch. Eltern wie Lehrer sollten mehr wissen von der Seele des Kindes, von ihren Bedingungen und Entwicklungsgesetzen. Es wäre jedoch eine Selbsttäuschung anzunehmen, wer das richtige Wissen besäße, besitze die Fähigkeit, richtig zu erziehen. Heutzutage ist oft von Erziehungsstilen die Rede. Vielen, denen der richtige Erziehungsstil alles ist, sind von dem Glauben beseelt, der Erziehungsstil sei eine erziehungswissenschaftlich begründete Technik, die man rational erlernen könne und die bei richtiger Anwendung ein gutes Produkt erzeuge.
Dieser Glaube basiert auf einer rational-technischen Verkennung des Menschen. Erziehung, die der Persönlichkeit des Kindes gerecht werden will, weiß, daß Erziehung im letzten Sinne von der Persönlichkeit des Erziehers abhängt. Auch wenn er sich eines

chemisch reinen Erziehungsstils befleißigt, wird er dennoch die Verbildungen seiner Persönlichkeit durch das Klima, das von ihm ausgeht, auf das Kind übertragen. Und umgekehrt stellt eine reife Erzieherpersönlichkeit, ohne es zu wollen – und oft ohne es zu merken –, eine Atmosphäre her, in der auch ohne viele Worte und Reflexionen beim Kind Wachstum der Persönlichkeit geschieht.

Will die Schule zum Leben heranbilden, so muß sie auch Elternfähigkeit vermitteln. Das gebietet noch einmal, der mitmenschlichen Erziehung in der Schule einen weiten Raum zuzumessen. Elternfähigkeit kann selbstverständlich nicht in einem neuen Schulfach allein mit dem Verstand erlernt werden – obgleich mehr Wissen um das Kind erstrebenswert wäre. Der Schüler sollte vielmehr in der Schule pädagogische Erfahrungen von der Art machen, wie er sie später den eigenen Kindern zuteil werden lassen möchte.

Unsere bisherigen Überlegungen zur Frage: »Was brauchen wir im Privatleben?« ergaben, daß hierzu Persönlichkeit, persönliches Wachstum und personale Qualitäten nötig sind. Für die Schule bedeutet dies, daß ihre Bildung vordringlich der Entfaltung der Gesamtpersönlichkeit des Schülers gelten muß. Sie sollte dazu beitragen, daß nicht nur einzelne Fähigkeiten und Fertigkeiten ausgebildet werden, sondern daß die Reifung des Schülers als Mensch kontinuierlich geschieht und vertieft wird oder, sofern dieser Prozeß beeinträchtigt wurde, wieder mehr in Fluß gerät. Um personale Qualitäten wie Vertrauen, Liebe, soziale Bindung, Verantwortung zu vermitteln, muß die Schule über technisches Unterrichten zur Erziehung der Person vordringen. Den Einwand, die Schule sei überfordert, wenn sie Persönlichkeitsbildung betreiben solle, halte ich nicht für stichhaltig. Darauf ist zu entgegnen: Die Schule hat sich nach dem Leben zu richten. Sie darf sich nicht von einem herkömmlichen Schulverständnis bestimmen lassen. Das Leben aber verlangt vom Menschen in erster Linie Persönlichkeit und personale Qualität. Folglich muß die Schule so verändert werden, daß sie diesem Erziehungsauftrag nachzukommen vermag.

Die bisherigen Ausführungen wurden von dem Grundgedanken

getragen, dem Menschen sei erfülltes Privatleben nur möglich, wenn er dabei er selber werde. Selbstverwirklichung wurde als Sinn von Leben bezeichnet. Leben kann natürlich auch stärker vom Subjektiven her gesehen werden. Hierbei erscheint es als Glücksstreben und Lusterwerb. Selbstverständlich schließen sich diese beiden Betrachtungsweisen von Leben nicht aus. Wird aufgetragenes Selbst verwirklicht, so entstehen Lust und Glück. Sich selber sein, wird als Glück erfahren. Und umgekehrt kann haltbares Glück nur erlangt werden, wenn es von Selbstverwirklichung des Menschen getragen ist.

So gesehen kann der emanzipatorischen Pädagogik prinzipiell darin zugestimmt werden, wenn sie Glück beziehungsweise Glücksfähigkeit des Schülers als Lernziel der Schule betrachtet. Hinzuzufügen ist freilich, nur der Mensch wird auf die Dauer glücksfähig sein, der bereit ist, das Quantum an Leid auf sich zu nehmen, das mit seinem Leben verbunden ist. Wer hingegen Lust anstrebt, ohne den zu langfristigem Glück oft notwendigen Triebaufschub zu leisten, wird seine Empfindungsfähigkeit aushöhlen und sein Lustempfinden abstumpfen.

Vorbedingung des Glücksvermögens ist ein lebendiger, erlebnis- und empfindungsfähiger Mensch. Der vom Leben entleerte Depressive ist ja unter anderem auch dadurch gekennzeichnet, daß er nicht glücksfähig ist. Seine Lebensstimmung ist im Unterschied zur früheren Depressivität nicht die traurige, melancholische, niedergedrückte Stimmung, sondern eine Gestimmtheit von grau in grau. Er ist nicht traurig, sondern gefühls- und empfindungslos. Ein Gradmesser von Persönlichkeitszuwachs, des sich einstellenden Lebens bei der Überwindung von Depressionen ist die Fähigkeit, wieder trauern zu können. Ihr aber folgt das Vermögen, sich wieder freuen zu können.

Je lebensvoller der Mensch ist, um so lebendiger, kräftiger, feiner werden auch seine Erlebnisse und Empfindungen sein. Erziehung zum Glück bedeutet somit Erziehung zu lebensvollem Menschsein. Für die Schule heißt das: Will sie dem jungen Menschen zum Glück verhelfen, so hat sie sich erneut um die Entfaltung seiner Gesamtpersönlichkeit sowie um die Förderung seiner persönlichen Reifung zu bemühen. Aber auch auf einem anderen

Wege ist sie aufgerufen, dem Schüler bei seinem Streben nach Glück zu helfen. Bei vielen Menschen unserer Zeit sind Erlebnis- und Empfindungsfähigkeit generell abgestumpft. Reize und Informationen aller Art überschütten uns. Wir nehmen mehr auf, als wir verarbeiten können. Das ist um so mehr der Fall, als sich die Konsumentenhaltung, möglichst viel mitkriegen zu wollen, verstärkt und die Bereitschaft, in der Stille zu verdauen, abnimmt. Also muß sich der Mensch mit Reizabstumpfung schützen. Der Reizabstumpfung folgt aber in vielen Fällen erneute Reizsteigerung, die weitere Abstumpfung der Erlebnisfähigkeit nach sich zieht. Am Ende ist der moderne Mensch oftmals nicht mehr imstande, die vielen kleinen Reize des Lebens, die ihn täglich umgeben, überhaupt noch zu bemerken. Ihm entgehen die Farbtöne am Wolkenhimmel, das Gezwitscher der Vögel, die Gestalt eines Baumes, das Rauschen des Windes, die Schönheit eines Blumenstraußes, die gelungene Form eines Besteckes, das Muster eines Vorhangstoffes.

Auch hier ist die Schule gefordert. Sie muß zum rechten Umgang mit Informationen und Informationsträgern erziehen. Sie sollte helfen, daß der Schüler lernt, sich nicht mit Reizen vollzustopfen, sondern sie auszuwählen und zu verarbeiten. Bildungsziel einer lebensbezogenen Schule ist nicht die wandelnde menschliche Datenbank, sondern der fragende Mensch. Die Schule darf nicht zur Erlebnisunfähigkeit beitragen, indem sie dem Schüler eine objektivierende Einstellung zur Welt aufprägt. Mittels emotionaler und ästhetischer Erziehung hat sie vielmehr dem Jugendlichen bei der Entfaltung von Glück- und Lustfähigkeit behilflich zu sein.

Privatleben ist Freizeitleben. Durch sinkende Arbeitszeiten entstand immer mehr Freizeit. Wahrscheinlich wird die Freizeit des Menschen in der Zukunft noch zunehmen. Bekanntlich sind bei vielen Menschen mit der Freizeit Probleme verknüpft. Manch einer ist froh, wenn Wochenenden und lange Feiertage vorüber sind. Die Freizeitbeschäftigung, die am meisten Zeit vertreibt, ist das Fernsehen. Ein Fernsehkonsum in der Größenordnung von 17 Wochenstunden, wie im Bundesdurchschnitt üblich, ist problematisch. Fernsehkonsum in solchem Umfang verstärkt die Konsumprägung des modernen Menschen. Seine passive, rein rezeptive Haltung wird dadurch noch tiefer eingeschliffen.

In mehrfacher Hinsicht ist das bedenklich. Die Konsumentenhaltung bezieht sich ja nicht allein auf das Fernsehen; sie springt über auf andere Lebensbereiche. Dem Mitmenschen begegnen wir als Konsument. Er erhält für uns die Funktion eines Konsumgutes. In der Arbeitswelt verlangen viele Aufgaben Initiative, Aktivität, Produktivität. Dem steht die unbeteiligte Konsumentenhaltung entgegen. Schließlich verträgt sich umfassendes Konsumverhalten nicht mit den Erfordernissen eines demokratischen Staates, der eine humanere Gesellschaft aufbauen möchte.

Auch für den Einzelmenschen selbst ist es von Übel, wenn er den größten Teil seiner Freizeit vor dem Fernseher verbringt. Zuviel Fernsehen trägt zur Abstumpfung, zur Überfütterung mit Reizen bei. Das Übermaß der unverdauten und unabgeleiteten Fernseherregungen dürfte eine Rolle spielen bei der Zunahme von neurotischen und vegetativen Störungen. Schließlich wissen wir, daß unmäßiges Fernsehen eine Abhängigkeit von den im Fernsehen geäußerten Meinungen erzeugt. Weil die mundgerecht servierten Fernsehinformationen in der Regel nicht kritisch in Frage gestellt und überdacht werden, verkümmert die Fähigkeit, sich ein eigenständiges Urteil zu bilden, dem eine unabhängige Entscheidung nachfolgen würde. Fernsehkonsum fördert politische Unmündigkeit. Auf diese Weise wird die Manipulationsanfälligkeit und das Manipulationsbedürfnis des modernen Menschen noch zusätzlich erhöht. Welche politischen Gefahren sich aus dieser Art von Freizeitgebrauch ergeben, brauche ich nicht auszuführen.

Wir müssen folglich lernen, unsere Freizeit auf andere Weise zu gebrauchen. Freizeit sollte vordringlich der Pflege von zwischenmenschlichen Beziehungen dienen. Viele Hausfrauen klagen darüber, daß ihre berufstätigen Ehemänner für sie keine Zeit fänden. Entweder sind sie im Betrieb oder sie sitzen vor dem Fernsehgerät. Hausfrauen, die auf die Anregungen des Berufes verzichten, sind in besonderer Weise darauf angewiesen, daß sich ihre Ehemänner für sie Zeit nehmen, daß sie ihren Alltagssorgen zuhören und in der freien Zeit etwas mit ihnen unternehmen. Die Freizeit sollte dazu benutzt werden, mehr miteinander zu reden. Trotz der vielen Stunden freier Zeit finden viele Väter keine Zeit, um mit ihren Kindern zu spielen, zu basteln und anderes zu tun. Es ist nur konsequent, wenn sich diese Kinder von ihren Vätern innerlich entfremden.

Die meisten Berufe fordern den Menschen in einseitiger Weise. Bestimmte Kräfte werden überfordert, andere hingegen liegen brach. Auch hier liegt ein Grund für die Zunahme von Regulationsstörungen des vegetativen Nervensystems, aus denen im Laufe der Zeit Krankheiten erwachsen können. Manche Lebensumstände, unter denen wir leben, sind uns unzuträglich. Um so nötiger wäre es, in der Freizeit mittels kompensatorischer Tätigkeiten jene einseitigen Forderungen und Belastungen auszugleichen. Die überstrapazierten Seiten sollten ruhen und die unterdrückten zu ihrem Recht gelangen.

Auch im Bürger der technischen Zivilisation gibt es noch eine Fülle von Bewegungs- und Gestaltungsantrieben. Die Bedingungen, unter denen wir leben, bewirken, daß diese nicht abgerufen werden. Deshalb müssen sie sich in der Freizeit ausgestalten können. Die freie Zeit sollte zur körperlichen Bewegung und Betätigung gebraucht werden. Die gestalterischen und musischen Kräfte sollten sich betätigen können. Besser ist es, nur laienhaft zu malen und zu musizieren, als sich in passivem Kunstgenuß zu ergehen.

Leider ist ein großer Teil der Bevölkerung zu aktiver kompensatorischer Freizeitgestaltung offenbar nicht fähig. Dies fällt um so schwerer, als ja der Versuchung des bequemen Zeitvertreibs mittels Fernsehen widerstanden werden müßte. Werden die aktiven Kräfte des Menschen nicht gepflegt, so bilden sie sich zurück oder wandeln sich um in störende Energien. Jedes Kind kommt zum Beispiel mit Freude an der Bewegung auf die Welt. Wird jedoch durch die nicht kindgemäßen Lebensbedingungen, wie sie in unseren Städten mit ihren hellhörigen Wohnungen vorliegen, ihr Bewegungsdrang immer wieder gebrochen, so gehen Lust an der Bewegung sowie der Drang, sich in der freien Zeit aktiv zu betätigen, verloren. Dafür entsteht nervöse Unruhe.

Weil unsere Umwelt in vieler Hinsicht die Antriebe des Menschen unterdrückt, hat eine ausgleichende Erziehung dafür zu sorgen, daß sie am Leben bleiben und Freude vermitteln. Freizeiterziehung stellt sich damit als weitere Aufgabe einer lebensbezogenen Schule heraus. Sollen Störungen im Einzelmenschen und in ihrem Zusammenleben vermieden werden, so kann sich die Schule diesem Erziehungsauftrag nicht entziehen. Freizeiterziehung in der Schule ist lebensnotwendig. Den Erfordernissen dieser Erziehung gilt es manches unterzuordnen, was der Schule aufgrund langer Traditionen lieb und wert ist.

Privatleben findet zum großen Teil in der Wohnung statt. Unser Wohlbehagen hängt erheblich davon ab, wie die Wohnung beschaffen ist. Die Gegenstände unserer Umgebung bestimmen nicht nur unser subjektives Wohlgefühl, sie prägen uns. Je technischer die Welt ist, die uns umgibt, um so stärker wird der zu ihren Strukturen passende rational-technische Teil in uns selbst gefördert. Das andere verkümmert. Dem gilt es durch Gestaltung der unmittelbaren Umwelt gegenzusteuern. Wir sollten uns – sofern finanziell möglich – mit formschönen und qualitativ hochwertigen Gegenständen umgeben. Häßliche Dinge, die Tag für Tag auf uns einwirken, beeinträchtigen Schönheitssinn und die Fähigkeit, Schönes erleben zu können. Produkte von minderwertiger Qualität zerstören den Sinn für Solidität und Qualität. Qualitätssinn aber brauchen wir bei vielen Anforderungen des Lebens. Auch hieraus ergeben sich entsprechende pädagogische Konsequenzen einer lebensbezogenen Schule.

Zur Wohnung gehört der Haushalt. In ihm wird eingekauft, gekocht, gespeist, gesäubert und manches andere. In einer Konsumgesellschaft, in der Konsumverführung geschieht, ist kritischer Kauf und Konsum besonders wichtig. Aufklärung allein genügt hierzu nicht. Es erfordert zum Beispiel Mut und Selbstbewußtsein, um als kleiner Normalverbraucher in einen vornehmen Laden zu gehen und sich trotz snobistischer Verkäuferinnen ein gutes Stück, das im Preis herabgesetzt wurde, zu ergattern. Viele Verbraucher scheuen sich, billige Waren einzukaufen, obgleich diese qualitativ genausogut sind wie teurere. Man möchte nicht zu denen gehören, die sich anscheinend nur Billiges leisten

können. Erziehung zu kostenbewußtem Kaufen muß Mut machen und das Selbstgefühl des Käufers stärken.
Obwohl die meisten Haushalte finanziell nicht schlecht gestellt sind, ergeben sich immer noch viele Ehekräche und manche Ehetragödie aus schlechtem Wirtschaften. Zum Teil geht das auf die Kaufverlockungen zurück, denen manche nicht gewachsen sind. Der Grund liegt aber oft in einer Unfähigkeit, mit Geld umzugehen und in Kosten zu denken. Ebensowenig wie die anderen Eigenschaften, die zum Haushalten nötig sind, stellt sich auch automatisch Kostendenken ein, wenn Kosten anfallen.
Die Fähigkeiten, die wir brauchen, um uns in unseren vier Wänden wohl zu fühlen und die zum Haushalten nötig sind, gilt es durch Erziehung zu vermitteln. Auch diese Aufgabe hat die Schule mit zu übernehmen. Es wäre unzulässig, diesen Teil der Erziehung dem Elternhaus zuzuschieben oder sich damit zu beruhigen, im Laufe der Zeit würde sich das einstellen, was man braucht. Gewiß trifft es zu: Einige der im Haushalt erforderlichen Fähigkeiten kann sich jeder selbst beibringen. Und es ist ebenfalls richtig, daß viele junge Leute in der eigenen Familie allerhand von dem mitbekommen haben, was sie später einmal selber benötigen. Viele andere sind jedoch nicht imstande, allein durch Lebenspraxis sich das zu erwerben, was der Haushaltsalltag verlangt. Und in einer Großzahl von Familien lernen die Kinder heute nicht mehr, was sie später im eigenen Haushalt beherrschen sollten.
Wenn Leben das Lernziel der Schule ist, muß sie auch Haushaltstechniken vermitteln, und zwar Mädchen wie Jungen. Mit dieser Forderung ziele ich nicht wie andere auf die totale Gleichstellung von Mann und Frau ab. Ich halte es aber für wichtig, die Eigenständigkeit und Unabhängigkeit des Mannes auch auf diese Weise zu fördern. Ferner sollte er in der Lage sein, im Haushalt seiner Frau beizustehen und für sie einzuspringen. Besonders dringlich ist es, bereits beim Schüler das Kostendenken zu entwickeln. Er sollte einen Sinn dafür erwerben, daß alles, was man erhält, auch seinen Preis hat, und daß jede Mark nur einmal ausgegeben werden kann.
Haushälterisches Denken und Kostenbewußtsein spielen in allen

Lebensbereichen eine große Rolle, im Privatleben, im Berufsleben und im öffentlichen Leben. In der hinter uns liegenden Zeit des raschen und scheinbar selbstverständlichen Wachstums der Wirtschaft entstand in uns die illusionäre Erwartung, das Geld, das wir brauchen, würde sich schon irgendwie einstellen. Wir gewöhnten uns daran, aus dem vollen zu schöpfen und uns oft mehr Wunscherfüllungen zu gestatten, als Geld bestand, um sie zu bezahlen. In allen Lebensbereichen gingen wir dazu über, Schulden zu machen und uns an Schulden zu gewöhnen. Zur Zeit erfahren wir, wie sehr wir unsere Möglichkeiten überzogen haben. Es ist zu befürchten, daß als Folge unseres Mangels an Kostendenken und Realitätssinn die Investitionsmittel nicht vorhanden sind, die Wirtschaft und öffentliche Hand benötigen, um die Zukunft zu sichern. Wenn also Schule zum Leben verhelfen soll, ist es nötig, daß hinter den wissenschaftlichen Erkenntnissen, die sie lehrt, die banalen aber elementaren Dinge des Lebens nicht zu kurz kommen.

3 Was brauchen wir im Berufsleben?

Wer sich um eine Arbeitsstelle bewirbt, wird im allgemeinen gefragt, ob er Fachkenntnisse mitbringe. Diese Fachkenntnisse erhält der Student bestenfalls in bescheidenem Umfang an der Universität und der Hochschule. Schon gar nicht werden sie dem Jugendlichen in der Schule zuteil. In erster Linie erwirbt man sie durch Erfahrungen einer Berufstätigkeit auf dem gleichen oder einem verwandten Gebiet. Selbstverständlich sind Grundkenntnisse nötig, um sich in der Arbeit Spezialkenntnisse aneignen zu können.

Aus diesem Sachverhalt ergeben sich für die Schul- und Hochschulbildung folgende Konsequenzen: Es ist sinnlos, den jungen Menschen mit Detailkenntnissen der verschiedensten Stoffgebiete zu überhäufen. Bestenfalls kann er in seinem späteren Berufsleben nur mit einem schmalen Ausschnitt dieser Kenntnisse etwas anfangen. Um so wichtiger aber ist es, daß sich Schüler und Studenten Grundlagenwissen in den verschiedenen Wissensgebieten erarbeiten. Diese auf das Wesentliche konzentrierten Kenntnisse müssen allerdings derart gründlich erlernt werden, daß sie der junge Mensch auch tatsächlich beherrscht und daß sie ihm noch lange Jahre nach dem Verlassen von Schule und Hochschule zur Verfügung stehen.

Diese Forderung entspricht der Erfahrung, von der schon im ersten Kapitel die Rede war. Auf Lehren und Lernen von Wissensstoff, der im Leben ohnedies vergessen wird, kann verzichtet werden. In der Berufspraxis stellt man häufig fest, daß sich unsere Schul- und Hochschulabsolventen auf den Gebieten oft recht gut auskennen, mit denen sie sich in der Schule und im Studium besonders beschäftigt haben. Im Beruf brauchen sie das jedoch meistens nicht. Und oftmals sind diese Kenntnisse dermaßen theoretisierend und lebensfern, daß sie für die Praxis untauglich sind.

Auf der anderen Seite erweisen sich die Wissensgrundlagen als wackelig und löcherig. In der Rechtschreibung hapert es beim promovierten Akademiker ebenso wie bei der Hauptschulabgängerin, die den ganzen Tag an der Schreibmaschine sitzt. Überschlägiges Kopfrechnen fällt schwer. Abiturienten kennen sich aus in Kurvendiskussionen und stolpern bei simplen Additionen. Manchen Absolventen des Gymnasiums darf man nicht fragen, wieviel Liter ein Kubikmeter enthält. Mittelgroße Städte der Bundesrepublik werden in abenteuerliche Gegenden verlegt. Das mündliche und schriftliche Ausdrucksvermögen läßt zu wünschen übrig. Zur Not kann man einen Klassiker in einer fremden Sprache lesen. Der Speisekarte des fremden Landes gegenüber ist man hilflos und manchmal verfährt man sich, weil man selbst Wegbezeichnungen nicht richtig übersetzen kann.

Bei diesem und anderem fragt sich, was überhaupt der Sinn des Lernens in der Schule sei: Ist es sinnvoll, das Komplizierteste und Entlegenste oder das Nächstliegendste und Grundlegendste zu lernen? Auf diese Frage zu antworten, erübrigt sich. Um so mehr erstaunt, daß die Schule das Elementare zu wenig einübt. Ein wesentlicher Grund hierfür ist sicher die Stoffüberfülle. Der Lehrer muß sein Pensum durchbringen und hetzt durch den Lehrplan. Vielleicht sind ihm aber auch die Grundkenntnisse dermaßen selbstverständlich, daß er sich kaum vorstellen kann, wie lange der Schüler braucht, bis sie ihm genauso geläufig sind. Die letzte Ursache dürfte jedoch in der falschen Ausrichtung der Schule begründet sein: Sie ist wissenschafts- und nicht lebensbezogen. Es ist erstrebenswerter, in den Fächern einen kleinen Abriß der jeweiligen Wissenschaft anzubieten, als sich mit banalen Grundkenntnissen, die der junge Mensch in den allermeisten Berufen mitbringen muß, herumzuschlagen.

Das Streben, in jedem Fach ein kleines Kompendium jener Wissenschaft vorzutragen, hat noch einen weiteren Hintergrund. In der Vergangenheit konnte die Schule den Schüler mit einem festen Satz von Wissen in das Leben entlassen, der von Bestand war. Die Wissenschaften entwickelten sich langsam. Was man in der Schule an Wissen erlernt hatte, behielt für den ganzen Berufsweg Gültigkeit. In der Zwischenzeit hat sich die Menge des Wissens immens erweitert. Die Schule hinkt diesem Prozeß hinterher und versucht mit fast verzweifelter Anstrengung, dennoch einen einigermaßen vollständigen Abriß der Stoffgebiete zu liefern.

Die Schule übersieht hierbei, daß dieser Versuch von vornherein zum Scheitern verurteilt ist. Mit der explosionsartigen Ausdehnung des Wissens ist nämlich eine immer raschere Veralterung des Wissens verbunden. Ein Großteil von dem, das heute in der Schule gelehrt wird, wird, wenn der heutige Schüler zehn bis zwanzig Jahre Berufspraxis hinter sich hat, unbrauchbar sein. Da es also unmöglich ist, den Schüler mit einem Wissensvorrat auszustatten, von dem er ähnlich wie früher ein ganzes Leben lang zehren kann, sollte die Schule radikal umdenken. Das Ziel muß heißen: Beschränkung auf Basiswissen; Herstellen eines fest ineinander gefügten, tragfähigen Wissensfundamentes, auf dem weiterführend in Hochschule und Universitäten, vor allem aber im Beruf aufgebaut werden kann.

Neben einer soliden Grundlage von Elementarwissen sind heute in jedem Beruf Lernfähigkeit und Lernbereitschaft unabdingbare Voraussetzungen. Gerade weil vieles, was der Beruf verlangt, trotz der Aufblähung des Stoffes an Schulen und Hochschulen nicht gelehrt werden kann, ist es im Beruf zu lernen. Da spezielle Kenntnisse rasch veralten, muß laufend Altes abgestoßen und Neues hinzugenommen werden.

Technologische Entwicklungen und Umschichtungsvorgänge der Wirtschaft bringen es mit sich, daß einige Wirtschaftszweige schrumpfen und andere sich erweitern. Neue Techniken machen herkömmliche Berufe überflüssig und schaffen neue Berufsbilder. Mit solchen Entwicklungen können wir nur Schritt halten, wenn wir seelisch und geistig beweglich bleiben und in der Lage sind, in einem fort umzulernen. Zukünftig wird die Mehrzahl der heutigen Schüler gezwungen sein, nicht nur mehrmals wie

jetzt Firmen und Branchen zu wechseln, sondern neue Berufe zu erlernen. Wer dies nicht vermag, wird keinen neuen Arbeitsplatz mehr erhalten. Und umgekehrt, wer dazu imstande ist, wird eine vielseitigere Berufskarriere durchlaufen und somit ein höheres Maß von menschlicher Bereicherung erhalten. Die Schule sollte die Konsequenz daraus ziehen, daß im Berufsleben Lernfähigkeit und Lernbereitschaft wichtiger sind als die Unmengen von eingepaukten und nicht zusammengewachsenen Einzelkenntnissen. Die Fähigkeit des lebenslangen Lernens dient aber nicht nur dazu, neue Kenntnisse, sondern vor allem neue Methoden zu erwerben. Kenntnisse sind rasch überholt; auf Methoden trifft das nicht zu. Die Regeln des logischen Denkens wurden vor rund zweieinhalbtausend Jahren formuliert. Die herkömmliche Logik läßt sich zwar durch eine anderswertige Logik ergänzen. Allerdings ist es schwer vorstellbar, daß jene Denkgesetze durch andere ersetzbar sind. Spezielle Denkmethoden einer wissenschaftlichen Disziplin werden kurzlebiger sein. Das gleiche mag für die Gesetzmäßigkeiten des methodischen Handelns zutreffen. Dennoch dürften manche Methoden ein Lebensalter überdauern. Für die Schule ist es darum weitaus wichtiger, in Methoden des Denkens und Handelns einzuführen, sowie die speziellen Methoden der einzelnen Fächer mitzuteilen, als den Ballast des vielen Einzelwissens mit sich herumzuschleppen.
Neben Grundwissen und Lernfähigkeit ist methodische Befähigung die dritte Voraussetzung, die im Berufsleben benötigt wird. Wenn nun auch ein Grundstock von Methoden langsam veraltet, so entwickeln sich in Fortschritt von Wissenschaft und Technik auf der anderen Seite sehr wohl neue Methoden. Zum Teil verlangt auch der gesellschaftliche Wandel das Praktizieren einer neuen Methodik. Im Organisationswesen haben sich durch den Einbruch der elektronischen Datenverarbeitung manche Methoden geändert. Die Ablösung staatlicher Hierarchien durch die demokratische Staatsform schlug sich auch in veränderten Organisationsformen der Arbeitswelt nieder. Neue Führungsmethoden erweisen sich als unumgänglich. All dies hat Folgen für die Schule. Die Schule sollte beim Schüler die seelischen Voraussetzungen schaffen, daß er fähig bleibt, sich bis an das Ende sei-

nes Berufsweges neuen Methoden öffnen zu können. Dies ist nur möglich, wenn der emotionalen und der sozialen Erziehung in der Schule ein großes Gewicht zugemessen wird.

Gemessen an den Berufsanforderungen zeigt sich, daß die Schule die Bedeutung der Intelligenz – besonders der in der Schule gefragten und bewerteten Intelligenz – für das Berufsleben bei weitem überschätzt. In meiner Nebentätigkeit als Personalberater konnte ich beobachten, daß sich Führungskräfte der Wirtschaft, die Spitzenpositionen einnahmen, in der Regel nicht durch Spitzenintelligenz auszeichneten. Diese Führungspersonen besaßen »nur« eine gute Intelligenz. Allerdings war ihre Intelligenz geprägt von einem Profil, das genau mit den Anforderungen ihrer Tätigkeit übereinstimmte. Diese Art von Intelligenz läßt sich folgendermaßen kennzeichnen: Sie ist realitätsnah, in hohem Maße zentriert, fähig und bestrebt, gute Ideen unmittelbar in Handlung umzusetzen, mit starkem Sinn für das Rationelle ausgestattet und einer ständigen Rückkoppelung zum Kostendenken versehen. Jene Führungspersönlichkeiten wissen von den Einzelheiten der Arbeitsbereiche ihrer Untergebenen nur wenig. Sie sind sogar oft darauf bedacht, ihren Kopf mit solchem Kleinkram nicht zu belasten. Dennoch besitzen sie ein Gespür für das Wesentliche, haben einen bohrenden Verstand, zeichnen sich aus durch einen Blick für Zusammenhänge und sind damit urteilsfähig. Der Leser mag selbst entscheiden, wieviel von solchen Fähigkeiten in unserem Bildungswesen zur Entfaltung gebracht wird. Wohl noch stärker als durch ein solches Intelligenzprofil wird die Laufbahn von Führungskräften durch seelische Fähigkeiten vorgezeichnet, die wir ebenfalls kennenlernen müssen.

Besonders instruktiv für den Stellenwert von intellektuellen und nicht intellektuellen Fähigkeiten sind die beiden Fallbeispiele, die K. F. Lehnert in seinem Aufsatz »Ist Begabung machbar?« angab (Zeitschrift für Allgemeinmedizin, Heft 22, 51. Jahrgang, Seite 983, 984). Der erste Proband, 25 Jahre alt, Marktleiter in der Filiale eines Lebensmittelunternehmens, Vorgesetzter von 50 Mitarbeitern, Jahresgehalt 35 000 DM. Seine Schulbildung: 4 Jahre Grundschule, 3 Jahre Gymnasium, wegen Schulversagens Wechsel in eine Wirtschaftsschule, nach rund 2 Jahren ohne Abschluß abgebrochen. Er besitzt einen Intelligenzquotienten von 70; das entspricht Hilfsschulniveau. Nur etwa 3 Prozent der Bevölkerung besitzen einen noch niedrigeren Intelligenzquotienten.

Der zweite Proband verfügt dagegen über einen IQ von 142. Nur ein Prozent der Bevölkerung liegt über diesem Wert. Das Persönlichkeitsniveau dieses 54jährigen Mannes beschreibt Lehnert folgendermaßen: »Ungemein gebildet, weit gereist, auf eine Reihe im Geistesleben bedeutender Vorfahren zurückblickend, wegen seines sprühenden Geistes allgemein geschätzt, Vorstand in zahlreichen Verbänden und Vereinigungen, persönlicher Freund bedeutender Persönlichkeiten in Politik, Wirtschaft und Wissenschaft« (Seite 984). Seine Laufbahn: Abitur mit 17 Jahren, Kriegsunterbrechung, »ab 1945 selbständiger Unternehmer in der Lebensmittelbranche bis zum Konkurs in der ersten Rezession 1966, anschließend Geschäftsführer oder Marketingdirektor bei mehreren Unternehmen jeweils für ein Jahressalär von etwa 100 000,– DM. Bis er überall dafür bekannt war, daß er kaum Leistungen erbrachte ... Die geleistete Arbeit war an mangelnder Sorgfalt kaum zu überbieten. Es fehlte dem Probanden völlig an Einsicht in die reale Gleichung: Geleistete Arbeit gleich Geld« (Seite 984). Seit dieser Zeit beruflicher Abstieg. Trotz höchster Intelligenz am Ende seit fast einem Jahr arbeitslos.

Die beiden Beispiele zeigen vortrefflich, daß Intelligenz und Schulleistung allein über den Berufserfolg wenig aussagen. Oder besser gesagt, sie demonstrieren, daß es neben der mehr theoretischen Intelligenz, die wir mit dem Intelligenzquotienten bestimmen und in unseren Schulen wie Universitäten pflegen, noch Formen von Intelligenz gibt, auf deren Struktur ich, als von der Intelligenz höherer Führungskräfte die Rede war, bereits einging. Diese werden mit unserer Intelligenzmessung kaum erfaßt und kommen, was Förderung und Forderung im Schulwesen anbelangt, bei weitem zu kurz.

Jeder kennt wohl Beispiele, die besagen, daß schulische Hinterbänkler im Berufsleben groß herauskamen, daß sich mancher unauffällige Schüler an der Universität glänzend entwickelte,

daß andererseits aber auch akademische Prüfungskanonen im Beruf weit weniger erfolgreich waren und daß Schulprimusse im späteren Beruf oft nur mit recht bescheidenen Ergebnissen aufwarten konnten.
Schulintelligenz und Berufsintelligenz sind offenbar verschiedene Dinge. Wenn Schulintelligenz im Berufsleben zum Erfolg führen soll, müssen wesentlich noch andere Faktoren hinzukommen. An diesen Tatsachen darf die Schule, wenn sie nicht zum Selbstzweck werden will, nicht länger vorbeigehen. Die Art von Intelligenz gilt es – zumindest auch – in Schule, Hochschule und Universität zu bilden, die im praktischen Beruf notwendig ist. Die Zahl derer, die mit einseitig theoretischer Intelligenz die ebenfalls notwendige Forschung betreiben, ist gemessen an der Vielzahl der Schul- und Hochschulabsolventen verschwindend gering.
Welche Eigenschaften müssen zu Basiswissen, methodischer Ausrüstung, Lernfähigkeit und dem speziellen Intelligenzprofil hinzukommen, wenn sich Erfolg und Befriedigung im Beruf einstellen sollen? Hier sind zuerst einmal Charaktereigenschaften zu nennen. Je intelligenter, je kenntnisreicher, methodisch handelnder, lernfähiger ein Mensch ist, um so gefährdeter ist er und seine Umgebung, falls all das nicht durch charakterliche Eigenschaften gebunden wird. Die eben genannten Befähigungen können auch Grundlage einer glänzenden Verbrecherkarriere sein. Treten ein paar weitere Faktoren hinzu, so kann aus einem solchen Menschen ein für die Gesellschaft bedrohlicher Terrorist entstehen. Belege für beide Möglichkeiten gibt es genügend.
Je höher jemand begabt ist, um so mehr Anstand braucht er, wenn er in dem Betrieb, in dem er arbeitet, nicht Unheil anrichten will. Wie sehr kann ein intelligenter Intrigant das Klima einer Arbeitsgruppe vergiften. An der Rücksichtslosigkeit von Mitarbeitern und Vorgesetzten leiden unzählige Menschen. Hierbei sind seelische Verletzungen die Folge, die krankmachen und Menschen töten können. Ein unehrlicher Kollege, der die eigenen Fehler vertuscht und auf andere ablenkt, ist ebenfalls schwer zu ertragen. Von einer Autoreparaturwerkstätte erwarten wir schließlich, daß keine gebrauchten Teile eingebaut wer-

den, wenn neue auf der Rechnung stehen.

In jedem Beruf ist Zuverlässigkeit Voraussetzung. Buchen wir auf dem Reisebüro eine bestimmte Reise, so müssen wir uns darauf verlassen können, daß uns am Ziel auch das erwartet, was zugesagt wurde und wofür wir bezahlt haben. Verantwortungsbewußtsein ist notwendig. Die Krankenschwester muß ihre Spritzen kontrollieren, damit der Patient das richtige Medikament in der richtigen Dosierung erhält. Weder Gesellschaft noch Wirtschaft können ohne Pflichtbewußtsein auskommen. Wer in einer automatisierten Anlage seine Pflicht als Kontrolleur der Armaturen nicht ernst genug nimmt, kann in kürzester Zeit einen Schaden von Hunderttausenden von Mark verursachen. Einsatzfreude stellt eine weitere wichtige Tugend dar. Wenn einmal besonders viel Arbeit anfällt, sollte der Einsatz auch dazu ausreichen. Die Liste der Charaktereigenschaften und Persönlichkeitsmerkmale, die im Berufsleben großes Gewicht haben, könnte erheblich verlängert werden. Aber auch so stellt sich die Frage: Was geschieht in unserem Schulwesen, um diese Eigenschaften auszubilden? Noch einmal ist zu wiederholen. Sind sie nicht vorhanden, so nutzt das ganze Wissen und Können wenig, das Schule und Hochschule dem jungen Menschen vermitteln. Im Gegenteil: Aus Wert kann Unwert werden.

Erneut kann einer solchen Forderung entgegengehalten werden, die Schule werde überfordert, wenn sie beim Schüler charakterliche Bildung durch Werterziehung ausüben solle. Dies sei Aufgabe und Angelegenheit der Familie. Falls so argumentiert werden sollte, hätte dies weitreichende finanzielle Konsequenzen. Wenn Charaktereigenschaften im Leben derart schwer wiegen, die Schule aber mit Charaktererziehung überfordert ist und falls die Familie hier weit Besseres zu leisten imstande sei, müßte ein nennenswerter Teil der finanziellen Mittel aus dem Schuletat abgezogen und zur Familienförderung verwendet werden. Mit diesen Mitteln könnte beispielsweise den Müttern ein Erziehungsgeld gezahlt und damit die psychologische Situation wie die pädagogische Funktion der Mütter, die auf Berufsausübung verzichten, verbessert werden. Ich vertrete nun nicht die Auffassung, der Bildungshaushalt solle gekürzt werden. Allerdings bin ich der Meinung, daß der erhebliche Finanzaufwand, der für unser Schulwesen geleistet wird, zu einer Bildung führen muß, die dazu verhilft, im Leben bestehen zu können. Dazu aber gehört wesentlich, daß von der Schule auch die Aufgabe der charakterlichen Bildung im nötigen Umfang wahrgenommen wird.

Im Berufsleben benötigt der Mensch weitere psychologische Fähigkeiten, denen hohe Bedeutung zukommt. Sie ergeben sich nicht aus dem in der Schule erlangten Wissen. Sie stellen vielmehr die Voraussetzung dar, von Kenntnissen sinnvollen, erfolgreichen und effektiven Gebrauch zu machen. Ich zähle wieder nur einige dieser Merkmale auf, ohne einen vollständigen Katalog zu nennen. Jeder Beruf erfordert Fleiß. Das muß um so nachdrücklicher gesagt werden, als sich durch den Wohlstand der jüngeren Vergangenheit in vielen die Einstellung gebildet hat, Erfolg, Geld und anderes würden sich auch ohne größere Anstrengungen ergeben. Fleiß allein ist freilich noch kein Garant für ein gutes Ergebnis. Er muß gepaart sein mit Zielstrebigkeit. Ohne Arbeitsmethodik kann blinder Fleiß die Arbeitskraft verbrauchen und durch ausbleibenden Erfolg zur Entmutigung führen. Fleiß, Zielstrebigkeit, Arbeitsmethodik sind daher wichtige Bildungsziele der Schule.

Je stärker die Produktionsmethoden automatisiert werden und je mehr sich die Dienstleistungsgesellschaft ausbildet, um so höher wird der Rang von Selbständigkeit beim Arbeitnehmer. Er soll weder Befehlsempfänger noch ausführendes Organ sein. Er sollte in der Lage sein, sich selbst eine Meinung zu bilden und selbständig zu handeln. Wenn in einer automatisierten Anlage eine Störung auftritt, muß der Arbeiter imstande sein, selbständig eine rasche Entscheidung zu treffen. Ein Fernsehmechaniker sollte möglichst weitgehend in der Lage sein, einen Defekt zu reparieren, auch ohne den Werkstattleiter zu fragen.

Mit der zunehmenden Bedeutung von Selbständigkeit im Berufsleben wird auch immer mehr Initiative verlangt. Leider zeigt sich, daß die Schere zwischen vorhandener und erforderlicher Initiative auseinanderklafft. Selbst in einfachen Berufen ist Initiative nötig. Die Tätigkeit einer Verkäuferin sollte sich nicht darin erschöpfen, den Kunden wie ein fleischgewordener Verkaufsautomat, der sein Programm herunterspult, mechanisch abzufertigen. Eine gute Verkäuferin ist eine Kundenberaterin. Hierbei gilt es Initiative, Phantasie, Einfühlungsvermögen und anderes an den Tag zu legen. Gerade in einer Konsumgesellschaft, die dem Menschen durch mancherlei Einwirkungen Unabhängigkeit, Selbständigkeit, Aktivität, Initiative, Phantasie nimmt, ist es besonders wichtig, daß die Schule in kompensatorischer Weise diese Fähigkeiten freisetzt.

Sehr viele Berufe sind mit erheblichen Belastungen körperlicher, seelischer und geistiger Art verbunden. Bedingt ist dies durch die äußeren Umstände der Arbeit – höherer Lärmpegel wäre beispielsweise zu nennen – durch die Einseitigkeit vieler Berufsfunktionen (das trifft durchaus nicht nur auf die Arbeit am Fließband zu), durch Anforderungen, die sich aus dem sachlichen Gehalt der Arbeit und aus mitmenschlichen Problemen ergeben. Eine wichtige Voraussetzung im Berufsleben heißt somit Belastungsfähigkeit. Belastbarkeit hängt ab von der leib-seelischen Stabilität der Gesamtpersönlichkeit.

In nicht wenigen Anzeigen erscheint Dynamik als wesentliche Qualität eines gesuchten Mitarbeiters. So viele dynamische junge Mitarbeiter, wie gesucht werden, gibt es überhaupt nicht. Glücklicherweise sind so viele dynamische junge Männer auch gar nicht nötig, um jene Aufgaben erfolgreich wahrzunehmen, die in der ausgeschriebenen Position erwähnt sind. Dynamik ist eine Modevorstellung, die leider manchen dazu verführt, den Dynamischen zu spielen und sich dabei zu überfordern. Tatsächlich aber ist die Wirksamkeit eines gleichmäßigen Kräfteeinsatzes, der mit den Worten Beharrlichkeit, Ausdauer, Zähigkeit, Durchhaltevermögen gekennzeichnet ist, größer als die eines dynamischen Feuerwerks, dessen Zauber bald vorbei ist.

Belastungsfähigkeit und Durchhaltevermögen sind Äußerungsformen der psycho-physischen Kraft des Menschen. Von seinen Kräfteverhältnissen hängt Entscheidendes im Leben ab. Erschöpft er sich rasch, so ist er zu Langstreckenleistungen nicht fähig. Je geringer die Kraft, um so oberflächlicher wird die Leistung ausfallen. Aus Mangel an Kraft ist man unfähig, sachliche Schwierigkeiten aus dem Wege zu räumen. Wer schwach ist, besitzt kein Stehvermögen und kann nicht kämpfen. Er paßt sich an und wird deshalb ein bequemer, vielleicht sogar beliebter Mitarbeiter sein, aber keiner, der Prozesse – seien es sachliche oder menschliche – gegen Widerstände vorwärtstreibt. Es fragt sich also: Was geschieht in der Schule, um die Kraft des jungen Menschen zu steigern? Belastbarkeit, Durchhaltevermögen, Stehvermögen stellen sich damit als wesentliche Bildungsziele der Schule heraus.

Von größter Bedeutung für das Berufsleben sind mitmenschliche Fähigkeiten. Fast in jedem Beruf hat es der Mensch mit Menschen zu tun, und in vielen Berufen spielen seine personellen Bezüge eine größere Rolle als die Sachbezüge. Die zwischenmenschlichen Beziehungen in der Berufswelt werden davon bestimmt, wie ausgewogen oder umgekehrt wie gestört ein Mensch ist. Innerseelische Konflikte haben die Neigung, sich in zwischenmenschliche Konflikte umzusetzen.

Nehmen wir ein Beispiel: Infolge erheblicher Behinderung bei der Entfaltung der eigenen Persönlichkeit entstand in einem Menschen bereits in der Kindheit ein tiefsitzender Mangel an Selbstgefühl. Meistens wird der Betreffende versuchen, seine Minderwertigkeitsgefühle gerade im Beruf auszugleichen. Das kann in Gestalt von Ehrgeiz geschehen, der aus Mitarbeitern Konkurrenten macht, die zur Seite geschoben und unterdrückt werden müssen. Seit Alfred Adler wissen wir um den engen Zusammenhang zwischen Minderwertigkeitsgefühlen und Machtstreben. Bei genauer Betrachtung zeigt sich, daß die Selbstwerdung eines jeden Menschen durch ungünstige Lebensbedingungen in einem gewissen Ausmaß behindert wird. Bei uns allen ist das Selbstgefühl also nur mehr oder weniger stabil. Die meisten von uns bemühen sich darum, den Mangel an innerer Stabilität durch Stabilisierung von außen mittels Erfolg, Status, Ansehen usw. wettzumachen. Das aber geschieht oft auf Kosten des Mitarbeiters und der Gruppe, in der man steht.

Weit stärker als es uns bewußt ist, erwachsen uns bei der Berufstätigkeit Schwierigkeiten, deren Ursachen in uns selbst und nicht unbedingt in der Aufgabe liegen. Ebensowenig bemerken wir zumeist, daß wir auch den Menschen, mit denen wir es in der

Arbeit zu tun haben, Schwierigkeiten bereiten, die aus unseren eigenen Problemen herrühren. Die Effektivität der eigenen Arbeit, die der Mitarbeiter, der Gruppe, sowie des ganzen Betriebes wären ungleich größer, wenn es weniger Störfaktoren in uns geben würde. Viele Fehler, die mangelndem Wissen zugeschoben werden und manche Ungeschicklichkeiten, die scheinbar auf mangelhaftes Können zurückgehen, sind in Wirklichkeit Folgen zumeist unbewußter seelischer Konflikte.

Vorbereitung auf das Berufsleben in der Schule sollte folglich auch Hilfe zu möglichst störungsfreier Entfaltung der Gesamtpersönlichkeit bedeuten. Trägt die Schule durch Anregungen und Anforderung zu umfassender Selbstentfaltung des Schülers bei, so verhilft sie ihm auch zu Selbstbewußtsein und Selbstsicherheit. Ein so in sich gegründeter Mensch hat es nicht nötig, seine Komplexe auf dem Rücken anderer abzureagieren.

Je komplizierter das Zusammenspiel der technischen Zivilisation wird, um so mehr ist einer auf den anderen angewiesen. Die Bedeutung der Fähigkeit zur Kooperation wird auch innerhalb der Berufswelt immer größer. In einem Arbeitsteam darf niemand vor sich hinarbeiten. Jeder sollte sich mitverantwortlich fühlen für den Bereich des Mitarbeiters. Die Wirtschaft gibt Jahr für Jahr Unsummen aus, um ihre Mitarbeiter darin zu schulen, besser, menschlicher, effektiver miteinander umgehen zu können. Daß sie diese Bildungsarbeit selber leisten muß, zeigt, wie sehr die Entfaltung unserer mitmenschlichen Fähigkeiten von Schule und Hochschule vernachlässigt wird. Die Fähigkeit, mit Menschen umzugehen, gehört mit zum Wichtigsten, was der Mensch im Berufsleben braucht. Wenn Leben das Lernziel der Schule werden soll, muß folglich soziale Erziehung in der Schule einen hohen Rang erhalten.

4 Was brauchen wir im öffentlichen Leben?

Zusammenleben von Einzelmenschen, gesellschaftlichen Gruppen und Völkern ist nur möglich aufgrund sozialer Bindungskräfte. Die sozialen Bindungen aber verlieren seit einiger Zeit an Kraft. Bei Einzelmenschen mehren sich Störungen des sozialen Verhaltens. Viele Menschen fühlen sich zunehmend einsamer. Beziehungslosigkeit greift um sich. Zwischenmenschliche Beziehungen werden instabiler und kurzlebiger. Unter uns geht es recht unpersönlich zu. Wir sind im allgemeinen am Mitmenschen gefühlsmäßig nicht beteiligt. Er ist für uns mehr eine Funktion und ein Objekt als eine unaustauschbare Person. Wir kümmern uns zu wenig um den anderen. Für den Mitmenschen, besonders wenn er in soziale Not geraten ist, sind wir nicht zuständig. Dafür ist der Staat da und die, welche von ihm hierfür bezahlt werden. Kranke und Alte werden aus den Familien abgeschoben. In vielen Familien haben sich die Ehepartner zu wenig aufeinander und auf ihre Kinder festgelegt. Entsprechend unfähig zu sozialer Kommunikation im engeren und im weiteren Bereich werden diese später einmal sein.
Das Bewußtsein, als Volk eine große Gemeinschaft zu sein, in der einer auf den anderen angewiesen ist, läßt nach. Egoistischer Individualismus wird oft mit dem schönen Wort Selbstverwirklichung verbrämt. Wir denken zu sehr in Einzelinteressen. Klassenkampfgesinnung lebt wieder auf. Die politischen Parteien nehmen nicht genügend ihre gemeinsamen Grundlagen wahr und ihren gemeinsamen Auftrag, dem Gemeinwesen zu dienen. Gefährliche Polarisationserscheinungen zeichnen sich in unserem

Lande ab. Auch in anderen Ländern sehen wir Zustände von Selbstzerfleischung, die uns Angst machen können, wenn wir an die Zukunft denken. Seit Jahren wächst – wie viele Beispiele der Literatur zeigen – die Lust am Morbiden, also am Krankhaften, Zerfallenden, Faulenden. Je mehr wir im Bewußtsein den Tod verdrängen, um so stärker wird eine untergründige Faszination am Tode, dem Toten und dem Töten gegenüber.
Eine perverse Lust am Untergang scheint sich auszubreiten. Gewalt und Brutalität greifen um sich. Gewalt dient zur Durchsetzung bestimmter Zwecke. Es mehren sich aber auch Taten sinnloser Gewalt. Warum sollte man auch die Menschen nicht kaputt machen, denen gegenüber man ohnedies nichts empfindet. Wenn der andere Mensch für einen tot ist, fällt es nicht besonders ins Gewicht, ihn zu töten. Das Aggressionspotential im Inneren des Menschen steigt. Bislang führt es auf dem Wege von Depressivität, psychosomatischen Krankheiten und Unfällen mehr zur partiellen oder totalen Selbstzerstörung. Es läßt sich aber auch unschwer ideologisch motivieren und in kollektive Fremdzerstörung umschalten. Unser Zusammenleben ist stärker gefährdet, als uns bewußt wird.
Leben sei das Lernziel der Schule, sagten wir. Vermag die Schule aber überhaupt etwas auszurichten angesichts dieser beunruhigenden Verschiebung der Energie von den Lebenskräften weg auf die Auflösungs- und Zerstörungskräfte hin? Wieder stellt sich die Frage: Überfordert der Ansatz, die Schule solle zum Leben helfen, nicht unser Schulwesen? Um angesichts dieses Problems einen Blick für die Möglichkeiten der Schule zu erhalten, ist wohl angezeigt, in aller Kürze etwas auf die Hintergründe jenes energetischen Prozesses einzugehen.
Selbstverständlich wirken viele Ursachen zusammen. Beginnen wir mit dem Faktor, der die Dekompensation des Sozialschädlichen herbeigeführt hat. Natürlich gab es zu allen Zeiten soziale Beziehungslosigkeit sowie untergründige Gewalt. In unseren Tagen bricht jedoch durch, was früher überdeckt und umgeleitet wurde. Christliche Ordnungen und Traditionen der bürgerlichen Welt stellten in der Vergangenheit soziale Kommunikationen her, regelten das Gemeinschaftsleben, nahmen den Menschen in

soziale Pflichten, dämmten seine Aggressionen und Destruktionen zurück, beziehungsweise lenkten sie in gesellschaftlich legitimierte Kanäle. Der hinter uns liegende Prozeß der Auflösung von Normen, Konventionen, Traditionen, Tabus und Autoritäten brachte uns zweifellos viel Freiheit zu persönlicher Entfaltung. Andererseits setzte er auch die sozialschädlichen Seiten des Menschen frei. Die Emanzipationsbewegung ging aus von einem unrealistischen Menschenbild. Der von Zwängen und Bindungen erlöste Mensch ist eben weder in sich noch zum Gemeinwesen hin frei von Konflikten und Zwiespälten. Von den früheren Banden befreit, erscheint nun auch der Egoismus des Menschen, sein Streben nach möglichst rascher Lust, sein Hang zur Bequemlichkeit, damit verbunden mancherlei Unlust an Reifungsvorgängen und somit seine geringe Neigung, sozialschädliche Impulse durch Sublimierung in erträgliche oder gar nützliche Bahnen zu lenken. Aggressionen und Destruktionen werden entfesselt. Folgerichtig regen sich Brutalität nach außen und Selbstzerfleischung nach innen.
Der Schwund sozialer Bindungskräfte geht jedoch nicht nur auf den eben erwähnten Prozeß zurück. Bedingungen der modernen Welt wirken dabei mit. Die technische Zivilisation unterbricht frühere Verbindungen von Mensch zu Mensch. Die Großfamilie löste sich auf. Verstädterung bewirkte schon durch den Verlust der Überschaubarbeit der gewohnten Siedlung Anonymität. Dies wurde nochmals verstärkt, als Anonymität in den sechziger Jahren sogar zu einem Ideal der Städtebauer wurde. Die zunehmende Spezialisierung der arbeitsteiligen Gesellschaft führte dazu, daß wir einen immer kleiner werdenden Ausschnitt des Ganzen im Auge behalten – und dies trotz umfassender Information. Jeder sieht nur seinen Bereich und die damit verbundenen Erfordernisse, die Interessen, jedoch nicht die Belange und Notwendigkeiten des großen Ganzen.
Es entstand ein abstrakter Begriff von Gesellschaft anstelle einer lebensvollen Gemeinschaft. Leben und zwischenmenschliche Bezüge wurden entleert und veräußerlicht. Leben heißt bei uns zu einseitig, etwas leisten und Geld verdienen. Zwischenmenschliche Beziehungen, die diesen Zweck nicht erfüllen, sind untaug-

lich. Menschen, die hierzu nicht nützlich sind, kommen aufs Abstellgleis. Die Reizüberflutung erzeugte Abstumpfung. Hierdurch gingen Offenheit und Sensibilität für den Mitmenschen verloren. Die Bedingungen der rational-technischen Welt entwurzelten uns. Deshalb verloren wir innere Stärke. Im Inneren entstand also Angst, sich Menschen preiszugeben. Die nachfolgende Verkapselung schuf Einsamkeit. Streben nach Freiheit schien sich mit zwischenmenschlichen Bindungen nicht zu vertragen. Der Preis für die so verstandene Freiheit heißt dann soziale Beziehungslosigkeit. Sozial ist eines der am häufigsten gebrauchten Worte unserer Zeit. Zugleich schwindet unsere Fähigkeit zu echter Sozialität.

Auch die Gründe für das Anwachsen von Aggression und Destruktion sind vielschichtig. Die technische Zivilisation enthebt uns weitgehend der Notwendigkeit, körperlich zu arbeiten. Die Bewegungsantriebe, die auch im modernen Menschen nach wie vor gegeben sind, werden zurückgestaut und setzen sich oft um in aggressive Energie. Umgekehrt werden aggressive Impulse nicht mehr wie früher durch Muskelbetätigung abgeleitet. Der rational bestimmte Mensch verlor emotionale Ausdrucksmittel. Damit schwanden auch seine Möglichkeiten, durch Äußerung von Affekten gleichzeitig Aggressionen abzureagieren. Unsere zivilisierte Gesellschaft gebietet das reibungslose Ineinandergreifen vieler Einzelrädchen, Mensch genannt. Um des Funktionierens der gesellschaftlichen Systeme willen werden auch die Aggressionen unterdrückt, die man in harmlosen kleinen Dosen gut loswerden könnte. Schließlich bewirkten Verstädterung und besonders das Ideal der verdichteten Bauweise ein Ansteigen des Aggressionspegels. Je dichter wir zusammengedrängt werden, um so mehr fühlen wir uns beengt und bedrängt und um so stärker möchten wir ausschlagen.

In den Zeiten der Tabuierung des Sexualtriebs entstanden sexuelle Reifungsstörungen, die zum Verharren eines Teils der Triebmenge in vorgenitalen Manifestationsformen führte. Nennenswerte Anteile der Sexualenergie blieben zum Beispiel in einer Entwicklungsphase stecken, die Sigmund Freud die »analsadistische« hieß. Von Verneinung des Sexualtriebes aus moralischen Gründen kann heute kaum mehr die Rede sein. Dennoch kommt es aufs neue zu Reifungsstörungen der Sexualität. Auch die Entwicklung des Sexualtriebs hängt nämlich von emotionalen Beziehungen zwischen Eltern und Kind ab. Diese Beziehungen aber sind heutzutage entleerter und unverbindlicher als noch vor wenigen Jahrzehnten.

Trotz aller sexuellen Aufklärung ist damit zu rechnen, daß heute die sexuellen Infantilismen zahlreicher sind als in der prüden Vergangenheit. Im Durchschnitt gesehen dürfte der Prozentsatz der frigiden, liebesunfähigen Frauen nicht kleiner geworden sein. Die Zahl der Potenzstörungen bei Männern hat sich in jedem Falle vergrößert. Auf der einen Seite findet man häufig eine Koppelung von genitaler Impotenz und sadistischer Aggressivität. Auf der anderen Seite tritt auch der anale Anteil der anal-sadistischen Reifungsstörung stärker hervor. Mit dieser Fixierung ist eine Faszination dem Zerfallenden, Zersetzenden, Toten gegenüber verbunden. Auch Reizabstumpfung und überzogener Konsum dürfte zu jener Hinwendung zum Morbiden beigetragen haben. Reizabstumpfung zieht Reizeskalation nach sich. Hat sich die Lust am Lebendigen abgenutzt, so muß sich der Lusthunger dem Zerfallenden zuwenden. Nachdem der Reiz an allen möglichen Konsumprodukten und -vorgängen erloschen ist, schlägt der Konsumhunger auf den Menschen zurück. Wird der Mensch zu einem gierigen Konsumwesen abgerichtet, so verschlingt er am Ende seine Artgenossen und sich selbst.

Unsere Zukunft wird folglich davon abhängen, ob es uns gelingt, die in uns lauernden Aggressionen und Destruktionen zu bändigen und die sozialen Bindungskräfte zu stärken. Hierbei stellt es keine Lösung dar, wenn wir eine Friedenspolitik nach außen betreiben und im Inneren um so aggressiver miteinander umgehen. Nach Ablösung der kollektiven Aggressionen von dem Projektionsgegenstand Kommunismus richten sich die frei gewordenen Aggressionen offenbar direkt auf den eigenen Sozialkörper. Entspannungspolitik ist jedoch nur glaubhaft, wenn sie nach außen und innen hin geschieht. Das aber verlangt von jedem Einzelnen die Fähigkeit, aggressive und destruktive Energien zu sublimieren und in gesellschaftlich unschädlicher oder gar nützlicher Weise auszuleben. Um die Spannungs- und Unlustzustände durchzuhalten, die bei solchen Transformationen auftreten, ist ein erhebliches Maß von Ich-Stärke nötig.

Hierdurch stellt sich natürlich allen Erziehungsträgern, darunter auch der Schule, eine ungemein wichtige Erziehungsaufgabe. Weil die herkömmlichen Sozialgefüge, die menschliche Verbindungen schufen, zerbrochen sind, weil viele Bedingungen der rational-technischen Welt den Menschen isolieren, bedarf es in besonders hohem Maße der kompensierenden Sozialerziehung durch die Schule. Da zu befürchten ist, daß die ansteigenden sozialen Belastungen der Zukunft und das latent bereitliegende Zerstörungspotential zusammenwirken, muß Schulerziehung um so nachhaltiger gegensteuern. Soziale Bindungsfähigkeit und Friedensfähigkeit sind damit als wichtige Bildungsziele im Hinblick auf den öffentlichen Lebensbereich des Menschen zu nennen.

Besonders in den hinter uns liegenden sechs Jahren wurden die Leistungen des Staates stärker ausgebaut, als dies seine Finanzkraft zuläßt. Soll der Zinsdienst nicht einen immer größeren Teil der Finanzmasse auffressen, sind die öffentlichen Hände gezwungen, Ausgaben und Einnahmen in ein erträgliches Verhältnis zu bringen. Das bedeutet, daß besonders im Sozialbereich öffentliche Leistungen eingeschränkt werden müssen. Für manchen Bürger werden dabei bedauerliche Härten auftreten. Für die große Mehrheit der Bevölkerung dürfte jedoch eine solche Reduktion heilsam sein. Die Tendenz des Staates zu immer umfassenderer Fürsorge hat nämlich in vielen Menschen bereits eine infantile Erwartungs- und Anspruchshaltung geweckt. Der Ruf nach staatlicher Hilfe kam oft zu früh und zu selbstverständlich. Wir verließen uns zu sehr auf den Staat oder die Öffentlichkeit und zu wenig auf uns selbst oder die nahen Angehörigen.

Nehmen wir ein Beispiel: Wir glauben ein Recht auf Gesundheit zu haben und machen den Staat ebenso wie seine delegierten Organe dafür verantwortlich, daß wir im Krankheitsfall gesund werden oder durch Vorbeugung gesund bleiben. Im übrigen aber leben wir, wie es uns gefällt. Wir essen mehr, als uns gut tut, trinken mehr, als unsere Leber verträgt, rauchen mehr, als unsere Lunge aushält, bewegen uns weniger, als für Herz und Kreislauf nötig wäre und bringen uns in einen ungesunden Streß, indem wir uns im Beruf weniger an den Grenzen unserer Möglichkeiten, dagegen mehr an unseren Wünschen orientieren. Wir üben also das Recht aus, uns krank zu machen und geben der Allgemeinheit die Pflicht, uns wieder gesund zu machen. Diesen Anspruch glauben wir mittels unserer Sozialabgaben erkauft zu haben. Dabei bemerken wir nicht, daß diese Rechnung nur so lange aufging, wie viele noch gesünder lebten und die Kosten im Gesundheitswesen überschaubar blieben.

Die Kostenexplosion auf dem Personalsektor zwingt uns dazu, solch einseitige Haltungen aufzugeben. Damit verbindet sich die Chance, aus der Unmündigkeit, die Folge solch kindlicher Abhängigkeiten und Ansprüche ist, herauszukommen. Die Unmündigkeit wurde in der Vergangenheit noch einmal verstärkt, indem der Bürger zunehmend zum verwalteten Objekt der Bürokratie wurde. Je mehr Leistungen vom Staat erwartet werden und je mehr Geld an ihn abzuführen ist, um so mehr muß sich auch der Verwaltungsapparat aufblähen, der seinerseits viel Geld schluckt, dafür aber auf vielfältige Weise in das Leben und damit in die Freiheit des Bürgers eingreift.

Soll die Chance größerer Freiheit vom Staate und größerer Mündigkeit wahrgenommen werden, so sind Kräfte im Bürger wachzurufen, die häufig bereits erlahmt sind. Er sollte für sein Leben und das seiner Nächsten Verantwortung übernehmen. Selbsthilfe statt Fremdhilfe ist erforderlich. Sinnvolle Fremdhilfe sollte zur Selbsthilfe befähigen, und nur dort an ihre Stelle treten, wo sie aus eigener Kraft nicht erbracht werden kann. Der Bürger, der ein größeres Maß von Unabhängigkeit staatlichem Handeln gegenüber erstrebt, ist genötigt, mehr Initiative zu entfalten. Konsumgesellschaft, überzogener Sozialstaat und allumfassende Verwaltung wirken in eine Richtung: Sie machen den Bürger passiv, rezeptiv, lethargisch. Der mündige Mensch, den es anzustreben gilt, nimmt jedoch aktiv sein Leben und das der ihm Anvertrauten in die Hand. Dabei verläßt er sich mehr auf sich selbst und weniger auf anonyme Träger.

Auch hieraus ergeben sich wieder Bildungsziele einer lebensbezogenen Schule: Selbstverantwortung, Initiative, die Fähigkeit zu aktivem Handeln und soziales Engagement. Es wäre eine Illusion anzunehmen, daß sich jene Kräfte allein deshalb herausbilden, weil sie heute wieder gefragt sind. Nur auf dem Wege intensiver Erziehung wird es gelingen, sie zu wecken und zu stärken.

Wenn vom Leben im öffentlichen Raum die Rede ist, gilt es wechselseitig die beiden Richtungen solchen Lebens zu bedenken: Das Leben nach innen, innerhalb kleinerer und größerer sozialer Gemeinschaften sowie das Leben nach außen hin, anderen Völkern und Gesellschaftsordnungen gegenüber. So notwendig es ist, auch mit kommunistischen Ländern in Frieden zu leben, besonders wenn man benachbart ist und durch Kriege auf schlimme Weise mit ihnen verbunden wurde, so nötig ist es auf der anderen Seite, sich nicht von ihnen in Abhängigkeit bringen zu lassen. Nur ein Narr kann glauben, die kommunistische Führung habe im Zuge ihrer sogenannten Entspannungspolitik das Ziel der Weltrevolution aufgegeben. Es ist eine Illusion zu meinen, ein festgefügtes, autoritär geführtes ideologisches System würde sich wesentlich wandeln, solange es ideologische Feinde nach außen hat. Ideologische Feinde – andersartige Gesellschaftssysteme stellen für den Kommunismus feindliche Systeme dar – stabilisieren durch Aggressionsableitung das eigene System. Außerdem erklären die Führer des Ostblocks in aller Offenheit immer wieder, daß trotz aller friedlichen Koexistenz und wirtschaftlicher Partnerschaft der ideologische Kampf weitergeht.

Bei der Durchsetzung der Weltrevolution spielt Zeit keine Rolle. Der östliche Mensch fühlt und denkt ohnedies in größeren Zeiträumen als der westliche. Das bedeutet für uns, daß wir einen langen Atem brauchen. Friedliche Gesinnung und die Bereitschaft, nachbarschaftlich miteinander zu leben müssen gepaart sein mit der nicht müde werdenden Bereitschaft, jede Positionsverbesserung des Ostens auf unsere Kosten, gleich auf welchen Gebieten, nachdrücklich und konsequent zurückzuweisen. Friedliches Zusammenleben mit kommunistischen Staaten verlangt daher Realitätssinn, großes politisches Stehvermögen, politische Ausdauer und Unerschrockenheit.

Freundschaft mit der Sowjetunion bedeutet in Finnland zum Beispiel zunehmend größere Rücksicht auf die Reaktionen des Nachbarn zu nehmen, was die Auswahl der Veröffentlichungen in den Massenmedien anlangt. Das Ende der Pressefreiheit ist jedoch der Anfang vom Ende anderer Freiheiten. Auch bei Publikationen in der Bundesrepublik sind in jüngerer Zeit Versuche der UdSSR festzustellen, Informationen, auch wenn sie den Tatsachen entsprechen, als Verstöße gegen den Geist der deutsch-sowjetischen Verträge zu diffamieren und sie auf diese Weise zu unterdrücken. Solche Bestrebungen, in unsere Freiheit einzugreifen, lassen sich auf die Dauer nur abwehren, wenn sie getragen sind von der Entschlossenheit breitester Kreise der Bevölkerung. Unsere Schulen haben daher den Auftrag, die hierzu nötigen Tugenden und Fähigkeiten zu stärken.

Die Abschirmung dem Kommunismus gegenüber darf jedoch nicht dazu führen, daß unsere gesellschaftliche Entwicklung stagniert. Im Gegenteil. Wenn wir uns gegen eine Beengung unserer Freiheiten durch den Kommunismus wehren, übernehmen wir damit die Verantwortung, falls nicht aufs neue eine starre und sterile Haltung des kalten Krieges entstehen soll, die Wahrheitselemente, die zu Dogmen jener Heilslehre wurden, in unserem gesellschaftlichen Leben fruchtbar zu machen. Wir sollten den Kommunismus als Frage an unsere gesellschaftliche Wirklichkeit begreifen. Wir müssen bereit und fähig sein, unser Gesellschaftssystem selbstkritisch zu durchdringen. Geschieht dies, so stellen wir auf der einen Seite fest, daß der Mensch in unserer Gesellschaftsordnung weit größere Freiheiten zu seiner Entfaltung besitzt, als dies in Ostblockstaaten der Fall ist. Auf der anderen Seite wird uns jedoch die Einsicht nicht erspart bleiben, daß eine Reihe von gesellschaftlichen Strukturen dem Menschen nicht oder nur wenig entsprechen und daß die Wandlung unserer Gesellschaft zu einer humaneren Gesellschaft Kraft und Einsatz von jedem Bürger verlangt.

Obgleich vorhin kritisiert wurde, daß an manchen Stellen der Versorgungsstaat zu sehr ins Kraut schoß, gibt es dennoch Millionen von Menschen, Kleinrentner, alte Menschen, Behinderte, die dringend der Hilfe durch Privatinitiative, private Verbände und staatliches Handeln benötigen. Unsere Städte sind weitgehend nicht mensch- und schon gar nicht kindgemäß. Strukturen in der Schule gilt es mehr dem Menschen anzupassen. Die zu einseitig technisierte Medizin muß stärker menschbezogen gestaltet werden. Die Liste der Forderungen nach mehr Humanität könnte unschwer fortgesetzt werden.

Sollen diese Humanisierungsprozesse von den Bürgern getragen werden – und nur so haben sie Aussicht auf Erfolg – dann müssen bei ihnen einige psychologische Voraussetzungen gegeben sein. Grundlegende Vorbedingung ist der soziale Bezug. Damit ist beides gemeint: Die Bezogenheit auf den einzelnen Mitmenschen sowie die tätige Verantwortung für das Gemeinwesen. Im Hinblick auf den Einzelmenschen äußert sich der Sozialcharakter des Menschen in Teilnahme, Mitgefühl, Hilfsbereitschaft. Hinsichtlich der sozialen Gemeinschaften wirkt er sich aus in sozialer Solidarität. Zu betonen ist, daß soziale Solidarität nicht an den Grenzen der sozialen Gruppe endigen darf, der man selber angehört. In diesem Falle würde es sich nicht um soziale Solidarität, sondern um Gruppenegoismus handeln. Solidarität erweist sich in der Verbundenheit mit Angehörigen anderer sozialer Schichten und Gruppen. Der strengste und eigentlichste Maßstab sozialer Solidarität ergibt sich aus unserem Verhältnis zur Dritten Welt. Unser Handeln ist nicht nur daran zu messen, inwieweit es die Bedingungen, unter denen wir selber leben, menschgemäßer macht, sondern auch, ob wir dazu beitragen, daß in der Dritten Welt elementare Lebensbedürfnisse befriedigt werden können.

Eine Gesellschaft kann nur so human sein, wie ihre einzelnen Glieder menschlich sind. Humanisierung der Gesellschaft kann also nicht nur durch menschenfreundlichere Gesetze, durch menschgemäßere Ordnungen des Zusammenlebens sowie durch humane Gestaltung unserer Umwelt geschehen. Humanisierung der Gesellschaft verlangt vielmehr von jedem einzelnen Menschen einen Zuwachs an Menschwerdung. Es wäre eine gefährliche Illusion zu meinen, Menschwerdung des einzelnen würde sich automatisch aus den Veränderungen von gesellschaftlichen Strukturen ergeben. Der Einzelmensch wird zwar auch geformt

durch die gesellschaftlichen Bedingungen, unter denen er lebt. Er ist jedoch mehr als deren Funktion.
Wandlung des Einzelmenschen geschieht nicht von selbst. Soll der Mensch menschlich werden, so ist er auf Erziehung angewiesen. Humanisierung der Gesellschaft läuft damit letztlich auf ein großes pädagogisches Programm hinaus. Hilfe zur Selbstentfaltung muß natürlich auf allen erzieherischen Ebenen geschehen, in der Familienerziehung genauso wie in der Schulerziehung und in der Erwachsenenbildung. Letztes Ziel solcher Erziehung kann es – gleich wo sie geschieht – nur sein, Hilfen zur Verwirklichung des im Menschen angelegten Menschseins zu geben. Ein ungemein anspruchsvolles, aber wenn Humanisierung der Gesellschaft erreicht werden soll, ein unabdingbares Erziehungsziel. Menschen, die nicht selbst in einem Reifungsprozeß stehen, können tiefgreifende Veränderungen der Gesellschaft weder ertragen, noch daran mitarbeiten. Stagniert die Entwicklung beim Einzelmenschen, so zieht er sich in feste Gehäuse zurück, die ihm Sicherheit verleihen. Gesellschaftlicher Umbruch macht jedoch auch vor seinen Fluchtburgen nicht halt. Folglich entsteht in ihm Angst, die sich natürlich auf dem Wege von Wahlen politisch auswirkt. Gesellschaftlicher Fortschritt mit dem Ziel einer menschgemäßeren Gesellschaft ist folglich nur möglich, wenn er in Übereinstimmung mit der individuellen Entwicklung des Bürgers verläuft.
Auf der anderen Seite darf die Entwicklungsfähigkeit des Bürgers auch nicht überschätzt und überfordert werden. Zu großen und raschen Schritten einer Politik gesellschaftlicher Reformen ist er nicht gewachsen. Soll Angst im Einzelmenschen vermieden werden, so müssen die Elemente von Veränderung und Kontinuität im politischen Handeln ein wohlabgewogenes Verhältnis aufweisen. Mangelt es an der erforderlichen Kontinuität, dann ist Angst mit retardierenden Tendenzen beim Bürger die Folge. Darüber hinaus drohen beim Verlust haltender Formen ohne gleichzeitige Kräftigung seines Ichs individuelle und kollektive Zusammenbrüche.
Reformpolitik, die darum weiß, daß Politik nicht am einzelnen Bürger vorbei gemacht werden kann, benötigt folglich viel Rea-

litätssinn und Augenmaß. Das gilt nicht nur für die verantwortlichen Politiker, sondern genauso für den einzelnen Bürger. Ohne jene politischen Tugenden läßt sich der Wähler leicht zu einem euphorischen Reformrausch hinreißen, dem er selbst psychologisch nicht gewachsen ist. Realitätssinn beinhaltet, im öffentlichen Leben solle nicht das Wünschbare, sondern das Machbare angestrebt werden. Da politische Veränderungen zumeist einen hohen finanziellen Aufwand erfordern, muß politischer Realitätssinn ganz wesentlich mit Kostendenken verknüpft sein. Auch diese Forderung bezieht sich wiederum nicht nur auf den Politiker, sondern auf jeden einzelnen Bürger, der ja die Politik in seinem Lande mitverantworten muß.

Gerade die Erfahrungen der letzten Jahre, in denen mehr Reformen eingeleitet wurden, als finanziert werden konnten, verlangen um so nachdrücklicher, Kostenbewußtsein als politische Tugend zu entwickeln. Die simplen Wahrheiten, daß auch im öffentlichen Leben alles seinen Preis hat und daß jede Mark nur einmal ausgegeben werden kann, sollten uns in Fleisch und Blut übergehen. Der Wähler hat der politischen Führung, die sich aus naheliegenden Gründen oft zu leicht von ihren politischen Plänen davontragen läßt, ohne die Kostenseite dieser Reise genau kalkuliert zu haben, mit wachem Kostensinn als eine Art finanzpolitisches Gewissen zur Seite zu stehen. Jedem politischen Vorhaben sollte sofort mit der Frage begegnet werden: Was kostet das? Ist die Finanzierung gesichert? Haben andere Projekte wegen mangelnder Finanzmasse darunter zu leiden, daß dieser Plan den Vorrang erhält?

Von einer solchen Einstellung des Wählers sind wir bislang allerdings noch meilenweit entfernt. Die meisten Wähler sind eher in der gegenteiligen Haltung befangen. Sie erwarten vom Staat Erfüllung ihrer Wünsche, ohne nach den Kosten zu fragen. Haushaltsdefizite von einigen zig Milliarden Mark übersteigen ihre Vorstellungskraft derart, daß sich diese Riesensummen zu relativieren beginnen. In den fetten Jahren entstand bei uns die Gefälligkeitsdemokratie, auf deren Boden Anspruchsdenken des Bürgers und sozialer Versorgungsstaat wuchsen. Der Mangel an politischem Kostendenken geht wesentlich auf die Unfähigkeit, in Zusammenhängen denken zu können, zurück. Hierfür ein Beispiel: Mit Recht wird immer wieder gefordert, unsere Schulklassen müßten kleiner werden. Doch nun setzt sofort ein Kurzschluß ein. Genauso wie in den letzten zwei Jahrzehnten, in denen es durch ein gewaltiges Wirtschaftswachstum möglich war, die Zahl der Beamten und Angestellten des öffentlichen Dienstes scheinbar problemlos zu vergrößern, versuchen wir jener pädagogischen Notwendigkeit mit dem alten Mittel der Stellenvermehrung beizukommen. Dieses Rezept ist jedoch bei einer spärlich wachsenden Wirtschaft nicht mehr im alten Stil durchführbar, zumal an vielen Stellen des öffentlichen Lebens riesige Finanzlöcher klaffen, die nur mühsam mit gepumptem Geld zugedeckt werden.

Wird auf diesen Tatbestand verwiesen, so erhält man stereotyp zwei Antworten. Die erste lautet: Steuererhöhungen. Hierbei wird nicht bedacht, daß der Punkt, an dem die Last der Steuer- und Sozialabgaben die Leistungskraft der Wirtschaft und die Leistungsbereitschaft des einzelnen zu lähmen beginnen, bereits sehr nahe ist. Die andere lautet: Verschiebung öffentlicher Mittel aus einem anderen Etat in den Bildungsetat. Als Beispiel wird etwa angeführt, wir brauchen nicht so viel neue Straßen, dafür aber mehr Lehrer. Hierbei wird übersehen, daß die meisten Verkehrsunfälle auf menschliches Versagen zurückgehen, das sich um so schwerer auswirkt, je gedrängter es auf unseren Straßen zugeht. Würde man jenem Vorschlag folgen, so müßten wir die größere Lehrerzahl mit einer größeren Zahl von Verkehrstoten bezahlen. Wenn diese Konsequenz vermieden werden sollte, müßte der freie Gebrauch des Autos staatlich beschränkt werden. Davor aber schrecken auch diejenigen zurück, die zuvor jene Lösung angepriesen haben.

Aus alledem wird wohl deutlich, daß Denken in Zusammenhängen und Wechselwirkungen eine elementar wichtige Fähigkeit in der politischen Entscheidungsfindung des Bürgers darstellt. Das ist selbstredend nicht nur im Hinblick auf die Fähigkeit der Fall, in Kosten denken zu können. Politische Urteilsfähigkeit ist ohne jene Art des Denkens unmöglich. Das Vermögen, durch Erfassen von Zusammenhängen zu einem politischen Urteil und daraus folgend zu einer politischen Entscheidung zu gelangen, bedingt jedoch Weiteres. Es wurde bereits darauf verwiesen, daß politische Information durch das Fernsehen, wenn ihr nicht mit kritischer Verarbeitung begegnet wird, Manipulationsanfälligkeit des Informationskonsumenten zur Folge hat. Kritischer Umgang mit politischer Information aber setzt wiederum politische Urteilsfähigkeit und Denken in Zusammenhängen voraus. Zu letzterem gehört es unter anderem, wesentliche Informationen zu speichern, die zum Verstehen und Bewerten eines Sachverhaltes herangezogen werden müssen. Also ist ein Blick notwendig, welche Informationen oder was an einer politischen Information wesentlich ist. Diese Daten aber müssen behalten werden. Je mehr das Gedächtnis mit wesentlichen und unwesentlichen Informationen überladen wird, um so mehr geht das Wesentliche unter und steht zum Denken, Urteilen, Entscheiden nicht mehr zur Verfügung.

Mit diesen Ausführungen sind wir erneut auf einige Bildungsziele gestoßen, welche eine Schule bestimmen sollten, die mithelfen will, daß der junge Mensch seinen Beitrag zum öffentlichen Leben leisten kann. Es zeigte sich, daß politische Bildung nicht in Verstandesbildung, in kognitiver Bildung aufgehen kann. Allein Erziehung der Gesamtpersönlichkeit, wobei der emotionalen wie der sozialen Erziehung besondere Bedeutung zufallen, halten einen Menschen in dem ganzheitlichen Prozeß des Werdens, ohne den gedeihlicher Wandel in der Gesellschaft unmöglich ist. Politisches Kostendenken sollte in der Schulerziehung gepflegt werden. Die Schule hat der Fähigkeit, in Zusammenhängen und wechselseitigen Abhängigkeiten zu denken, große Beachtung zu schenken. Soll politische Urteilsfähigkeit erreicht werden, gilt es zum kritischen Umgang mit den Medien – vor allem mit dem Fernsehen – zu erziehen. Der Blick für das Wesentliche ist zu schärfen. Der junge Mensch sollte angehalten werden, sein Gedächtnis nicht zu überfrachten und sich bis an sein Lebensende freie Kapazitäten für neue Daten von Belang zu bewahren. Für die Schule bedeutet dies natürlich, daß sie ihrerseits mit dem Angebot von Informationen dem Schüler gegenüber sparsam umgehen muß. Auch im Hinblick auf das öffentliche Leben ist festzuhalten: Wichtiger als viele unverbundene Einzelkenntnisse zu besitzen und danach vor lauter Bäumen den Wald nicht mehr zu sehen, ist der Besitz von Fähigkeiten, die richtigen Gebrauch von Wissen überhaupt erst ermöglichen.

In den letzten Jahren wurde quer über die Grenzen von Parteien und gesellschaftlichen Gruppierungen hinweg nach Grundwerten zurückgefragt. Das Bewußtsein breitete sich aus, daß Zusammenleben in einer pluralistischen Gesellschaft ohne eine stabile gemeinsame Wertbasis unmöglich ist. Zusammenleben verlangt trotz aller Unterschiede in den geistigen und politischen Voraussetzungen ein gewisses Maß von politischer Zusammenarbeit. Damit Zusammenarbeit möglich wird, müssen wir uns auf gemeinsame Ziele festlegen. Einigung über die Zielvorstellungen setzt aber Einigkeit über letzte Werte voraus.

Gerade die schwerwiegenden Fehlentwicklungen auf dem Bildungssektor demonstrieren die Notwendigkeit gemeinsamer Wertvorstellungen. Längere Zeit herrschte bei uns die Überzeugung, in einer pluralistischen Gesellschaft sei es unmöglich, Übereinkunft in Grundwerten zu erzielen. Im Bildungsbereich hatte dies zur Folge, daß wegen jener fehlenden Gemeinsamkeit entsprechend wenig Bildungsziele formuliert wurden. Aus einem Katalog klar umrissener Bildungsziele hätten sich aber die Bildungsinhalte ergeben, die zur Annäherung an jene Ziele nötig gewesen wären. Vom Inhalt hätte man darauf zu Bildungsformen und Bildungswegen gelangen können. Wäre die Bildungsreform in den letzten zwölf Jahren diesen Weg von innen nach außen gegangen, so wäre uns eine Bildungsexpansion, die oft im Organisatorischen stecken blieb, und sich im Quantitativen erschöpfte, erspart geblieben.

So aber drang in das Vakuum, das aufgrund des Mangels an wertbezogenen Bildungszielen entstand, der Glaube an die Macht des Wissens, der Wissenschaft und des Machbaren ein. Die spärlichen Bildungsziele wie zum Beispiel »Erziehung zur Kritikfähigkeit« – eines der Hauptziele der Schule – hingen, da sie nicht von einem Wertkanon getragen waren, in der Luft und konnten keine pädagogische Wirkung erzielen. Daß die Schule – um das Beispiel der Erziehung zur Kritikfähigkeit noch einmal aufzunehmen – im vergangenen Jahrzehnt bei ihren Absolventen ein besonders hohes Maß von Kritikfähigkeit, die ja das Vermögen zur Selbstkritik einschließt, erbracht hätte, kann man wohl kaum behaupten, es sei denn man verwechselt Kritiklust und oppositionelle Grundeinstellung mit Kritikfähigkeit.

Es ist sehr zu begrüßen, daß seit kurzem in einigen Bundesländern – wie zum Beispiel in Baden-Württemberg – Bestrebungen im Gange sind, die äußeren Schulreformen durch eine innere Schulreform zu ergänzen. Wer aber Bildungsqualitäten wünscht, ist genötigt, nach Bildungswerten und damit nach Wertvorstellungen überhaupt zu fragen. Diese aber bedürfen nicht nur der Zustimmung der eigenen Partei, sondern müssen von einer großen Mehrheit der Bevölkerung in einer pluralistischen Gesellschaft getragen werden.

Selbstverständlich hatte das Fehlen einer Wertfundierung des Handelns nicht nur in der Bildungspolitik, sondern auch in anderen gesellschaftlichen und politischen Bereichen erhebliche Folgen. Wenn heute, wie erwähnt, die sozialen Bindungskräfte nachlassen, so liegt das, nicht allein und nicht überwiegend, aber auch, am Fehlen der uns verbindenden Grundwerte. Falls es nicht gelingen sollte, uns auf einen Minimalkanon gemeinsamer Überzeugungen und Werte zu einigen, steht zu befürchten, daß unser Zusammenleben noch stärker zerfällt.

Man kann dem entgegenhalten, Einigkeit in Grundwerten müsse nicht erst erzielt werden, sie sei durch unsere Verfassung längst vorgegeben. Das ist richtig und falsch zugleich. Die Erfahrung der jüngsten Vergangenheit zeigt, daß die bindenden Kräfte, die vom Grundgesetz ausgehen, offenbar nicht stark genug sind, um eine Gemeinschaft zu gewährleisten, die das Gemeinsame stärker betont als das Trennende. Darauf läßt sich wieder antworten, daß diejenigen, die Klassendenken und Klassenkampf propagieren, oft bereits den Boden der Verfassung verlassen haben. Aber eben hier liegt doch ein Problem. Anscheinend waren jene Grundwerte nicht tragfähig genug, um ein Zusammenleben zu gewährleisten. Die Gegenantwort könnte sein: Wer das von einer Verfassung erwartet, überfordert sie. Darauf wäre zu sagen: Unsere Verfassung begünstigt ein seelisch-geistiges Klima, in dem unter bestimmten Bedingungen der Spaltpilz gut gedeiht.

Das Grundgesetz kann nicht von dem historischen Hintergrund isoliert gesehen werden, vor dem es entstand. In ihm schwingen die Erfahrungen des Dritten Reiches nach. Um so mehr waren die Väter des Grundgesetzes bemüht, die Rechte des Einzelmenschen gegenüber den Rechten des Staates hervorzuheben. In unserer heutigen Situation ist aber zu betonen, daß mit den Rechten des Einzelmenschen Pflichten dem Mitmenschen, der Öffentlichkeit und dem Staat gegenüber verbunden sind. Falls kein ausgewogenes Verhältnis von Rechten und Pflichten zustande kommen sollte, wird das Gemeinwesen in einen amorphen Haufen von Einzelpartikelchen auseinanderfallen, von denen jedes nur auf seinen Rechten besteht und seine Möglichkeiten wahrnimmt.

Ferner ist unsere Verfassung – wie viele andere der westlichen Welt – stark geprägt vom optimistischen Geist der Aufklärung. Leider ist der Mensch jedoch ein Wesen, das dazu neigt, seine Freiheiten zu mißbrauchen. Hieraus ergibt sich nicht die Konsequenz, persönliche Freiheiten von Staats wegen einzuschränken, sondern mittels sorgfältiger Erziehung dafür Sorge zu tragen, daß wir unsere freiheitliche Verfassung – eine der liberalsten der Welt – nicht zu schrankenlosem Egoismus und hemmungslosem Gegeneinander gebrauchen. Auch an dieser Erziehung hat sich die Schule zu beteiligen. Hierzu benötigt sie jedoch Werte, die den großen Rahmen, den die Prinzipien des Grundgesetzes abstecken, stärker mit Inhalt ausfüllen. Schulerziehung sollte unter anderem darauf abzielen, daß bereits der junge Mensch es lernt, sich in dem Maße, das ihm möglich ist, aus Freiheit an Grundwerte zu binden, und um des anderen, wie des Gemeinwesens willen gegebenenfalls auf die Ausübung von Freiheiten zu verzichten.

5 Stoffüberfülle in der Schule und die Folgen

Im Mittelpunkt der heutigen Schule steht nicht der junge Mensch und seine Vorbereitung auf das Leben, sondern der Wissensstoff, der Lehrplan, das Schulfach, und besonders seitdem der Numerus clausus die Schule beherrscht – die Note. Stoff, Plan, Fach, Note dienen nicht in erster Linie der Entfaltung der Persönlichkeit des Schülers, sondern umgekehrt dient er dazu, daß der Lehrplan erfüllt wird. Hierbei muß sich der Schüler Unmengen von Einzelkenntnissen aneignen und in benoteten Arbeiten wiedergeben. Die Lehrpläne sind überfüllt und immer neuer Stoff drängt herein. Weil auch die Universitäten mit der überquellenden Informationsflut in den eigenen Studiengängen – die sich ohnedies immer mehr in die Länge ziehen – nicht fertig werden, geben sie Wissensmaterie an das Gymnasium ab. Das Gymnasium reicht manches weiter an die Realschule. Gymnasien und Realschule verlangen, daß die Grundschule zu ihrer Entlastung vieles übernimmt, und die Grundschule möchte den Kindergarten zu ihrer Vorschule machen.

Die letzten Jahrzehnte erbrachten, wie bekannt, eine explosionsartige Vermehrung des Wissens, das aber auch zu der schon erwähnten raschen Veralterung früheren Wissens führte. Der Fortschritt der Wissenschaften war verbunden mit einer immer stärkeren Spezialisierung der Wissensbereiche und einer zunehmenden Verästelung ihrer Fragestellungen. Aus mancherlei Gründen, die wir noch kennenlernen werden, wollte und konnte sich die Schule jenem Prozeß nicht verschließen. Sie hielt sich offen für immer mehr Faktenwissen und war bemüht, auf der Höhe des wissenschaftlichen Fortschrittes zu bleiben. Eine wesentliche Konsequenz zog die Schule hierbei allerdings nicht. Um die Überfrachtung der Lehrpläne mit all den negativen Folgen zu vermeiden, wäre es nötig gewesen, das Überholte rigoros zusammenzustreichen. Das aber geschah nur ganz unzureichend.

Nehmen wir den Maikäfer als Beispiel. Als ich vor 35 Jahren auf sechs Seiten eines Biologiebuches Maikäfer-Einzelheiten auswendig lernen mußte, kam mir das derart widersinnig vor, daß ich es mir merkte. Als meine beiden älteren Kinder die gleiche Klasse durchliefen, war der Maikäfer nun nicht etwa auf das Wesentliche beschränkt worden. Im Gegenteil, statt sechs Seiten nahm er jetzt sogar im Biologiebuch sieben Seiten ein. Und all dies, obgleich selbst Reinhard Mey seit Jahren schon darüber klagt, daß es keine Maikäfer mehr gibt und zu Pfingsten 1975, wohl um Frankfurter Bürgern eine nostalgische Pfingstfreude zu bereiten, einige Maikäfer mit dem Jet aus der Schweiz nach Frankfurt eingeflogen wurden, die dann im Terrarium des dortigen Zoos als fast ausgestorbene Tiere bewundert werden konnten. Maikäfer dieser Art gibt es in Schulbüchern und Lehrplänen viele.

Noch ein anderes Beispiel. Als ich unlängst in einer Gesprächsrunde kritisierte, das Schulwesen sei viel zu wenig lebensbezogen und an manchen Stellen veraltet, erwiderte mir ein Herr, er sei anderer Ansicht. In seinem Beruf erlebe er ständig, wie gut er das, was er in seiner Schulzeit gelernt habe, gebrauchen könne. Der Mann war Lehrer und es war ihm offenbar gar nicht bewußt, welche Aussage er damit über die Verharrungstendenzen unserer Schule gemacht hatte.

Die Überfrachtung der Lehrpläne sowie die nachfolgende Überfütterung des Schülers mit Stoff hat eine Reihe schwerwiegender Folgen. Um mit dem Pensum durchzukommen, kann sich der Lehrer für den einzelnen Gegenstand nicht genügend Zeit nehmen. Das Wissen wird folglich nicht vertieft, nicht in Beziehung zueinander gebracht und so erarbeitet. Weil die Kenntnisse nicht genügend gefestigt sind, werden sie auch rasch wieder vergessen. Das ist selbst bei Informationen der Fall, die im Hinblick auf die Lebenspraxis wichtig sind. Die vielen unwesentlichen Dinge erschlagen das Wesentliche, und für das Wesentliche nimmt man sich auch nicht mehr Zeit als für das Unwesentliche. Damit stellt sich die Frage: Was soll das Ganze? Wozu lernt der Schüler dann überhaupt, wenn er das Erlernte – und dies meistens rasch – doch wieder vergißt? Zum schnellen Vergessen des Erlernten trägt noch eine andere Schulpraxis bei: Da die Wissensgebiete zu groß geworden sind, und weil sich der Schüler die vielen Einzelheiten ohnedies nicht lange merkt und merken kann, sagt der Lehrer in der Regel die Klassenarbeiten an. Somit weiß der Schüler, welches Stoffgebiet drankommt. Die Folge hiervon ist, daß er im Schnellverfahren auf die Arbeiten lernt und das, was in der Arbeit nicht gefragt wird, liegen läßt. Er lernt folglich nicht den Stoff um seiner selbst willen, sondern um der Arbeit und der damit verbundenen Note willen. Weil er sich also nicht eigentlich dem Stoff zuwendet, sondern sich mit ihm um der Arbeit willen befaßt, dringt er auch nicht so tief in ihn ein, wie es nötig wäre. Diese Art des Umgangs mit dem Wissen bewirkt darum gleichfalls, daß die Kenntnisse nicht gründlich aufgenommen werden.

Jenes Verfahren hat noch eine weitere Konsequenz: In der Zeit, in der keine Arbeit droht, läßt der Schüler die Zügel schleifen. Er arbeitet nicht intensiv mit. Deshalb hängt vieles, was er sich auf die Arbeit hin mittels Schnellbleiche einpaukt, in der Luft, und schwindet entsprechend schnell wieder aus dem Gedächtnis. Die für tragendes Wissen, Denken und Verstehen so notwendigen Zusammenhänge bilden sich auf diese Weise nicht. Auch für die Arbeitsmethodik und die Lebenshaltung des Schülers hat dies nachteilige Folgen. Gammelhaltung und zu angespanntes Arbeiten unter Zeitdruck wechseln sich ab. Streckenweise zu wenig Streß und streckenweise zu viel Streß. Überstreß wird natürlich nicht gut vertragen und hat Auswirkungen, von denen noch zu reden sein wird. Manche der berechtigten Klagen über den unmäßigen Schulstreß haben hier eine Wurzel. Diese Haltung setzt sich, wie man beobachten kann, auf der Universität und oft auch im Leben fort. Man vertut an der Universität oft manche Semester, schiebt Unangenehmes vor sich her und tröstet sich damit, man habe noch viel Zeit bis zur Klausur oder bis zur Prüfung. Danach kommt wieder das strapaziöse Schnellverfahren. Auch im Beruf sind dann manche auf Druck angewiesen, um Leistungen zu erbringen. Zur selbständigen Arbeit aus freier Zeiteinteilung, sofern die Berufspraxis das zuläßt – sind viele nicht fähig. Eine Großzahl von Menschen klagt darüber, wie eingespannt und unter Streß sie seien. Arbeit in Freiheit würde jedoch nicht wenige von ihnen überfordern.

Um so wichtiger ist es, daß der Schüler lernt, stetig zu arbeiten, »dran zu bleiben«. Bei der Unsumme des jetzigen Schulwissens ist das allerdings ausgeschlossen. Ein Schüler, der ohne Verschnaufpausen bei der Sache bliebe und versuchen würde, sich das Wissen gründlich anzueignen, hätte schon im Sekundarbereich einen Arbeitstag von acht bis zehn Stunden. Das aber ist bei weitem mehr, als die intellektuelle Aufnahmefähigkeit im allgemeinen zuläßt und das Jugendarbeitsschutzgesetz erlaubt.

Die Stoffüberfülle in der Schule wird häufig folgendermaßen begründet: Unsere Welt werde immer komplexer und komplizierter. Wer sie verstehen und sich so in ihr zurechtfinden wolle, sei daher gezwungen, immer mehr zu wissen. Im ersten Moment scheint diese Begründung einzuleuchten. Bei genauem Nachdenken und kritischer Betrachtung unserer Schulwirklichkeit ergeben sich Zweifel. Infolge jener Überfülle verhilft die Schule dem jungen Menschen gerade nicht zum Verständnis der Welt und damit zur Orientierung in der Welt. Zunächst einmal vergißt der Schüler ohnedies das meiste in kürzester Zeit, darunter auch die Daten, die zum Weltverständnis tatsächlich wichtig wären. Vor allem aber ist die Schule nicht imstande, die einzelnen Schulfächer und die Unsumme der in ihnen vermittelten Einzelinformationen zu einem ganzheitlichen Bild der Welt zusammenzufügen. Die verschiedenen Schulfächer stehen in der Regel ziemlich beziehungslos nebeneinander. Fächerübergreifenden Unterricht gibt es kaum. Wen wundert es, daß interdisziplinäres Denken und Arbeiten an der Hochschule ebenfalls ein Dasein im Schatten fristet. Die Welt und das Leben aber sind interdisziplinär. Welt und Leben bestehen nicht aus Fächern. Fächer sind Kunstprodukte, Denkformen, um die Welt erfassen zu können.

Selbst innerhalb der einzelnen Unterrichtsfächer gelingt es im allgemeinen nicht, die Unzahl der Einzelinformationen zu einem

Gesamtgebäude ineinanderzufügen. Oder sagen wir es bescheidener, weil diese Formulierung das Streben nach dem Enzyklopädischen der Schulfächer verstärken könnte, es ist nicht möglich, die Grundlinien des Faches durchzuziehen. Die Einzelkenntnisse werden zumeist mehr oder weniger unverbunden nebeneinandergesetzt. Bestenfalls meint man, durch Summierung der Teile ein Ganzes erreichen zu können. Demgegenüber ist zu betonen, daß die Ganzheit mehr darstellt, als die Summe ihrer Teile. Wer die Grundgestalt des Ganzen, in welche die Einzelteile einzuordnen sind, vernachlässigt, trägt nicht zum Entstehen und Verstehen des Ganzen bei.

Im Gegenteil: Je weiter die Spezialisierung in der arbeitsteiligen Welt und in der Wissenschaft fortschreitet, um so mehr nehmen Orientierungslosigkeit, Hilflosigkeit und Angst überhand. Weil die Schule zumeist in vielen Details steckenbleibt, gelangt sie gerade nicht zur Integration der Teile in das Ganze und trägt umgekehrt sogar zur Desintegration der Weltsicht des Schülers bei. Der Schüler erstickt in einem Wust von Einzelheiten. Ein bei Schülern beliebter Ausdruck lautet: »Ich blicke nicht durch.« Sie haben keinen Durchblick und keinen Überblick. Wie wichtig es aber wäre, hierüber zu verfügen, zeigten bereits die ersten Kapitel. Weil die Schule zu wenig das Nebensächliche vom Wichtigen trennt und sich in vielen Unwichtigkeiten erschöpft, bringt sie den Schüler auf die falsche Spur.

Der junge Mensch erhält nicht den so nötigen Blick für das Wesentliche. Er wird dazu verleitet, Nebensächlichkeiten zu viel Bedeutung zu schenken. Damit wird die normale Art des Denkens in Wahrscheinlichkeiten nicht entwickelt. Hierzu trägt die Auswahl der Aufgaben in Klassenarbeiten bei. Um bestimmte Schwierigkeitsgrade zu erreichen, müssen unwahrscheinliche Lösungswege eingeschlagen werden. Fallen werden in Aufgaben eingebaut, usw. Auch dies prägt natürlich den Umgang des Schülers mit der Welt. Er fängt an, in Umwegen zu denken. Er rechnet zu wenig mit dem Nächstliegenden, wird umständlich und versteigt sich in Nebengedanken. Die Schule gewöhnt dem Schüler seinen gesunden Menschenverstand ab.

Die oben formulierte Zielsetzung der Schule: Hilfe zum Zurecht-

finden in einer vielschichtiger werdenden Welt und zu ihrem Verständnis, ist sehr zu bejahen. Durch ihre derzeitige Stoffüberfülle erreicht die Schule das Gegenteil. Sie verwirrt den Schüler, splittert seine Welt noch mehr auf, erzeugt Angst und macht ihn auf diese Weise anfällig für die simplen, Sicherheit verleihenden Weltdeutungen und Weltbewältigungsversuche der Ideologien.
Wenn auch der Lebensbezug von manchen Lerninhalten in der Schule angestrebt wird, ist er dennoch faktisch weitgehend nicht vorhanden. Der Schüler vermag meistens nicht einzusehen, was er aus dem in der Schule Erlernten für sein späteres und jetziges Leben profitieren kann. Der mangelnde Bezug des Schulwissens zu seinem gegenwärtigen Leben wiegt für den Schüler besonders schwer. Er möchte nicht immer auf ein Leben vertröstet werden, das erst später einmal beginnt. Ein solcher Lebensbezug hat für ihn nicht allzu viel Motivationskraft. Hierbei ist zu bedenken, daß unsere Jugendlichen Bürger der Konsumgesellschaft sind, die den jungen Menschen dazu erzieht, nicht auf ein Später zu warten, sondern sein Leben jetzt schon zu suchen, und das heißt für Konsumwerbung, er solle sofort voll in die Konsumgenüsse des Lebens hineingreifen. Infolge dieser Dressur büßt der junge Mensch viel von seiner Fähigkeit ein, Spannungen auf Zukunft hin durchzuhalten.
Der Schüler möchte möglichst unmittelbar erfahren, daß ihm das, was er in der Schule lernt, in seinem Leben zunutze kommt. Der Bezug der Schulinformationen zum jetzigen Leben des jungen Menschen ist jedoch noch schwächer als der zum Leben, das nach dem Verlassen der Schule beginnt. Fragt er seine Lehrer, wozu dies und jenes zu lernen sei, so erhält er meistens zur Auskunft: »Der Lehrplan sieht es vor«, »Im Abitur müßt ihr das wissen«. Solche Antworten sind für einen kritischen jungen Menschen, für den Lehrplan, Klassenarbeit, Abitur keine Autoritäten sind, die bereits ihren Wert aus sich heraus besitzen, sondern die ihn erst durch Bezug auf erfahrbare Werte erhalten, völlig unbefriedigend. Sofern der Schüler noch einmal zurückfragt, wozu er darüber hinaus das Gelernte gebrauchen könne, sind von seiten des Lehrers folgende Reaktionen möglich: Einige empfinden ein solches Bohren als Versuch, Lehrer und Klasse

zu verunsichern. Andere verweigern weitere Auskünfte mit der Begründung, man wolle die Klasse nicht entmotivieren.
Als meine Tochter einmal ihre Mathematiklehrerin nach dem Sinn verschiedener Rechnungen fragte, wurde ihr eröffnet, mittels der einen Rechenoperation könne sie, wenn sie vor einem Berg stünde, bestimmen, wieviel Grad der Anstieg betrage. Eine andere Rechnung sei nützlich, damit sie, falls ihr die nötigen Hilfsmittel zur Verfügung stünden, die Größe ihres Gartens ausrechnen könne. Man mag entgegenhalten, die Fragen seien vor einem falschen Hintergrund gestellt. Tatsächlich beabsichtige höhere Mathematik, mathematisches Denken zu lehren. Wir werden später noch einmal auf diesen Punkt zurückkommen und feststellen, daß auch eine solche Entgegnung nicht überzeugt.
Der Schüler vermag folglich wegen mangelndem Lebensbezug den Sinn des Lernens nicht zu begreifen. Zu dem Gefühl, sein Lernen sei sinnlos, trägt bei, daß er häufig nach der Arbeit das Gelernte ruhig wieder vergessen kann. Niemand in der Schule wird ihn je wieder nach diesem Stoff fragen und im Leben braucht er ihn auch nicht. Bisweilen bestätigen Lehrer – scheinbar tröstlich – den gelernten Stoff könne man, nachdem er nun durchgenommen wurde, abhaken, er werde in der Abschlußprüfung nicht gefragt. Das Gefühl von Sinnlosigkeit beim Lernen nimmt seit einigen Jahren noch zu. Früher konnte sich der Schüler noch damit trösten, durch Lernen erhalte er gute Noten, durch gute Noten ein gutes Abgangszeugnis, hierdurch die Möglichkeit zum Studieren und dadurch bessere Lebenschancen. Der sich ausbreitende Numerus clausus stellt diesen Nebensinn des Lernens in Frage. Zunächst schien es ein Ausweg zu sein, eben noch mehr zu lernen, um den Numerus clausus zu schaffen. Je mehr aber die Schüler lernten, um so mehr hob sich die Numerus-clausus-Schwelle und um so mehr stellte sich bei vielen das lähmende Gefühl ein, das ganze Schuften habe eben doch keinen Sinn.
In jüngster Zeit verschärfte sich das Sinnproblem noch einmal zusätzlich. Es zeichnet sich nämlich ab, daß bereits in Kürze viele Tausende, die ihre Hochschulprüfungen hinter sich gebracht haben, keine angemessene Berufstätigkeit erhalten wer-

den. Abiturienten, die wegen der unerreichbaren Numerus-clausus-Note auf ein Studium verzichten, stellen fest, daß sie zum Teil jetzt schon nicht die Berufsplätze erhalten, auf die sie kraft ihres Lernens ein Anrecht zu besitzen glauben. Eine Krankenschwester mit Abitur zum Beispiel fühlt sich entweder für manche Verrichtungen, die auf der Station anfallen, zu qualifiziert und tut sie nicht, oder sie muß sie übernehmen, weil zu wenig anderes Hilfspersonal vorhanden ist und hat das frustrierende Gefühl: »Dafür hast du dich dreizehn Jahre durch die Schule gequält«. Auch Hauptschülern erscheint es fraglich, wozu sie einen Hauptschulabschluß gemacht haben, wenn sie anschließend keinen Ausbildungsplatz erhalten.

Nun wird von manchen Bildungspolitikern der SPD und der FDP darauf hingewiesen, man müsse begreifen, daß Bildung einen Wert an sich darstelle und daß damit kein Anrecht auf eine Berufstätigkeit verbunden sei, die der erworbenen Qualifikation entspreche. Besonders bei der jetzigen Struktur von Schule und Hochschule, die so schwach auf die Gesamtheit des Lebens zugeschnitten ist, stellt dies graue Theorie dar. Wir sehen doch heute schon, daß selbst junge Lehrer, die die Grundpositionen jener Politiker teilen, keine Neigung verspüren, auf den Schuldienst zu verzichten und dafür beispielsweise Taxifahrer zu werden. Je mehr sich aber die Schere zwischen der Zahl der Absolventen unserer Schulen und Hochschulen und den adäquaten Arbeitsplätzen öffnet, um so stärker werden Schüler und Hochschüler die Sinnlosigkeit ihres Ansammelns von Faktenwissen empfinden.

Das Gefühl des sinnlosen Lernens weitet sich bei vielen Schülern und Studenten zu einem Gefühl von sinnlosem Leben überhaupt aus. Man bedenke, daß ein großer Prozentsatz von Jugendlichen dreizehn oder gar zwanzig Jahre ihres Lebens in Schule und Hochschule verbringt. Man mache sich weiterhin klar, welches Gewicht die Schule durch die Bildungswerbung der sechziger Jahre im Bewußtsein der Öffentlichkeit erhielt. Lebenschancen und Schulbildung wurden doch aufs engste miteinander verknüpft. Ohne Sinn vermag aber kein Mensch zu leben. Entweder er wird lethargisch mit allen möglichen Folgeerscheinun-

gen, oder er wird böse. Wieviel politischer Sprengstoff entstehen kann, wenn sich Hunderttausende junger Menschen um den Sinn ihres Lernens und um den Sinn der angeblich so schönen Jugendjahre durch den Staat geprellt sehen, ist leicht zu ermessen.
Um so notwendiger wird es, Lernen in der Schule so lebensbezogen zu gestalten, daß es auch ohne Berechtigungsscheine, Anrecht auf Laufbahnen und feste tarifliche Besoldung sinnvoll erscheint. Dazu ist eine Voraussetzung unabdingbar: Radikale Reduktion des bisher vermittelten Schulwissens sowie Verlagerung des Lernens in die Lebensbereiche.
Die bisherigen Lerninhalte der Schule haben mit der Lebenspraxis des Schülers wenig gemein. Deshalb empfindet er sie als theoretisches Zeug. Auch unabhängig von seinem Empfinden sind Lerninhalte und Lernformen der Schule theorielastig. Das Denken der Universität setzte sich nämlich in der Schule fort. Auch nicht-naturwissenschaftliche Disziplinen versuchen empirische Wissenschaften zu sein. Sie entwickeln dabei Theorien über die Wirklichkeit, die nicht an der Wirklichkeit auf ihren Wahrheitsgehalt überprüft werden. Das ist unter anderem auch in den Erziehungswissenschaften der Fall. Auch hier wird der Anspruch vertreten, empirische Wissenschaft zu betreiben. Häufig geht man aus von vorgegebenen, nicht mehr hinterfragten und auch nicht an der erzieherischen Erfahrung mit dem Kind überprüften Denkansätzen. Theorie ist nicht, was der pädagogischen Praxis vor Ort standhält, sondern umgekehrt gilt nur das als wissenschaftlich anerkannte Praxis, was der Theorie entspricht. Erfahrungen, die der wissenschaftlichen Theorie widersprechen, gelten als vorwissenschaftlich und sind daher ohne Belang. Es versteht sich, daß ein Schulwesen, das Anspruch erhebt, wissenschaftlichen Unterricht zu erteilen, in Methode und Inhalten von diesen Strömungen theoretisierender Erziehungswissenschaft geprägt ist.
All dies wirkt nun jahraus, jahrein auf den Schüler. Wen kann es also wundern, wenn Schüler in vielen Fällen zu Theoretikern werden, die von der Lebenspraxis entfernt sind, ihren Theorien mehr glauben als den eigenen Erfahrungen, die damit unfähig sind zu spontanem Leben, zum Lernen wie auch zum Reifen aus

Erfahrungen. Von Natur aus ist der Jugendliche völlig anders beschaffen. Je gesünder er ist, um so mehr erfüllen ihn Tatendrang und praktische Bedürfnisse. Die Schule läßt dieser zupackenden Aktivität fast keinen Raum. Daher stauen sich seine Handlungsenergien zurück. Die konstruktiven Impulse setzen sich um in jene nervös-motorische Unruhe, die den Lehrern das Unterrichten so schwer macht. Am Ende stehen oft Aggression und Destruktion oder Lethargie und Apathie.

Es ist völlig unnatürlich, daß ein junger Mensch 50 Minuten ohne Unterbrechung stillsitzt, Kenntnisse, mit denen er unmittelbar nichts anfangen kann, in sich hineinstopft und das mit kurzen Unterbrechungen fünf- bis sechsmal am Tag. Dies aber geschieht Jahr um Jahr. Der Staat treibt einen enormen Finanzaufwand, beim Schüler ist der Schaden oftmals größer als der Nutzen.

Zum gleichen Ergebnis führen leider noch andere Überlegungen. Weil in meist zu großen Klassen in zu knapper Zeit eine Unmenge Wissensstoff gelehrt werden muß, wird der Schüler in eine passive, rezeptive Rolle hineingedrängt. Er muß Informationen schlucken und speichern. Zum Fragen und darüber Sprechen reicht die Zeit kaum. Auch wenn der Lehrer das Unterrichtsgespräch sucht, wird er unter dem Druck des Pensums zum Frontalunterricht gezwungen. Der schlechte Lehrer unterrichtet dabei so, daß viele Mitglieder der Klasse nicht verstehen, was er vorträgt. Beim guten Lehrer begreift die Klasse auch schwierige Probleme. Aber warum? Dieser Lehrer bietet den Stoff in mundgerechten kleinen Portionen dar, die jeder schlucken kann. Er löst die Komplexität eines Problems mit Hilfe von kleinen Lernschritten auf – Lernen in »Katzendäppele« sagt man hierzu im Schwäbischen –, so daß selbst kleine Geister ohne große Mühe und ohne den damit verbundenen großen Zeitaufwand folgen können. Dieser Lehrer mag zufrieden nach Hause gehen, weil die Klasse kapiert hat. Auf der einen Seite hat er Grund zur Zufriedenheit, denn sein Programm der kleinen Schritte hatte Erfolg. Auf der anderen Seite leistete er gerade dadurch seinen Beitrag zum Entstehen des Wissenkonsumenten, der bestenfalls imstande ist, dem Lehrer zu folgen, Informationen aufzunehmen und nachzukauen, der aber unfähig ist zu selbständiger geistiger Arbeit sowie zu eigenständigen Problemlösungen.

Man könnte nun einwenden, wird dem Schüler oft genug Wissen in kleinen Lernschritten verabreicht, so lernt der Schüler die Methode der kleinen Schritte in der eigenen Arbeit anzuwenden. Ich möchte diese Möglichkeit nicht ausschließen. Lehrer berichten jedoch in der Regel das Gegenteil. Eine Klasse gewöhnt sich rasch an das Nachkauen der kleinen Wissensportionen und an das Nachlaufen in kleinen Lernschritten. Weicht der Lehrer von dieser Methode ab, schildert er nur das Problem und wartet er dann, wie die Klasse es anpackt und löst, so erlebt er meistens unangenehme Überraschungen. Das ist auch kaum anders möglich, denn der Schüler lernt das selbständige methodische Denken viel zu wenig. Dazu fehlt es eben an der Zeit. Wollte jeder einzelne nach der Methode »Versuch und Irrtum« Problemlösungen erarbeiten, so würde der Lehrer in seinem umfangreichen Stoffpensum nicht weiterkommen. Also gibt man dem Stoffkonsum den Vorrang vor dem Lernen des Lernens.

Mit alldem vertieft die Schule unfreiwillig noch einmal die Konsumprägung des Kindes, die es ja bereits in die Schule mitbringt. Welche Gefahren mit der Konsumentenhaltung verbunden sind, wurde in den ersten Kapiteln dieses Buches ausgeführt. Aus jenen Darlegungen ging auch hervor, daß für alle Lebensbereiche genau die entgegengesetzte Einstellung erforderlich wäre. Sollen Aktivität, Initiative, Eigenverantwortlichkeit, Konstruktivität, Engagement, Eigenständigkeit Bildungsziele der Schule sein, so muß sie um der Entfaltung dieser Fähigkeiten willen ihren Fächerkanon gründlichst durchforsten und ihren Erziehungsauftrag neu entdecken.

Auf eine weitere Folge der Überfütterung des Schülers mit Einzelkenntnissen ist zu verweisen. Es wurde erwähnt, daß infolge der Überfülle des Stoffes Wissensmaterie immer früheren Altersklassen zugeschoben wird. Auch hierbei wußte sich die Schule abgesichert, beziehungsweise gedrängt von Erkenntnissen der Erziehungswissenschaft. An diesem Punkt zeigt sich erneut, wie hierbei von theoretischen Voraussetzungen ausgegangen wurde, die nicht an der Realität überprüft waren. Die Prämisse hieß, der

Mensch sei nicht begabt, er werde vielmehr durch Einwirkungen seines Milieus begabt. Hierbei wurde verkannt, daß jeder Mensch mit einem genetischen Potential auf die Welt kommt, das zwar durch die Umwelt erschlossen werden muß, das aber in jedem Falle vorstrukturiert und begrenzt ist. Noch ein weiterer Fehler von großer Reichweite lag jenem Ansatz zugrunde. Aufgrund eines völlig überzogenen Glaubens an die Machbarkeit des Menschen glaubte man, die von der Entwicklungspsychologie beschriebenen Konstanten in der seelisch-geistigen Entwicklung des Jugendlichen überspringen zu können.

Demzufolge orientierten sich Lehrangebote nicht an der zu entfaltenden Begabung und an dem jeweils vorgegebenen seelisch-geistigen Reifestand. Das Schulkind wurde vielmehr als weiße Fläche betrachtet, die je nach den Vorstellungen der Unterrichtsplaner mit Kenntnissen angefüllt werden konnte. Oder um es anders zu sagen, das Kind erschien als Rohmaterial, das fast unbegrenzt formbar erschien und dem, sofern man die richtige Technik benutzte, alles mögliche angelernt werden könne. Diese Position muß als mechanisch-technologisch und somit als unmenschlich bezeichnet werden. Dennoch übt sie immer noch in unserem Bildungswesen großen Einfluß aus.

Als Folge hiervon wird dem Schüler zuviel Wissen und zu früh Wissen angeboten. Das Kind ist, je jünger es ist, um so ausgeprägter, anschaulich, gegenständlich, im Lernen auf Erfahrungen angewiesen. Die Wissensinhalte und Lerntechniken nahmen und nehmen darauf keine Rücksicht. Sie verlangen einen Abstraktionsgrad, den viele Kinder noch nicht haben und den viele aufgrund ihrer Anlage auch nicht erreichen werden. Für diese Überforderung des Kindes durch zu große Abstraktheit gibt es viele Beispiele; das bekannteste dürfte die Mengenlehre sein.

Man wird dem entgegenhalten, daß eine große Zahl von Schulkindern, sofern der Unterricht fachgerecht durchgeführt wurde – was häufig jedoch nicht der Fall war – nicht nur lernten, jene abstrakten Operationen durchzuführen, sondern sogar Gefallen daran fanden. Das beweist jedoch nichts. Richtig ist hingegen, daß der zu hohe Abstraktheitsgrad schulischer Angebote oftmals zu einer vorzeitigen Ausbildung abstrakter Fähigkeiten führte.

Das aber erzeugte, weil dies der Reifung vorauseilte, eine Störung des inneren Gleichgewichtes beim Kind.
Zu viel Stoff und zu früh Stoff wirken beim Schüler in die gleiche Richtung: Er verliert die Lust am Lernen und schließt sich ab, um sich vor den Inhalten zu schützen, die er nicht verarbeiten kann und die ihm daher nicht gut tun. Hierbei ist im Auge zu behalten, daß der Schüler ja ohnedies in einer technischen Zivilisation aufwächst, die ihn mit Reizen überschüttet, welche er nicht verdauen kann. Auch hier schützt er sich mittels Abstumpfung. Ursprünglich tritt jedes Kind lernoffen, neugierig, wissensdurstig ins Leben ein. Durch Schädigungen mannigfaltiger Art hat es schon manches an Lernfähigkeit verloren, wenn es in die Schule kommt. Eine der wichtigsten Aufgaben der Schule wäre es, wie wir sahen, die Lernfähigkeit des Schülers so zu erhalten und zu entfachen, daß Freude am und Fähigkeit zum lebenslangen Lernen entstünde. Die Schule erzeugt das Gegenteil. Sie erschlägt das Fragen, indem sie Antworten gibt, längst bevor das Fragen beginnt. Durch Überfütterung mit Wissen schafft sie eine Wissens- und Lernunlust, von der zu befürchten steht, daß sie in vielen Fällen ein Leben lang anhält.
Über allem Pauken und Abfragen von Stoff leidet aber vieles Not, was die Schule eigentlich zu verrichten hätte. Die ersten Kapitel zeigten uns, wie wichtig im Leben Fähigkeiten, Einstellungen und Charaktereigenschaften sind. Zu dem, was das Leben verlangt, kommt die Schule nur in geringem Umfang, weil Zeit und Energie von Lehrern und Schülern aufgebraucht werden durch Vermittlung und Erwerb von Wissensquantitäten. Macht man sich diese Diskrepanz zwischen Erfordernissen des Lebens und dem Schulalltag klar, so fällt es schwer, zu begreifen, warum die Schule nicht stärker dem Leben angepaßt wird. Ich befürchte, die einfachste Erklärung hierfür ist, daß die für das Schulwesen Verantwortlichen diese Kluft nicht bemerken und in der Illusion leben, die Schule würde recht ordentlich auf das Leben vorbereiten.
So wird zum Beispiel darauf verwiesen, die Schule könne doch gar nicht so untauglich sein, sonst wäre die gewaltige Aufbauleistung, die in Westdeutschland nach 1945 stattfand, nicht mög-

lich gewesen. Es ist nicht statthaft, auf das Schulwesen von heute Rückschlüsse zu ziehen aus Leistungen von gestern. Tatsache ist vielmehr, daß von vielen Seiten Klage über den mangelhaften Leistungs- und Bildungsstand von Schulabsolventen geführt wird. Dabei bezieht sich diese Klage, zum Beispiel von seiten der Universitäten oder aus Wirtschaftskreisen, auf die intellektuelle Leistungsfähigkeit und auf den Kenntnisstand der Schüler. Falls diese Kritik zutrifft – und manches spricht dafür – erreicht die Schule ein paradoxes Ergebnis: Je mehr Informationen geboten und deren Reproduktion verlangt wird, um so weniger ist am Ende vorhanden. Das aber betrifft beides, den Kenntnisstand wie die Leistungsfähigkeit des Intellekts.
Noch härter fällt die Kritik aus, wenn man die Erfordernisse aller Lebensbereiche zum Maßstab für die Schule macht. Aber gerade hier stellten wir fest, daß die Schule offenbar der Meinung ist, der Schüler würde in ihr für das Leben und nicht für die Schule lernen. Die Schule befindet sich also in einer Illusion über sich selbst. Das ist anscheinend der Fall, obgleich die für unsere Schule Verantwortlichen Menschen mit oft hoher Intelligenz sind. Was ist der Grund für die Unfähigkeit, jene Selbsttäuschung zu durchschauen? Wo liegen die Ursachen dafür, daß sich die Schule weitestgehend im Lehren, Lernen, Abrufen und Benoten von Einzelwissen erschöpft?
Die Schule geht offensichtlich von der Voraussetzung aus: Was man weiß, kann man auch. Diese unreflektierte Gleichsetzung von Wissen und Können taucht immer wieder in Diskussionen um die Schule auf. So wird heute mit Recht gefordert, die Schule solle die sozialen Fähigkeiten der Jugendlichen stärken. Die große Bedeutung sozialer Erziehung in der Schule bestreitet kaum jemand. Um sie durchführen zu können, gehen manche mit dem Gedanken um, ein neues Fach Sozialkunde einzurichten. Man nimmt selbstverständlich an, wer über soziale Fakten Bescheid weiß, wird sich auch sozial verhalten. Ein anderes aktuelles Beispiel: Vor dem Hintergrund der zunehmenden psychosomatischen Erkrankungen, der Zivilisationskrankheiten und der anschwellenden Kosten im Gesundheits- und Sozialwesen wird die Bedeutung pädagogischer Krankheitsvorsorge immer klarer

erkannt. Auch die Schule solle sich an Gesundheitserziehung beteiligen. Wie soll dies aber geschehen? Die im Regelfall gegebene Antwort lautet: Als gesundheitliche Aufklärung in einem neuen Fach Gesundheitslehre. Wer darum weiß, wie schädlich ein bestimmtes Verhalten ist, läßt es sein – so glaubt man. Es ist richtig, daß sich die Schule der Verkehrserziehung angenommen hat. Allerdings wird der Erfolg des Unterrichts über Verkehrszeichen und richtiges Verhalten im Straßenverkehr erheblich überschätzt. Die allermeisten Verkehrsunfälle passieren trotz besseren Wissens aus menschlichem Versagen.

Jenem Ansatz, der unsere Schule bestimmt, liegt ein tiefverwurzeltes Mißverständnis über den Menschen zugrunde. Die Wurzeln reichen bis zum griechischen Idealismus zurück. In der abendländischen Tradition wirkten Idealismus und Rationalismus zusammen bei der Ausbildung jener Prämisse unseres Bildungswesens. Es wurde geglaubt, Umgang und Auseinandersetzung mit der Wahrheit mache den Menschen menschlich. Der Ansatz, Bildung des Menschen durch Umgang mit den Wissenschaften wurde erneut von Wilhelm von Humboldt formuliert und prägte die Struktur von Universität und Schule. Hierbei erfolgt Bildung des Rationalen im Menschen. Weil aber der Mensch für ein Wesen gehalten wurde, das sich in seinem Handeln durch Verstand und Vernunft leiten läßt, konnte von ihm vernünftiges Verhalten erwartet werden.

Die zweite Welle der Aufklärung, die den Zeitgeist in den letzten dreißig Jahren prägte, nährte und verstärkte diese Grundeinstellung des Bildungswesens. Unkritisch wurde geglaubt, Wissen sei Macht – wobei die begrenzte Wahrheit dieser Erkenntnis maßlos überschätzt wurde. Man suchte das richtige Bewußtsein herzustellen und war überzeugt, wer es besitze, würde sich richtig verhalten. Erziehung wurde in der Schule somit in Unterrichtung übergeführt. Bis in die jüngste Vergangenheit galt es als anrüchig, überhaupt von Erziehung in der Schule zu sprechen. Bildung war Information. Der gebildete Mensch besaß den weniger gebildeten gegenüber einen Informationsvorsprung. Die ganze Fortschrittseuphorie der hinter uns liegenden Epoche läßt sich nur verstehen aus dem Glauben jener

Zeit, die Wirklichkeit habe ausschließlich rationale Struktur, sie ließe sich im Prinzip vollständig mit den Mitteln des Verstandes aufhellen, in rationale Information überführen und durch Aufklärung sei jede Unwissenheit aufhebbar. Das Ergebnis von solchem Wissenszuwachs sei auf der einen Seite die unbegrenzte Machbarkeit der Welt und auf der anderen Seite die Fähigkeit des Menschen, sich mittels Einsicht zu wahrer Menschlichkeit hin zu entwickeln.

Diese anthropologischen Prämissen sind leider falsch. Der Mensch ist nicht nur ein rationales, sondern auch ein irrationales Wesen. Bedauerlicherweise wird der Mensch stärker durch irrationale Antriebe als durch vernünftige Überlegungen gelenkt – auch wenn er sich für eine Handlung, die aus einem unbewußten Grund erfolgte, nachträglich eine rationale Begründung zurechtlegt. Zwischen Rationalem und Irrationalem besteht ein qualitativer Unterschied. Es ist zwar möglich, etwa mit den Methoden der Psychoanalyse rationales Wissen um die Gegebenheiten des Unbewußten zu sammeln und sich anschließend vom Verstand her zu manipulieren. Andererseits ist es ausgeschlossen, nichtrationale Fähigkeiten, beispielsweise Vertrauen, allein mit rationalen Mitteln zu erzeugen. Die Möglichkeiten auf dem Wege über das Wissen emotionale und soziale oder gar körperliche Fähigkeiten zu schaffen, sind äußerst gering.

All dies sind Tatsachen, die jeder selbst in seinem Leben schon erfahren hat. Jeder von uns machte wohl bereits die Erfahrung, daß er über das richtige Wissen verfügte und sich dennoch nicht richtig verhalten wollte oder konnte. Einige Beispiele aus dem Alltagsleben sollen den Unterschied zwischen Wissen und Können demonstrieren. Ich selbst spiele recht und schlecht Tennis. Meine Fehler kenne ich. Dennoch mache ich sie immer wieder, mal mehr, mal weniger, je nachdem wie die Gesamtverfassung aussieht. Anderen geht es genauso. Ein Partner, mit dem ich manchmal spiele, pflegt von sich zu sagen: »In der Theorie bin ich Weltmeister.«

Ich hörte von einem Arbeitsteam, das gerne politisch diskutiert und sich in der Kritik der Konsumgesellschaft, des Konsumterrors und der Notwendigkeit von Konsumverweigerung einig ist. Dieses Team hat nun eine längere Mittagspause als zum Einnehmen der Mahlzeit erforderlich ist. Um die Zeit auszufüllen, geht die Gruppe regelmäßig »shopping«. Man schaut die Auslagen der Schaufenster an und kauft auch ein. Es werden zwar keine großen Einkäufe getätigt, aber heute ein Buch, morgen eine Schallplatte und so weiter, und dies obgleich man das Buch kaum liest und die Schallplatte selten hört. Die Mitarbeiter können mit ihrer freien Zeit nichts anfangen. Um ihre innere Leere auszufüllen, konsumieren sie. Wer ihnen Konsumverzicht ermöglichen möchte, müßte die Entwicklung ihrer Gesamtpersönlichkeit fördern. Dann würde mehr Leben in sie einziehen und Ersatzerfüllungen wären überflüssig. Wissen allein genügt nicht.

Wie wir sahen, spielt mitarbeiterliches Verhalten in der Arbeitswelt eine außerordentlich große Rolle. Weil die sozialen Fähigkeiten in Schule und Hochschule zu wenig gebildet wurden, entstanden in der Wirtschaft eine große Anzahl von Weiterbildungseinrichtungen, fast eine eigene Weiterbildungsindustrie. Auf vielen Seminaren wurde versucht, den Teilnehmern in Vorträgen, Diskussionen, Fallbeispielen, Wissen und Können über rechtes Führungsverhalten und über kooperatives Verhalten nahezubringen. Gemessen am Aufwand blieb der Ertrag mager. Im allgemeinen kamen die Mitarbeiter mit vielen Einsichten und guten Vorsätzen von den Tagungen zurück. Das Angelernte bestimmte meist nur kurze Zeit ihr Verhalten; danach brachen die alten Fehler wieder durch. Hinter dem Fehlverhalten standen nämlich oft starke Affekte, zum Beispiel Angst und Mißtrauen. Wie will man erwarten, daß ein solcher Mensch auf die Dauer Verantwortung delegieren kann. Verhalten besitzt eben oft Ausdruckscharakter. Es dient als Ventil starker Affekte. Gegen Affektdruck hilft richtiges Wissen allein nicht. Einem Menschen, der wegen Ursachen, die in seiner Kindheit liegen, Angst hat, kann man lange klarmachen, er habe keinen Grund, Angst zu haben, niemand würde ihn bedrohen. Wider besseres Wissen hat er dennoch Angst und benimmt sich entsprechend.

Bei der Gleichsetzung von Schulbildung mit Informationen und der Überfüllung von Lehrplänen mit Faktenwissen wirken neben dem rationalideal-istischen Ansatz der Schule noch andere Faktoren mit. Die Schule möchte der Gefahr frühzeitiger Spezialisierung entgegenwirken. Da sich Begabungen und Neigungen oft erst spät abzeichnen, will sie dem Schüler möglichst lange die Möglichkeit offenhalten, sich auf eine bestimmte Richtung festzulegen. Dies versucht sie allerdings mit falschen Mitteln. Der Schüler wird nämlich genötigt, um sich später einmal auf einem Gebiet spezialisieren zu können, das Wissen aller Fächer aufzunehmen. Bei dem ständigen Anwachsen der Wissensmenge kommt dabei viel zusammen. Es ist sicher richtig, daß die Schule den jungen Menschen im Hinblick auf die vielfältigen Anforderungen der künftigen Gesellschaft, die wir ja noch nicht kennen, ein möglichst tragfähiges Fundament mitgeben will. Anhäufung von Wissen ist hierzu freilich der falsche Weg. Mit Recht verfolgt die Schule das Ziel der Allgemeinbildung. Sie setzt jedoch Allgemeinbildung mit enzyklopädischem Wissen gleich und überfordert damit restlos den Schüler und sich selbst. Allgemeinbildung sollte hingegen nicht in Vielwisserei, sondern in allgemeiner Entfaltung der verschiedenartigen Fähigkeiten und Fertigkeiten des jungen Menschen bestehen.

In der Zeit des langsamen Wachstums von Wissen – diese Epoche erstreckte sich über viele Jahrhunderte bis in das zwanzigste Jahrhundert hinein – stattete die Schule den jungen Menschen mit einem Rüstzeug von Wissen aus, das bis an sein Lebensende Gültigkeit behielt. Dieser Vorstellung, die Schulzeit könne und müsse den Schüler mit Wissen fürs ganze Leben versehen, blieb die Schule treu. Die Schulverantwortlichen sind sich natürlich darüber im klaren, daß ein großer Teil des Schulwissens zukünftig rasch veralten wird. Die Schule versucht sich darauf einzustellen, daß der heutige Schüler in seinem Leben mehrfach den Beruf wechseln muß. Sie zieht allerdings aus der richtigen Erkenntnis den falschen Schluß. Um ihn auch für andere Berufe zu befähigen, möchte sie ihn mit möglichst breit gefächertem Wissen ausstatten. Bei der Vielfalt der Berufe und dem in ihnen geforderten Fachwissen ist die Wahrscheinlichkeit, daß der Schüler gerade in seinem zweiten, dritten oder vierten späteren Beruf noch etwas mit den vielen Einzelheiten seines

Schulwissens, das ohnedies kaum sitzt, anfangen kann, denkbar gering. Es reicht, wenn er in allen Fächern über feste Grundlagen verfügt, wenn er die Denk- und Arbeitsmethoden des jeweiligen Faches beherrscht, wenn er lernfähig ist und wenn ihm die Schule geholfen hat, ein tragfähiges Fundament, bestehend aus emotionalen, sozialen, körperlichen Fähigkeiten sowie aus ethischen Werten aufzubauen. Von dieser Basis ausgehend kann sich jeder nach dem Maß seiner Begabung, vor allem aber nach dem Ausmaß seiner Motivation, das erforderliche neue Fachwissen relativ rasch aneignen. Viele von uns haben solche Erfahrungen sicher in ihrem eigenen Leben gemacht. Als Absolvent eines Realgymnasiums mußte ich zum Beispiel für mein Studium der Theologie Hebräisch und Griechisch nachlernen. Um das Hebraicum mit Sehr gut zu bestehen, brauchte ich ein Semester und um das Graecum mit Gut hinter mich zu bringen, waren zwei Semester nötig. Der Zeitaufwand in der Schule hätte ein Mehrfaches betragen. Erneut ist daher zu fordern, daß die Schule ihr Schwergewicht von der Wissensvermittlung auf Erschließung von Fähigkeiten verlagert.

Dazu muß allerdings tief in die Substanz der Lehrpläne eingegriffen werden. Im Zuge der Demokratisierung entstand eine Vielzahl von Lehrplankommissionen mit großem Eigengewicht. Diese sind überwiegend mit Fachlehrern, Fachwissenschaftlern und Vertretern der Fachverbände besetzt. Jeder Fachmann aber ist in gewissem Umfang betriebsblind. Für ihn verzerren sich die Dimensionen. Auch das Kleinste in seinem Spezialfach hat für ihn Bedeutung. Die übrige Welt tritt hinter dem eigenen Fachgebiet zurück. Für den Fachmann stellt sein Gebiet oft die Welt schlechthin dar und entsprechend groß ist die Wichtigkeit, die er ihm gibt. Schon dies führt zwangsläufig dazu, daß die Fachleute in den Lehrplankommissionen alle möglichen Inhalte durchsetzen, die ihnen unverzichtbar erscheinen, auf die aber, gemessen am Großen und Ganzen, sehr wohl verzichtet werden könnte.

Hinzu kommt, daß jedes Mitglied einer Lehrplankommission innerhalb des Fachs noch sein eigenes Spezialgebiet besitzt, auf dem jeder besonders intensiv gearbeitet hat und in dem er hervortrat. Es ist verständlich, daß jeder sein Steckenpferd, mit dem sein Ansehen verbunden ist, im Lehrplan unterbringen will. Das gelingt um so eher, als andere Spezialisten das Gewicht jener Spezialität nicht so recht einschätzen können und jeder dem anderen die gleichen Rechte einräumt. So gesehen ist es nur folgerichtig, daß die vielen Kommissionen eine Unzahl von Stoff zusammentragen, auf den angeblich, wenn die Schule dem Anspruch auf Wissenschaftlichkeit nachkommen will, nicht verzichtet werden kann.

Die von den Fachleuten zusammengestellten Lehrpläne wurden häufig in den Kultusministerien zu leicht abgesegnet. Wie sollte jedoch auch ein Kultusbeamter als Nichtfachmann beurteilen können, was Lehrpläne um der Wissenschaftlichkeit willen enthalten müssen? Selbst die politische Führung wich zu oft vor dem Druck der Fachverbände und vor allem vor dem Argument eventueller Unwissenschaftlichkeit zurück. Ein Minister, der einen Lehrplan mit der Begründung, einige Inhalte seien nicht kindgemäß, mehrmals zur Überarbeitung und Straffung zurückgehen ließ, mußte sich die Frage eines Fachwissenschaftlers gefallen lassen, ob er das Rad der Wissenschaft zurückdrehen wolle.

Dieser einseitigen und zum Teil fragwürdigen Wissenschaftsorientierung wurden die Lebensinteressen des Schulkindes untergeordnet und manchmal sogar geopfert. Es wurde nicht gefragt, ob der ganze Wust von Einzelkenntnissen, der auf diese Weise in die Schule hineinströmte, auch vom Schüler verarbeitet werden könne, ob er ihm gemäß sei und ob er der Entfaltung seiner Gesamtpersönlichkeit diene. In dieser für Humanität oder Inhumanität der Schule mitentscheidenden Frage gilt es völlig umzudenken. Bislang wurde der junge Mensch den vermeintlichen oder tatsächlichen Erfordernissen der Wissenschaft angepaßt. In der Schule der Zukunft wird die Wissenschaft dem Menschen dienen müssen.

Eine Tendenzwende in dieser Richtung ist bereits eingetreten. Sehr viele Schüler reagieren nämlich auf eine Schule, die sich der Wissenschaftlichkeit stärker verpflichtet weiß als der Menschlichkeit, mit Störungen. In einer Großzahl von Familien wächst der

Unmut über eine Schule, die durch Überforderung der Kinder auch die Familienatmosphäre und die Freiräume des Kindes belastet. Es ist zu hoffen, daß der Leidensdruck, den unser Schulwesen bei den Betroffenen – unter anderem sind dies auch die Lehrer – hervorruft, ausreichen wird, um die fundamentale Illusion der Schule, Wissen sei Können, zu zerstören und um eine tiefgreifende innere Reform durchzusetzen. Voraussetzung solcher Veränderung ist rigoroser Abbau der Stoffüberfülle.

6 Stoffreduktion und Neuzentrierung der Schulfächer

Die Frage lautet: Was und wieviel soll aus dem Fächerkanon entfernt werden? Um eine Antwort vorzubereiten, ist es wichtig, sich über die Schwerpunkte des Stoffangebotes an unseren Schulen zu orientieren. Unser Schulwesen enthält bei weitem mehr mathematisch-naturwissenschaftliche Elemente, als im Hinblick auf die Erfordernisse des Lebens nötig wäre. Das beginnt bereits in der Grundschule. Aus Rechnen wurde Mathematik, an die Stelle von Heimatkunde trat Sachkunde. Im Sachkundeunterricht nimmt die Physik einen zu breiten Raum ein. An den weiterführenden Schulen setzt sich das fort. In der reformierten Oberstufe erscheinen im Lehrplan Feinheiten wie zum Beispiel Boolesche Gleichungen, von denen nur wenige Oberstufenmathematiklehrer in der eigenen Universitätsausbildung in Spezialvorlesungen etwas erfuhren. Für die Mehrzahl der Lehrer ist es mit erheblicher Anstrengung verbunden, sich in diese von der Oberstufenreform vorgesehenen neuen mathematischen Spezialgebiete einzuarbeiten. Dem Oberstufengymnasiasten wird folglich abverlangt, das zu beherrschen, was selbst einem Fachmathematiker Mühe macht. Der Physikunterricht des Gymnasiums ist stark mathematisiert. Biologie und Chemie haben infolge der Wissensexplosion in ihren Bereichen ebenfalls eine Unmenge von neuem Stoff aufgenommen.

Gemessen an den Erfordernissen des Lebens ist es völlig unerfindlich, warum sich das Gros unserer Schüler mit höherer Mathematik herumschlagen soll. Welche Arten des Rechnens der Mensch zumeist im Leben braucht, wurde eingangs schon erwähnt. Ich habe den Eindruck, daß ihm durch seinen Umgang mit kompliziertester abstrakter Mathematik die Fähigkeit abhanden kommt, die einfachen Rechnungen des Alltags sicher, rasch und praxisbezogen durchführen zu können. Diese Art des Rechnens verkümmert. Als mein ältester Sohn in die zwölfte Gymnasialklasse eintrat, war die Mehrheit der Klasse mit elektronischen Taschenrechnern ausgerüstet. Es würde zu viel Zeit beanspruchen, die einfachen Rechenvorgänge, welche die komplizierten mathematischen Operationen beinhalten, im Kopf durchzuführen. Ich finde es irrsinnig, daß die höhere Mathematik im Gymnasium am Ende den Einsatz von Rechenmaschinen nahelegt, die dem Schüler gerade die Grundrechnungen abnehmen, die er im Leben braucht.

Das Standardargument, das einem Kritiker des höheren Mathematikunterrichts immer entgegengehalten wird, lautet: Auf der Universität benötigen 52 Prozent der Studenten die Mathematik als Hilfswissenschaft, weil ein Großteil der Wissenschaften mathematisiert ist. Das Argument trifft zu und ist dennoch kein schlagender Beweis. Die mathematisierten Wissenschaften sind keine letzte Bezugsgröße. Sie müssen vielmehr selbst auf das Leben bezogen werden, dem sie zu dienen haben. Hier aber ist in den allermeisten Fällen jene Art mathematisierter Wissenschaft nicht gefragt. Eher ist das Gegenteil der Fall. Ein Student der Volkswirtschaft kann in der Regel innerhalb seines Berufes mit solchen Theorien nichts anfangen. Das Leben ist anders. Am besten vergißt er rasch seine mathematisierten Modelle und steigt auf den nüchternen Boden der wirtschaftlichen Praxis herab. Falls ihm das nicht gelingt, ist er theoretisch voreingenommen und damit für einen praktischen Beruf untauglich. All dies heißt natürlich nicht, sein akademisches Studium sei sinnlos gewesen. Falls er es dort gelernt hat, analytisch zu denken, auf originelle Weise Probleme anzugehen, unverbundene Daten in einen Zusammenhang zu bringen, falls seine Urteilsfähigkeit im Studium gewachsen ist, besitzt er sehr wohl einen Vorsprung gegenüber nicht akademisch Gebildeten. Höhere Mathematik ist hierzu allerdings nicht erforderlich.

Selbstredend gibt es eine Reihe von Berufen, zum Beispiel die technischen Berufe, die ohne das Rüstzeug höherer Mathematik nicht auskommen. Wer einen mathematisch-technischen Beruf ergreifen will, soll sich jene Mathematikkenntnisse aneignen. Die Masse der Schüler sollte jedoch nicht deshalb mit jener Mathematik belastet werden, nur weil eine relativ kleine Schülerzahl dies im späteren Beruf benötigt. Verteidiger jener Mathematik werden ferner darauf hinweisen, daß in vielen Bereichen der Forschung mathematische Kenntnisse unumgänglich sind. Ein lernfähiger Assistent oder Doktorand, der mit mathematischen Grundkenntnissen versehen ist, dürfte jedoch unschwer in der Lage sein, sich dieses Instrumentarium speziell zu erarbeiten. Die Mehrzahl der Studenten sollte an Universität und Hochschule von mathematisierten Modellen, die in der Praxis unbrauchbar sind, jedenfalls verschont bleiben.

Zur Begründung des Schwergewichts von Mathematik an unseren Schulen wird ferner angegeben: Wir leben in einer rational-technischen Welt. Wer sich in ihr zurechtfinden will, muß sie begreifen. Um die naturwissenschaftlichen Welterklärungen jedoch nachvollziehen zu können, sind entsprechende Mathematikkenntnisse vonnöten. Hierbei wird unterstellt, die Wirklichkeit sei voll mathematisch faßbar. Es steht nun außer Zweifel, daß es Wirklichkeitsbereiche gibt, die gemessen, gezählt und mathematisch erfaßt werden können. Aber ebenso sicher gibt es Wirklichkeiten, die nicht quantifizierbar sind. Selbstverständlich lassen sich Verhaltensweisen einer entsprechend großen Gruppe von Menschen statistisch erfassen und mathematisch beschreiben. Für die Verhältnisse, die beim Einzelmenschen bestehen, besagt dies jedoch nichts. Der Mensch ist im letzten nicht meßbar. Was aber meßbar an ihm ist, ist nicht das Essentielle am Menschen. Je stärker Wissenschaften sich bemühen, menschliche und soziale Vorgänge mathematisch zu erfassen, um so mehr müssen sie das Einmalige des Menschen entfernen, um so mehr werden sie die Menschen um der Berechenbarkeit willen gleichschalten. Mathematische Welterklärung wird, wenn sie die Grenzen des Stofflichen, des Mechanischen überschreitet, immer Qualitäten in Quantitäten verwandeln und damit Wirklichkeit verfehlen.

Auch bei der Geburt dieser Entwicklung stand der Rationalismus der Aufklärung Pate. Schon Goethe sagte: »Was ihr nicht rechnet, glaubt ihr, sei nicht wahr. Was ihr nicht wägt, hat für euch kein Gewicht.« Durch die zweite Welle der Aufklärung setzte sich diese Form von Wirklichkeitsverständnis an unseren Hochschulen und Schulen als das einzige, das auf Wissenschaftlichkeit Anspruch erheben dürfte, voll durch. Auch hier gilt es, den Fehler im Ansatz zu überwinden. Ausschnitte der Gesamtwirklichkeit besitzen zwar materielle und rationale Strukturen. Andere Ausschnitte dagegen weisen immaterielle, nicht rationale Strukturen auf. Zu den Kriterien von Wissenschaftlichkeit gehört es, daß eine Methode ihrem Gegenstand angemessen sein muß. Es ist also unwissenschaftlich, die ganze Wirklichkeit nur mit einer Methode erfassen zu wollen und dabei Schichten, die nicht zur Methode passen, entweder zu ignorieren oder sie in das System hineinzuzwängen.

Wissenschaftliche Welterklärung, die dieses Prädikat verdient, weiß um die Begrenztheit der einzelnen Methode und um die Notwendigkeit andere Beschreibungsweisen der Wirklichkeit. Von diesem veränderten Ansatz aus verliert natürlich auch Mathematik als Methodik zur totalen Welterklärung an Bedeutung. Folglich sollte die Schule nunmehr in der Lage sein, von der Überschätzung der Mathematik Abschied zu nehmen und ihr den wesentlich bescheideneren Platz in den Lehrplänen zuzuweisen, der ihr vom Leben her gesehen zukommt.

Das Übermaß des Naturwissenschaftlichen in unserem Schulwesen gilt es gleichfalls abzubauen. Daß unsere Lehrpläne derart mit Naturwissenschaft überladen sind, geht in gleicher Weise auf den gerade geschilderten Versuch zurück, die Welt mittels jenes Wissens verstehen zu wollen, um anschließend das Leben in der technischen Welt bewältigen zu können. Dieses Vorhaben enthält ebenfalls fundamentale Irrtümer. Zunächst ist noch einmal zu wiederholen, daß Wissen noch lange kein Können ist. Auch hier trifft das Wort zu: »Der Theoretiker weiß genau, wie es geht, aber es geht nicht. Der Praktiker weiß nicht genau, wie es geht, aber es geht.«

Um mit technischen Geräten umgehen zu können, braucht man nicht zu wissen, nach welchen Gesetzen der Physik sie funktionieren. Würden wir uns erst dann eines technischen Mittels bedienen können, wenn wir die ihm zugrunde liegende Physik begriffen haben, so müßten wir auf den Gebrauch der meisten technischen Hilfen, die uns so selbstverständlich sind, verzichten. Wer einen Jet besteigt, bezieht doch sein Vertrauen, daß er wohlbehalten auf die Erde zurückkehrt, nicht aus seinen physikalischen Kenntnissen. Er setzt vielmehr sein Vertrauen auf die Mannschaft, die das Flugzeug bedient und auf die Fluggesellschaft, die das Flugzeug bereitstellt. Wollen wir uns in der technischen Zivilisation zurechtfinden, so spielt Vertrauen eine weitaus größere Rolle als Wissen um die technischen und physikalischen Zusammenhänge.

Mit der Chemie verhält es sich ähnlich. Wer ein Kleid aus Kunstfasern tragen will, braucht sich nicht in Kunststoffchemie auszukennen. Die Trägerin muß auf seine Beschaffenheit nur beim Waschen und Bügeln Rücksicht nehmen.

Diese Äußerungen dürfen keinesfalls als naturwissenschaftsfeindlich angesehen werden. Ich wende mich selbstredend nicht gegen naturwissenschaftlichen Unterricht an sich, sondern gegen die vielen Einzelheiten, die nichts mit dem Leben der meisten Menschen zu tun haben. Von Bedeutung für den Schüler sind nicht die vielen Detailkenntnisse, sondern die speziellen Denkmethoden und Betrachtungsweisen der Naturwissenschaften. Von größter Wichtigkeit wäre es zum Beispiel, Jugendliche mit dem Komplementaritätsdenken der Physik vertraut zu machen. Ihm zufolge erscheint Licht unter dem einen Aspekt als elektromagnetische Schwingung und unter dem anderen als Korpuskularbewegung. Die Erkenntnis, daß der Betrachter das Ergebnis der Betrachtung durch seine Fragestellung mitbestimmt, ist ungemein wichtig, denn sie spielt ja nicht nur in der Physik, sondern überall im Leben eine große Rolle. Mancher Ehekrach könnte vermieden werden, wenn nicht jeder auf der objektiven Wahrheit seiner Wahrnehmung bestehen würde. Hätte jeder der Partner die Einstellung: Nicht so oder so war es, sondern so und so habe ich es empfunden, so bestünde eine Basis zum gemeinsamen Gespräch. Viele gesellschaftliche Auseinandersetzungen verliefen fruchtbarer, wenn wir dem Widerpart zubilli-

gen würden, daß in seiner Position komplementäre Ergänzungen der eigenen Position enthalten sind.
Auch der naturwissenschaftliche Unterricht sollte soweit wie möglich auf das Leben bezogen sein. Biologie müßte stärker auf den Menschen zentriert werden. Physik könnte man praxisnäher betreiben. Dem Jugendlichen wäre zum Beispiel damit geholfen, wenn er in der Schule erfahren würde, wie ein Mopedmotor oder ein Auto aufgebaut ist. Er könnte dann sein Gefährt besser warten und kleinere Reparaturen selbst durchführen. An solchen Anschauungsmitteln ließen sich leichter praktisch wichtige Kenntnisse der Physik vermitteln, als in vielen Experimenten. Je lebensnäher ein solcher Unterricht ist, um so stärker motiviert er, nicht nur in dieser Stunde, sondern für das Lernen überhaupt.
Wird der naturwissenschaftliche Unterricht beschnitten und zentriert, so ist natürlich mit mancherlei Einsprüchen zu rechnen. Die chemische Industrie wird darauf verwiesen, wie wichtig dieser Produktionszweig für unser Sozialprodukt sei und noch andere werden die Gefahr von naturwissenschaftlichen Analphabeten heraufbeschwören. Hierauf ist noch einmal zu antworten: Falls im naturwissenschaftlichen Unterricht ein solides Grundlagenwissen erworben wird, falls die Fachmethoden erlernt werden und falls der Schulabgänger lernfähig und motiviert ist, vermag er sich in kurzer Zeit das Wissen anzueignen, das im Hinblick auf Studium und Beruf unumgänglich ist.
Bei lebensbezogener Neuorientierung der Schule ist auch in den sprachlichen Fächern manches zu ändern. Hier muß das Sprechen in den Mittelpunkt gerückt werden. Aus mehreren Gründen fällt der gesprochenen Sprache eine große Bedeutung zu. Bildung geschieht wesentlich auch in der Begegnung von Mensch zu Mensch, stellten wir fest. Dazu ist sprachliche Verbindung nötig. Mittels seiner Sprache empfängt der Mensch die Anregungen, welche er zur Reifung benötigt. Indem er sich ausdrückt, gestaltet sich vordem ungeformtes Leben.
Voraussetzung hierzu ist freilich, daß Lehrer und Schüler in einer Sprache miteinander reden, die ein Ausdrucksmittel ist. Dies ist um so wichtiger, als die Sprache in der technischen Welt weitgehend zur reinen Informationssprache verarmte. In einer sol-

chen Sprache werden nur noch rationale Informationen ausgetauscht. Emotionale Kommunikation ist auf dieser Ebene nicht möglich. Die eindimensionale Sprache entspricht nicht der Ganzheit des Menschen. Sie kann daher nicht als menschlich bezeichnet werden. In ihr ist weder, wie gerade gefordert, Reifungsanreiz noch Reifungsausdruck möglich. Informationssprache allein läßt den Menschen leer und einsam. Soziale Beziehungen im eigentlichen Sinne sind auf der Basis solcher Sprache unmöglich. Daß Menschen heute zunehmend einsamer werden, liegt auch an der Umformung der Sprache zu einem technischen Übertragungsmittel. Verlust lebendiger Sprache bedingt ebenfalls die überhandnehmenden Reifungsstörungen.

Die Sprache darf selbstredend nicht irrational werden. Im Zungenreden könnten wir beispielsweise auch nicht miteinander verkehren. Das Sprechen muß sowohl rationale als auch emotionale Elemente beinhalten. Hierzu ist nötig, daß sich der Sprechende mit seinem Wort identifiziert. Er sollte in seinen Worten leben. Demgegenüber kann man heute vielerorts eine distanzierte, unbeteiligte Einstellung zu den eigenen Worten antreffen. Wenn die Inflation der leeren Worte, die entsprechend wenig ausrichten, überwunden werden soll, müssen wir eine Sprache erlernen, in der wir gegenwärtig sind.

Im Prinzip ist die Bedeutung der Sprache längst bekannt und oft genug wurde auf die Wichtigkeit von Sprecherziehung hingewiesen. Es muß jedoch genau zurückgefragt werden: Um welche Sprache handelt es sich dabei? Erschöpft sich die Sprache nur in Übermittlung rationaler Inhalte oder ist sie zugleich Ausdrucksmittel? Diese ganzheitliche Sprache hat die Schule zu fördern. Aufgabe der Schule ist es, soweit irgend möglich, bei Fehlentwicklungen gegenzusteuern. Soll sie auf das Leben vorbereiten, so hat sie dem Erlernen einer Sprache, die Einsamkeit und soziales Unverständnis überwindet, besondere Aufmerksamkeit zu schenken.

Der Mensch unserer Zeit leidet unter Verlust von Spontaneität. Echte menschliche Beziehungen beruhen hingegen auf Unmittelbarkeit. Innere Stauungen aller Art lassen sich verringern durch unmittelbare Mitteilung. Sprachbildung in der Schule hat folglich auch den direkten Ausdruck und damit Spontaneität freizulegen.

Mißt man die Schule an diesen Forderungen, so stellt sich heraus, daß sie in ihren Sprachfächern weniger die Befähigung zu reden im Auge hat und mehr auf das schriftliche Wort bezogen ist. Hier wiederum liegt – vor allem in den Fremdsprachen – der Akzent nicht auf dem schriftlichen Ausdruck, sondern auf der Absicht, dem Schüler einen Zugang zur Literatur zu ermöglichen. Sicher ist es gut, wenn man Platon oder Shakespeare im Urtext lesen kann. Besser aber ist es, mit Menschen, die eine andere Sprache reden, in englisch oder französisch Kontakt aufnehmen zu können.

Die Tendenz zum Philologisch-Literarischen in der Schule ist ein Erbe der Vergangenheit. Der Humanismus glaubte, Bildung würde einem zuteil werden, wenn man die Klassiker in deren Sprache lese. Dieser Gedanke übertrug sich auf die neusprachlichen Fächer. Im fremdsprachlichen Unterricht scheint die Lektüre klassischer Schriftsteller in der Originalsprache das wichtigste Bildungsziel zu sein. An zweiter Stelle steht wohl – das geht aus der Praxis der Benotung hervor – die Fähigkeit des korrekten schriftlichen Ausdrucks. Das Vermögen, mit Menschen, die eine andere Sprache sprechen, reden zu können, rangiert eindeutig an letzter Stelle. In der Vergangenheit konnte dies vernachlässigt werden, denn wer genoß im 18. oder 19. Jahrhundert den Vorzug, Ausländer kennenzulernen. In einer Zeit aber, in der die verschiedenen Völker sich immer näher kommen, in der wir zu Hause von Angehörigen fremder Sprachen umgeben sind und in der die meisten Menschen ins Ausland fahren, muß der mündlichen Kommunikationsfähigkeit die erste Stelle in der Prioritätenliste eingeräumt werden.

Dies hat beispielsweise zur Folge, daß die Schule auf Kunstformen der französischen Sprache, die selbst viele Franzosen nicht beherrschen und die nur zur Lektüre von Schriftstellern nützlich sind, verzichtet. Lebensbezogene Sprache würde bereits bei der Auswahl des Wortschatzes beginnen. Nicht unwahrscheinliche, sondern wahrscheinliche Verben müssen gelernt werden. Es sollte doch kein Problem sein, Lektionen in Fremdsprachen mit

den am häufigsten vorkommenden Worten zu beginnen, um im Laufe der Zeit zu den seltener auftretenden vorzudringen.
An dieser Stelle sollte auch an das traurige Schicksal von Sprachlabors in manchen Schulen erinnert werden. Ihre Kapazität wird häufig nicht genügend ausgenutzt. Ich hörte von Fällen, in denen sie praktisch leer stehen. Und dies, obgleich sie rund einhunderttausend DM kosteten. Selbstverständlich können Sprachlabors den direkten Sprachunterricht des Lehrers nicht ersetzen. Sie sind jedoch eine wertvolle Ergänzung, da sie es dem Schüler ermöglichen, mehr zu sprechen. Von dieser Möglichkeit wird nur unzureichend Gebrauch gemacht, da die Lehrer in der Bedienung dieses technischen Instrumentes nicht ausgebildet wurden und weil jene Hilfsmittel zu sehr technisch perfektioniert sind. Hinter solchen Mängeln scheint jedoch eine tiefer sitzende Abneigung verborgen zu sein, in der sich Lehrer und Schüler treffen. Aufgrund der eingefleischten philologisch-literarischen Tendenz, dürfte bei manchen Lehrern kein allzu großes Interesse an einer derartigen Einrichtung bestehen. Vielen Schülern aber ist der Unterricht im Sprachlabor einfach zu anstrengend.
Die musischen Fächer wurden aufgrund der traditionellen Kopflastigkeit unseres Bildungswesens gemessen an ihrer Bedeutung für den Menschen auch früher schon zu gering bewertet. Unter dem Einfluß des rationalistischen Zeitgeistes verloren sie noch mehr an Bedeutung. Noch wichtiger aber ist: Sie wandelten ihren Charakter. Auch die musischen Fächer mußten jetzt den Nachweis von Wissenschaftlichkeit erbringen. Die musischen Vollzüge wurden zurückgedrängt zugunsten theoretischer Betrachtungen. Bereits in der Grundschule wird weniger gesungen als früher, dafür aber mehr Musiktheorie betrieben. Musikunterricht in der Oberstufe des Gymnasiums beschäftigt sich unter anderem mit der Analyse von Werken klassischer oder moderner Komponisten. Hierbei werden Kompositionen in Teile zerlegt (Einleitung, Exposition und so weiter) und danach die Einzelteile weiter aufgeschlüsselt nach Form, Dynamik, Instrumentation etc. Dieser intellektuelle Umgang mit Musik muß als negative Musikerziehung bezeichnet werden.
In einem solchen Unterricht werden ästhetische Qualitäten in

rationale Informationen umgewandelt. Dem Schüler wird damit ein objektivierender, distanzierender, analysierender Umgang mit musischen Elementen aufgeprägt. Wen darf es wundern, wenn der junge Mensch zunehmend unfähiger wird, sich unreflektiert Sinneserfahrungen hinzugeben. Wir sahen, wie wichtig im Leben Glückserfahrungen und Schönheitserlebnisse sind. Durch solchen Unterricht wird die Aufnahmefähigkeit des jungen Menschen hierfür zerstört. Ganz konsequent trägt damit auch die Schule dazu bei, daß Jugendliche, die ihre Welt nicht mehr ästhetisch empfinden können, Ersatzerfahrung mittels Drogen herbeizaubern. Dieser Intellektualismus ist aus den musischen Fächern schleunigst zu entfernen. Dafür sollten gebildet werden der musische Ausdruck emotionaler Wirklichkeiten wie Stimmungen, Spannungen, Konflikte, Gefühle, Gemütszustände, archetypische Bilder, sowie die Fähigkeit zur künstlerischen Darstellung von Welterfahrung. Musische Erziehung muß in einer Schule, die bei der Entfaltung der Gesamtpersönlichkeit behilflich sein will, einen hohen Rang einnehmen. Wir werden in einem eigenen Kapitel näher davon reden.

Auch andere lebens-, praxis- und gegenwartsbezogene Fächer haben in der Schule nicht das Gewicht, das ihnen zukommt. Ich meine die Fächer Geographie, Geschichte, Gemeinschaftskunde. Bezeichnend ist, daß die Noten dieser drei Fächer bei der Errechnung der Numerus-clausus-Note zu einer Note zusammengezogen werden. Dem steht gegenüber, daß selbstverständlich nicht nur jedes Hauptfach mit einer eigenen Note vertreten ist, sondern ebenso die naturwissenschaftlichen Fächer. Dem Anliegen der Schule, das auch in dieser Gewichtung der Zensuren zum Ausdruck kommt, dem Schüler Orientierung in der Welt zu ermöglichen, ist unbedingt zuzustimmen. Dazu tragen allerdings die Naturwissenschaften weniger bei als die eben genannten Fächer. Besonders im Hinblick auf das öffentliche Leben hilft das Erkennen von Naturgesetzen bei weitem weniger als das Begreifen von Wirkzusammenhängen, die in Geschichte und Gemeinschaftskunde dargestellt werden. Ein guter Geschichtsunterricht bietet ausgezeichnete Möglichkeiten, dem kommenden Staatsbürger beim Erwerben von politischem Denken, Urteilen und der Entscheidungsfähigkeit zu helfen. Daß die politische Bildung unserer Schulen so unbefriedigende Erfolge hatte, hängt gewiß auch mit der Geschichtslosigkeit zusammen, die ja auch in unsere Schulen eindrang.

Mit diesen Äußerungen plädiere ich nicht für eine Rückkehr zu einem Historismus, bei dem man vor lauter Rückschau nicht mehr zum Umsetzen der geschichtlichen Erkenntnisse in die Gegenwart kommt. Trotz der Beschneidung der Zeit für Geschichtsunterricht an der Schule scheint manchmal immer noch Geschichte um ihrer selbst willen betrieben zu werden, anstatt bei jedem historischen Gegenstand die Frage zu stellen, was können und müssen wir daraus für unser gegenwärtiges und künftiges Leben lernen? Geschichtsunterricht, der auf den um der historischen Objektivität so beruhigenden Abstand zur Gegenwart bedacht ist, verfehlt seinen Sinn.

Die Möglichkeiten der Geographie sind im Hinblick auf die Anforderungen des Lebens ebenfalls besser zu erschließen. Auch hier gilt es, die richtige Gewichtung zu finden. Es ist ein Unding, daß Schüler häufig die elementarsten geographischen Sachverhalte nicht wissen. Wie will man sich im Raum orientieren – und auch auf diese Weise Sicherheit gewinnen – wenn man die einfachsten Bestimmungsgrößen nicht kennt? Wo deutsche Großstädte, die wichtigsten Gebirge liegen und wie die wesentlichsten Flüsse verlaufen, sollte zum festen Wissensbestand des Schülers gehören. Auf viele andere Einzelheiten könnte der Unterricht hingegen verzichten.

Dafür wieder ein Beispiel: Meine Tochter – 12. Gymnasialklasse – erzählte vor einiger Zeit beiläufig: »Wir hetzen gerade in Geographie durch die Sowjetunion und wenn es uns reicht, kommen wir auch noch nach China.« Ich wies ziemlich entsetzt darauf hin, wer politisch denken wolle, müsse sich über die Sowjetunion ein Urteil bilden. Dazu aber seien unter anderem eingehende geographische Kenntnisse, zum Beispiel die ihrer Rohstoffreserven, nötig. Wie man eventuell auf ein solides Grundlagenwissen von China, möglicherweise der bedeutsamsten Großmacht der Zukunft, verzichten könne, sei mir unbegreiflich. Ich fragte, warum man denn so in Zeitdruck gekommen sei. Die Antwort: »Wir haben uns zu lange mit den USA aufgehalten.« Dies schien zuerst eine einleuchtende Erklärung zu sein, denn genauere Kenntnisse der Vereinigten Staaten sind sicher wichtig. Dann aber kam mir in Erinnerung, daß unsere Tochter einmal darüber geklagt hatte, in einer geographischen Klassenarbeit über die USA seien neben so wichtigen Fragen wie die nach ihrer Getreideproduktion auch so obskure Fragen wie die nach den Siedlungsformen der amerikanischen Dörfer, die im Zuge der Besiedlung gegründet wurden, gestellt worden. Auf diesen Einwand hin fügte meine Tochter hinzu, man habe auch ziemlich viel Zeit beim Wetter verloren. Es ist vielleicht kein Fehler, wenn auch der Mitteleuropäer, der nicht von Passatwinden heimgesucht wird, der nicht in einer Hochseejacht die Meere befährt und dabei unter Umständen auf die Hilfe der Passatwinde angewiesen ist, dennoch darüber Bescheid weiß, wie sie entstehen. Wenn man sich jedoch entscheiden muß, ob man die kostbare Zeit für die Passatwinde oder für die Weltmacht China aufwenden soll, dürfte eigentlich die Wahl nicht schwerfallen. Dennoch wird offenbar auch in diesem lebensbezogenen Fach gegen das Elementarste verstoßen. In diesen Fächern gilt es folglich, gleichfalls zu straffen, um Raum für das Notwendige zu gewinnen.

Die Konsequenz einer Kritik an der Schule, der Wissensvermittlung über alles geht, heißt also radikale Stoffreduktion, um freie Kapazitäten zu schaffen für die Entfaltung der Eigenschaften und Möglichkeiten, auf die es im Leben ankommt. Seit vielen Jahren wird hinsichtlich Schule und Hochschule exemplarisches Lehren und Lernen gefordert. Die Schulwirklichkeit hat sich hierdurch zwar nicht geändert, dafür ist aber inzwischen jener Begriff verbraucht. Unsere bisherigen Überlegungen zeigen, wie dringend es ist, endlich dieser alten Forderung nachzukommen. Versucht man, dem zu entsprechen, so müßte es möglich sein, den bisherigen Lehrstoff auf etwa ein Drittel des jetzigen Umfanges zu kürzen. Diese Beschränkung ist andererseits auch nötig, wenn die Schule, wie in den nächsten Kapiteln gezeigt wird, ganzheitliche Bildung betreiben soll.

Aus dem bisher Gesagten ergibt sich, daß die Streichungen nicht in allen Fächern gleichmäßig erfolgen sollen. Zwei Fächer wären besonders hart davon betroffen: Mathematik und Latein. Der obigen Begründung dieses Eingriffes in den Mathematikunterricht möchte ich nichts hinzufügen. Im Lateinunterricht stehen Aufwand und Ertrag in einem ganz ungünstigen Verhältnis. Gemessen an den anderen Bildungsnotwendigkeiten ist es nicht vertretbar, so viel Zeit und Energie in das Lernen von Latein zu investieren, damit der Schüler am Ende der Schulzeit Livius und andere im Original zu lesen vermag. In Latein geschriebene Texte lesen, nachdem sie die Schule verlassen haben, nur noch diejenigen, die von Berufs wegen damit zu tun haben. Das aber ist ein unerheblicher Prozentsatz der Schüler. Latein wie Griechisch sollten nur noch als freiwillige Arbeitsgemeinschaften oder als Pflichtfächer in der Oberstufe für die Schüler angeboten werden, die daran interessiert sind oder die aus Berufsgründen Lateinkenntnisse haben müssen. Auch hier sind Studienerfordernisse an den Notwendigkeiten des Berufes zu messen. Der Arzt braucht zum Beispiel, um seine lateinischen Bezeichnungen grammatikalisch richtig zu benutzen, kein kleines Latinum. Ein zweistündiges Vorbereitungsjahr in der Oberstufe würde den Anforderungen des ärztlichen Berufes genügen.

Man kann dem natürlich entgegenhalten, die klassischen Sprachen würden das analytische Denken schulen, zur Denkdisziplin anregen und saubere Begrifflichkeit trainieren. Das ist richtig, und ein Schüler, dessen Denken in dieser Weise gebildet wurde, zieht daraus für sein Leben erheblichen Gewinn. Ich behaupte allerdings, der gleiche Effekt könne mit einem wesentlich besseren Wirkungsgrad auch in allen anderen Schulfächern erreicht werden. Voraussetzung hierzu ist freilich, daß die Schule darauf verzichtet, in der jetzigen Weise Stoff zu traktieren, und sich anhand von fundamental wichtigen Gegenständen, die dem Gedächtnis möglichst gründlich eingeprägt werden müssen, zugleich um die Ausbildung jener Verstandeskräfte bei den Schülern bemüht.

Die gleiche Regelung wäre auch für den Mathematikunterricht denkbar. Nach Erreichung eines Grundstocks – wobei man sich natürlich darüber einigen müßte, welche Höhe dieser Grundstock aufweisen sollte – wäre Mathematik als freiwillige Arbeitsgemeinschaft oder in der Oberstufe des Gymnasiums wieder als Pflichtfach anzubieten. Auch der Deutschunterricht sowie die naturwissenschaftlichen Fächer lassen sich unschwer zentrieren. Es ist zum Beispiel nicht einzusehen, warum sich ein Schüler mit Mittelhochdeutsch beschäftigen soll. Bei alldem wird selbstredend eingeräumt, daß es von Vorteil sein kann, Einzelkenntnisse auf vielen Gebieten zu besitzen und mit mancherlei Kulturgütern des Abendlandes vertraut zu sein. Wir dürfen jedoch nicht von dem ausgehen, was alles wünschbar, schön und gut wäre, sondern von dem, was das begrenzte Fassungsvermögen des Schülers erlaubt und was gemessen an den Notwendigkeiten des Lebens unabdingbar ist.

In den Fächern Geographie, Geschichte, Gemeinschaftskunde sollte die Unterrichtszeit nicht gekürzt werden. Allerdings sind auch sie daraufhin durchzumustern, wo ihr Lebensbezug schwach ist und an welchen Stellen, um Leben zu lernen, vorhandene Inhalte ausgebaut oder gar neue Gegenstände aufgenommen werden müssen.

Die entscheidende Frage solcher Stoffkürzungen ist: Unter welchen Gesichtspunkten sollen sie vorgenommen werden? Was sind die Kriterien? Der Gesichtspunkt, unter dem ich Streichungen vorschlage, dürfte inzwischen oft genug wiederholt worden sein, nämlich der, was zum Leben notwendig ist. Die Kenntnisse sind gründlichst zu erwerben, die zum Wissensfundament gehören, welches das Leben verlangt und die erforderlich sind, um die Methoden eines Faches zu begreifen, beziehungsweise sich in ihnen zu üben. Hierbei stellt sich allerdings sofort die Frage: Wo hört das unabdingbare Basiswissen auf, und wo fängt das überflüssige an. Wer bestimmt, wo die Grenzen liegen?

Eine prinzipielle Antwort gibt der methodische Ansatz dieses Buches. Wir haben im ersten Teil einige wesentliche Eigenschaften und Fähigkeiten herausgestellt, die das Leben fordert. Auf diese Weise entstanden die Umrisse eines Anforderungsprofils. Es wäre ohne weiteres möglich, den Katalog der Anforderungen zu ergänzen und zu verfeinern. Je mehr Feinziele genannt werden, um so mehr Unterschiede in der Zielansprache würden aber auftreten, je nach dem geistigen, gesellschaftlichen und politischen Standort der Betreffenden, die an dieser Feinabstimmung beteiligt sind. Deshalb empfiehlt es sich, die Verfeinerung des Profils nicht zu weit zu treiben, um einen breiten Konsensus nicht zu gefährden. Es müßte möglich sein, daß sich auch Vertreter verschiedener Lager über zwanzig oder dreißig Eigenschaften, Fähigkeiten und Persönlichkeitsmerkmale einigen, die im Privatleben, im Berufsleben und im öffentlichen Leben eine ausschlaggebende Rolle spielen. Damit wären die Kriterien der Stoffauswahl gegeben. Bei jedem Lerninhalt müßte sodann geprüft werden, ob er zur Entwicklung einer dieser Fähigkeiten dient und wenn ja mit welchem Wirkungsgrad er etwas zur Entfaltung der Anlagen des Schülers beiträgt. Falls diese Prüfung negativ ausgehen sollte, müßte ein Lehrgegenstand gestrichen werden.

Man kann einwenden, es sei doch wohl etwas zu optimistisch, anzunehmen, Angehörige verschiedener Richtungen könnten darüber Einigkeit erzielen, was wesentlich zum Leben gehöre. Auf einen solchen Einwand wäre zu antworten, daß es sich bei einer derartigen Fragestellung nicht in erster Linie, sondern nur im letzten Sinne um ein philosophisches Problem handelt. Auf weiten Strecken hätte man bei einer solchen Erhebung empirischen Boden unter den Füßen. Es ist interessant, bei Josef Hitpass einen ähnlichen Ansatz zu finden, wenngleich er in eine andere Richtung zielt. Hitpass, Ordinarius für Psychologie an der Pädagogischen Hochschule Rheinland, Abteilung Köln, erstellte im Auftrag des Bundesministeriums für Bildung und Wissenschaft zwei Gutachten. In ihnen wurde unter anderem die Aussagekraft der Abiturdurchschnittsnote für das Studium der Medizin untersucht. Zugleich wird von Erhebungen berichtet, die als Voraussetzungen aussagekräftiger Testverfahren hinsichtlich der Studien- und Berufsfähigkeit von Studenten der Fächer Human- und Zahnmedizin, Betriebs- und Volkswirtschaftslehre, Anglistik, Romanistik, Germanistik, Psychologie und Pharmazie gelten können (Zusammenfassung im Deutschen Ärzteblatt, H. 4, 22. 1. 76).

Durch Befragungen zweier Gruppen, von denen die eine aus

Tabelle 1: Rangfolge der zehn nach dem Bedeutsamkeitsgrad am höchsten gewichteten Merkmale eher nichtkognitiver Art fachspezifischer Studier- bzw. Berufsfähigkeit bei Medizinern.

Rang	Lehrende + Lernende Humanmedizin N = 546	Praktische Ärzte N = 541
	Merkmale	
1	Einsatzbereitschaft	Gewissenhaftigkeit
2	Sorgfalt	Einfühlungsvermögen
3	Gewissenhaftigkeit	Zuverlässigkeit
4	Zuverlässigkeit	Hilfsbereitschaft
5	Hilfsbereitschaft	Sorgfalt
6	Belastbarkeit	Menschenkenntnis
7	Geduld	Geduld
8	Menschenkenntnis	Selbstkritik
9	Einfühlungsvermögen	Entscheidungsfähigkeit
10	Ausdauer	Ausdauer

Tabelle 2: Rangfolge der zehn dem Bedeutsamkeitsgrad nach am höchsten gewichteten Merkmale fachspezifischer Studierfähigkeit beziehungsweise der Berufsfähigkeit in der Humanmedizin.

	Merkmale		
Rang	Lehrende + Lernende Humanmedizin N = 546	Praktische Ärzte N = 541	Rang
1	Beobachtungsfähigkeit	Beobachtungsfähigkeit	1
2	Erfassen von Zusammenhängen	Erfassen von Zusammenhängen	2
3	Gedächtnis	Entscheidungsfähigkeit	3
4	Urteilsfähigkeit	Selbstkritik	4
5	Kombinationsfähigkeit	Ausdauer	5
6	Konzentrationsfähigkeit	Belastbarkeit	6
7	Auffassungsgabe	Unbestechlichkeit	7
8	Vorstellungsvermögen	Konzentrationsfähigkeit	8
9	Geschicklichkeit im Umgang mit Instrumenten und Apparaten	Kombinationsfähigkeit	9
10	Begriffliche Klarheit	Kontaktfähigkeit	10

Hochschullehrern und Medizinstudenten und die andere aus praktizierenden Ärzten bestand, gelangte Hitpass bezogen auf den Arztberuf zu folgenden Anforderungsmerkmalen, die er in zwei Tabellen niederlegte (Deutsches Ärzteblatt, a.a.O., S. 194).

Es fällt auf, daß in beiden Gruppen unter den zehn wichtigsten Merkmalen ein Merkmal »hoher Wissensstand« überhaupt nicht erscheint. Offenbar sind sowohl Professoren, wie Studenten und praktizierende Ärzte der Auffassung, daß ein Gehirn, das optimal mit medizinischen Einzelkenntnissen angereichert sei, kein hervortretendes Merkmal eines guten Arztes darstelle. Selbstverständlich setzen beide Gruppen solides Wissen voraus, denn ohne eine solche Basis können Zusammenhänge nicht erfaßt werden, sind keine Kombinationen und ebenfalls keine Entscheidungen möglich. Wissen allein spielt in diesem Katalog jedenfalls eine untergeordnete Rolle.

Hitpass erstellte seinen Anforderungskatalog, um psychologische Verfahren auszuarbeiten, mit deren Hilfe beurteilt werden kann, ob ein Abiturient, der Arzt werden will, zumindest im Ansatz die angegebenen Fähigkeiten mitbringt. Falls diese Untersuchungen, wie beabsichtigt, tatsächlich ein Urteil über Studien- *und* Berufsfähigkeit abgeben sollen, müssen natürlich die Lerninhalte des Studiums streng auf den Beruf bezogen werden.

In der gleichen Weise lassen sich nun auch die zur Entwicklung derartiger Fähigkeiten erforderlichen Lerninhalte im Bereich der Schule formulieren. Oder umgekehrt, ein solcher Katalog enthält Auswahlkriterien der Stoffreduktion sowie Lernziele einer lebensbezogenen Schule.

Es ist prinzipiell durchaus möglich, Anforderungsmerkmale für die wichtigsten Berufsgruppen zu erheben und die in den verschiedenen Berufszweigen immer wiederkehrenden Merkmale als Kriterien zur Stoffauswahl heranzuziehen. Da jedoch das ganze Leben unsere Bezugsgröße ist, darf sich der Merkmalkatalog nicht auf das Berufsleben beschränken. Es müssen die Anforderungen des privaten und des öffentlichen Lebens hinzugenommen werden. Dabei ergeben sich gewiß größere methodische Schwierigkeiten als bei der Entwicklung von Basisqualifikatio-

nen des Berufslebens; dennoch halte ich sie für lösbar. Welche Eigenschaften und Fähigkeiten im Privatleben von Belang sind, können wohl diejenigen recht gut beurteilen, die es mit Störungen im privaten Lebensbereich zu tun haben: Psychotherapeuten, Eheberater, Erziehungsberater. Trotz aller Unterschiede der psychologischen Schulen dürfte manches an gemeinsamen Auskünften zu erwarten sein. Noch schwieriger ist es, einen festen Satz von unbedingt erforderlichen Merkmalen für das öffentliche Leben zu erhalten. Dennoch dürfte es möglich sein, daß politische Psychologen, auch wenn sie verschiedenen Richtungen angehören, ein Stück gemeinsamer empirischer Basis finden.
Aus diesen drei Lebensbereichen würde folglich eine Liste mit Anforderungsmerkmalen abgeleitet werden, auf die sich dann eine kleine zentrale Lehrplankommission stützen könnte. Ihre Aufgabe wäre es, die vielen Lehrpläne zu sichten und zu einem Ganzen zu koordinieren. Sie müßte zwar jeweils Vertreter der Lehrplankommissionen, über deren Lehrplan gerade beraten wird, hinzuziehen, sollte aber im übrigen durch Männer und Frauen besetzt sein, die sich als Anwälte des Kindes und als Anwälte des Lebens verstehen und aufgrund ihrer Lebens- wie Berufserfahrung hierfür geeignet sind. Einer solchen Kommission sollten angehören ein Betriebspsychologe mit Erfahrungen in Personalberatung und womöglich mit wissenschaftlichen Leistungen auf dem Gebiet der Berufsfeldforschung, ein Fachmann (bzw. Fachfrau) aus dem Bereich Jugend, Ehe, Familie sowie ein durch Praxiserfahrung ausgewiesener politischer Psychologe. Der Entwicklungspsychologe dürfte genausowenig fehlen wie ein Pädagoge, der über reiche Erfahrungen aus eigener Schultätigkeit verfügt. Schließlich sollten ganz normale Eltern mitarbeiten, die wissen, wie es im Leben zugeht. Bei der Bedeutung dieser zentralen Kommission müßte ein höherer Beamter als Vertreter des Kultusministeriums, der sich durch Vorbildung für eine solche Aufgabe qualifiziert hat, die Brücke zu seiner Behörde bilden. Vielleicht ist es eine Utopie, daß eine Kommission von nebenamtlichen Mitarbeitern in der Lage sein sollte, einige Hundert Seiten von Lehrplänen zu sichten, um daraus Lerninhalte einer menschgemäßeren Schule zu destillieren.

7 Die Notwendigkeit ganzheitlicher Erziehung in der Schule

Im Mittelpunkt der bisherigen Schule stehen Unterrichtsfach und Wissensstoff, erkannten wir. Soll die Schule vom Menschen her auf das Leben hin entworfen werden und sollen Stoff und Fach dem untergeordnet sein, so kann die Schule dabei nicht von einem abstrakten Menschen ausgehen, sondern von der seelischen, geistigen, sozialen und leiblichen Wirklichkeit der Schüler im Jahre 1976. Die Schule soll diesen konkreten Menschen helfen, ihre Gesamtpersönlichkeit zur Entfaltung zu bringen. Damit das geschehen kann, müssen wir uns vergegenwärtigen, in welcher Verfassung sich diese Schüler befinden. Schon seit einigen Jahren müssen wir davon ausgehen, daß jedes vierte bis fünfte Kind, das in die Grundschule aufgenommen wird, Verhaltensauffälligkeiten und nennenswerte Verhaltens- wie Lernschwierigkeiten mitbringt. Eine Untersuchung von Udo Fredderking, tätig an der Universitätskinderklinik in Heidelberg, zeigte, daß der Zustand der Schulkinder offenbar noch schlechter ist, als bisher angenommen wurde (Praxis für Kinderpsychologie und Kinderpsychiatrie, H. 24, 1975). Offenbar verschlechtert sich die Gesamtverfassung unserer Schüler rapide. Fredderking untersuchte 419 etwa zehnjährige Kinder der vierten Schulklasse. Über die Hälfte dieser Kinder leiden unter Schlafstörungen und Nervosität. Jedes fünfte Kind näßte nachts noch ein, und jedes zehnte auch tagsüber. Mehr als die Hälfte der Kinder haben Konzentrationsschwierigkeiten. Mehr als ein Drittel weisen Lernschwierigkeiten verbunden mit anderen Problemen auf, obgleich ein ausgesprochener Leistungsehrgeiz vorhanden ist.

Diese Störungen haben eine Reihe von Gründen, auf die hier nicht einzugehen ist. Überwiegend liegen sie außerhalb der Schule. Dennoch können wir uns nicht der Einsicht verschließen, daß auch die Schule eine Teilursache der zunehmenden Neurotisierung unserer Jugendlichen ist. An einigen Stellen dieses Buches wurde bereits darauf verwiesen, daß die Schule infolge ihrer jetzigen Struktur die Entwicklung des jungen Menschen ungünstig beeinflußt. Wir wollen diese Bemerkungen, weil sich aus ihnen Konsequenzen für eine menschgemäße Umgestaltung des Schulwesens ergeben, etwas weiter ausführen. Die Schule erhöht infolge ihres Überangebotes von Lernstoff die Menge der Reize, die der Jugendliche nicht verarbeiten kann. Zugleich nimmt sie ihm durch das Theoretisieren in den musischen Fächern Ausdrucksmöglichkeiten wie Singen, Malen und so weiter. Auch die einseitige Informationssprache trägt zum Schwund des Vermögens bei, das Übermaß der Reize zu äußern und es damit zu verringern. Aus dem Reizüberdruck ergibt sich ein energetischer Rückstau, der die Steuerung des Organismus auf dem Wege über das Nervensystem stört (»Nervosität«, vegetative Regulationsstörungen, psychosomatische Erkrankungen), und der sich gleichzeitig in Konzentrationsschwierigkeiten ebenso wie in Störungen des Sozialverhaltens auswirkt.

Dieses Geschehen wird dadurch verstärkt, daß Schulinformationen häufig einen zu hohen Grad von Abstraktheit aufweisen und früher angeboten werden, als es der Reife des Schulkindes entspricht. Als Folge hiervon entwickelt sich auf der einen Seite unkindliche Abstraktheit und scheinbar erwachsene Frühreife. Auf der anderen Seite zieht sich das Kind vor solchen Überforderungen in frühkindliche Haltungen zurück (Einnässen, Nägelkauen, Daumenlutschen, die große Bedeutung von Stofftieren usw.). Der Rationalismus unseres Schulwesens trägt ferner dazu bei, daß sich der junge Mensch mit seinem Intellekt identifiziert und sich von dem irrationalen Untergrund seines Unbewußtseins distanziert. Die Tiefenschichten des Unbewußten sind jedoch die Keimschichten, aus denen Persönlichkeitswachstum erfolgt. Sie beinhalten seelische und soziale Regel- wie Regenerationseinrichtungen, die dem jungen Menschen innere Sicherheit und

Orientierung geben könnten – C. G. Jung hieß sie Archetypen. Das kollektive Unbewußte enthält schließlich enorme Kraftreserven. Durch das Eingehen und Aufgehen im Intellekt wird der Jugendliche von alledem abgeschnitten. Damit wird seine Reifung unterbrochen. Er verliert Stabilität und Orientierung, ebenso wie Lebensenergie. Leistungswillen und Leistungsvermögen stehen nun häufig in krassem Gegensatz zueinander.
Die Schule wirkt ferner bei der Vereinsamung des Jugendlichen mit. Rationale Kommunikation ist keine soziale Kommunikation. Der aus dem tragenden Untergrund entwurzelte junge Mensch ist labil, hat Angst und muß sich durch Verkapselung vor der Umwelt schützen. Um so einsamer wird er. Die Lehrer-Schüler-Bezüge wurden entpersonalisiert. Zu ständig wechselnden Lehrern ist keine feste Beziehung möglich. Zu große Klassen und vor allem zu große Schulen erzeugen ein Klima der Anonymität, der Verlorenheit des einzelnen. In diesen Großschulen herrscht eine Atmosphäre, die die Entstehung dessen begünstigt, was David Riesman schon vor zwanzig Jahren die einsame Masse hieß.
Junge Menschen, die mit solchen Schwierigkeiten behaftet sind, kann man nicht als leistungskräftig bezeichnen. Betont werden muß allerdings noch einmal, daß dieser Mangel an Leistungskraft nur unter anderem auf das Konto der Schule geht. Viele Faktoren in der modernen Gesellschaft wirken zusammen, um das Leistungsvermögen des jungen Menschen auszuhöhlen und dies, obgleich die meisten von ihnen – wie könnte es auch anders sein – die Maßstäbe der Leistungsgesellschaft, in der sie aufwachsen, als ihre Maßstäbe übernahmen. Ideologische Leistungsverweigerung ist oft nur Selbstschutz, um den Konflikt zwischen dem eigenen Leistungsanspruch und der Leistungsunfähigkeit zu verhüllen. Auch an diesem Punkt kollidiert die Schule mit der seelisch-geistigen Verfassung der meisten Schüler. Ihre Forderung nach computerhaftem Registrieren und Reproduzieren von Unmengen an Lehrstoff trifft auf eine große Zahl von Schülern, die Konzentrationsstörungen, Gedächtnismangel, geringe Ausdauer und die Tendenz aufweisen, bei etwas stärkeren Belastungen gleich in einen Überstreß, verbunden mit Leistungsangst, Lei-

stungskrampf und Leistungsversagen hineinzugeraten. So wie die Schule strukturiert und so wie die Mehrzahl der Schüler beschaffen ist, überfordert die Schule tatsächlich den Schüler. Die Folgen sind bekannt. Durch Leistungsversagen entstehen Minderwertigkeitsgefühle. Oft wird in den Familien um so mehr die Leistungspeitsche geschwungen. Die Belastung, die auf Klassenarbeiten liegt, erhöht sich. Manches, was der Schüler unter normalen Umständen wüßte, verschwindet im Nebel des Leistungsstreß. Der Zweifel an sich wird größer, die Leistungen schlechter. Am Ende stehen oft Lethargie, Leistungsverweigerung und Schulversagen.

Durch die Art ihres Lernens steht sich die Schule selbst im Wege. Je stärker der Schüler seelisch Schaden nimmt, um so mehr leidet seine Lernfähigkeit. Dieses Vermögen gehört jedoch zum kostbarsten Gut, das er ins Leben mitbringen kann. Je weniger die Schule ihre Praxis vom Kind her entwirft, je mehr sie dabei seine Lernfähigkeit behindert, um so weniger erreicht sie den Leistungsstandard, den sie sich zum Ziel gesteckt hat. Daraus sind mehrere Folgerungen möglich. Die erste Konsequenz wird seit geraumer Zeit gezogen. Um eine beständige Überforderung des Schülers zu vermeiden, sind die Lehrer – bei gleichbleibender Schulstruktur – gezwungen, die Leistungsanforderungen herabzusetzen. Dennoch besteht nach wie vor eine Kluft zwischen dem Leistungssoll der Schule und den Leistungsmöglichkeiten der meisten Schüler. Das Resultat heißt Schulstreß. Schon dieser Tatbestand zeigt, daß der Weg der Leistungsreduktion in eine Sackgasse führt. Er ist auch im Hinblick auf die Anforderungen der Gesellschaft nicht gangbar. Sinkender Leistungsstand mindert die Leistungskraft der Wirtschaft. Je mehr sich das Verhältnis zwischen Arbeitsleistung und Ertrag verschlechtert, um so weniger wird erwirtschaftet. Entsprechend geringer sind die Mittel, die der öffentlichen Hand zur Finanzierung ihrer Verpflichtungen zur Verfügung stehen.

Die andere Konsequenz lautet: Gerade wegen der eben erwähnten Zusammenhänge darf die Leistungserwartung der Schule nicht noch weiter gedrosselt werden. Weil die Gefahr des zunehmenden Leistungsabfalles besteht, ist um so nachdrücklicher an den Leistungsmaßstäben der Schule festzuhalten. Oder noch härter formuliert: Die Schule muß vom Schüler mehr verlangen. Auch diese Töne sind heute oft zu hören. Allein der Numerus-clausus-Druck sorgt seit einiger Zeit dafür – und hier besteht eine gegenläufige Tendenz zur Leistungsanpassung der Schule an das Leistungsvermögen des Schülers –, daß in den Schulen emsiger gebüffelt wird. Das aber bedeutet gleichzeitig, daß viele Schüler permanent überfordert werden. Selbst wenn es zunächst gelingt, unmittelbare Streßfolgen zurückzudämmen, werden in einigen Jahren die Schäden herauskommen. Die Kraftreserven sind verbraucht. Unter dem Druck der Schule verlief die menschliche Entwicklung zu einseitig. Spätestens im Berufsleben werden sich vorzeitige Erschöpfungserscheinungen zeigen.

Aus diesem Dilemma gibt es nur einen sinnvollen Ausweg. Sollen Lern- und Leistungsvermögen, soll die gesamte Persönlichkeit des Schülers nicht überstrapaziert werden, so ist die Struktur der gegenwärtigen Schule zu ändern. Das bedeutet, die Schule darf auf keinen Fall fortfahren, an der Neurotisierung des Schülers mitzuwirken und damit seine Leistungskraft einzuschränken. Ihre Erziehung muß vielmehr so gestaltet werden, daß sie einige der Störungen, die der Schüler von außen in die Schule mitbringt und die sein Leistungsvermögen beeinträchtigen, abzubauen vermag. Soll die Schule menschgerecht sein, so ist es ausgeschlossen, daß sie sich für die seelischen Schwierigkeiten ihrer Schüler, die sich in ihrem Raum als Schulschwierigkeiten äußern, als unzuständig erklärt.

Hierbei gilt es zu bedenken, daß die Störungskräfte in einigen Bereichen der Gesellschaft, die den jungen Menschen seelisch schädigen, immer noch zunehmen. Die Schule muß sich darauf einstellen, daß in wenigen Jahren der aus neurotischen Gründen lernbehinderte und verhaltensauffällige oder gar verhaltensgestörte Schüler zum Regelfall wird. Tendenzen, die diesem Trend entgegenwirken, zeichnen sich bisher nicht ab. Selbstverständlich muß alles getan werden, um die erzieherische Kraft der Familie, in deren Raum ja die schwerwiegendsten Ursachen der Neurosen liegen, zu stärken. Es wäre unbedingt nötig, die Möglichkeiten des Kindergartens zur Vorbeugung neurotischer Stö-

rungen und zur teilweisen Aufarbeitung des schon geschehenen Schadens erschließen. Aber selbst wenn jene Aufgaben der Neuroseverhütung in Familie, Kindergarten und anderen Bereichen der Gesellschaft sofort angepackt würden, verstrichen noch lange Jahre, bis sich bei der Masse der Schüler positive Veränderungen abzeichnen würden.
Der Schule bleibt somit nichts übrig, als das Problem der beeinträchtigten Lernfähigkeit ihrer Schüler selbst in die Hand zu nehmen. Wem sollte sie es auch übertragen, den wenigen Psychotherapeuten und Kinderpsychiatern? All dies bedeutet nicht, daß jede Schule nun eine Sonderschule für Lernbehinderte sein soll. Die Konsequenz heißt »nur«, die Schule muß die Erziehungselemente stärken, die kompensatorisch den Entfremdungen des Kindes durch die Gesellschaft entgegenwirken. Ich bin mir dessen bewußt, wie schwierig es ist, dieses Vorhaben in die Tat umzusetzen. Die Schule ist ein Teil und eine Spiegelung der Gesellschaft. Dennoch darf sie sich nicht ausschließlich als Funktion der Gesellschaft verstehen. Ihr Auftrag ist es nicht, die Gesellschaft so zu verändern, daß das Kind nur als Hebel gesellschaftlicher Veränderungen benützt wird. Die Schule ist der Person des einzelnen Kindes verpflichtet. Deshalb ist sie genötigt, den Entfremdungen der Kinder durch die Gesellschaft gegenzusteuern.
Die neurotischen Schwierigkeiten, die trotz oft guter Intelligenz Lernen in der Schule erschweren, lassen sich folgendermaßen charakterisieren: Sie resultieren aus Reifungsrückständen und bestehen in Einseitigkeiten der Entwicklung. Verarmt, verkümmert, geschwächt sind die emotionalen und zwischenmenschlichen Bereiche des Kindes. Störungen werden oft manifest, weil es an tragenden Wert- und Sinngefügen fehlt. Probleme im Somatischen sind einerseits Erscheinungsformen neurotischer Störungen, sie wirken aber auf den Gesamtorganismus zurück. Andererseits führen auch leibliche Schwierigkeiten zum Entstehen seelischer und sozialer Probleme.
Daraus folgt: Der Schule wirkt durch die Einseitigkeit ihrer Bildung bislang mit beim Auftreten neurotischer Störungen. Umgekehrt besitzt sie aber auch die Möglichkeit, durch Aufbau einer ganzheitlichen Erziehung Unausgewogenheiten in der Entfaltung

des Kindes zu überwinden und damit bessere Voraussetzungen des Lernens herzustellen. Eine solche Erziehung wäre kompensatorisch, heilsam – ohne sich als Heilpädagogik zu verstehen – und als solche ganzheitlich. Eine menschgemäße Schule wird folglich bestrebt sein, durch gleichmäßige Anregung und Herausforderung aller Persönlichkeitsschichten eine ausgewogene Entwicklung der Gesamtpersönlichkeit herbeizuführen. Tut sie dies, so folgt sie keinem griechischen Harmonie-Ideal, sondern der nüchternen Erkenntnis, daß der Mensch an Verzerrungen der rational-technischen Welt, die ihm vielerorts entgegentreten, krank wurde und daß er durch Förderung einer ganzheitlichen Nachreifung störungsfreier, lernfähiger, leistungskräftiger und vor allem menschlicher zu werden vermag.

In den folgenden Kapiteln werde ich versuchen, Grundzüge einer ganzheitlichen Erziehung in der Schule zu skizzieren. Dabei wird deutlich, daß in diesem Entwurf einer menschgemäßen Schule das Schwergewicht von den Schulfächern und dem Fachwissen auf Erziehungsprinzipien gelegt wurde, mit deren Hilfe die Fähigkeiten ausgebildet werden sollen, die zum Leben nötig sind.

8 Rationale Erziehung in der Schule

Da wir bei unseren bisherigen Überlegungen schon an manchen Stellen auf Erkenntnisse stießen, die für diese Form schulischer Erziehung von Belang sind, können wir uns in diesem Kapitel kurz fassen. Es stellte sich heraus, daß in der Schule wegen des Übermaßes an Stoff unter anderem die Schulung der Verstandeskräfte zu kurz kommt. Verkleinerung der Wissensmenge eröffnet also einen Freiraum, um sich der Bildung des Denkens beim einzelnen Schüler widmen zu können. Denken setzt präzise Wahrnehmungen voraus. Infolge Reizabstumpfung sind viele Menschen unserer Zeit nicht mehr imstande, genau zu sehen, zu hören und andere Sinnesorgane zu gebrauchen.
Unter den Anforderungsmerkmalen, die Hitpass erhob, fiel auf, welch hoher Rang der Beobachtungsgabe beim Arzt eingeräumt wurde. Genaues Hinschauen ist in vielen Berufen eine wesentliche Voraussetzung. Um eine Reparatur durchführen zu können, muß man vorher einen genauen Befund erheben. Die Reiseberaterin muß den Fahrplan sorgfältig lesen, wenn die Auskunft über eine Zugverbindung stimmen soll. Die Phonotypistin darf keinen Schreibfehler übersehen. Mancher Schüler könnte Fehler bei der Lösung von Aufgaben vermeiden, wenn er die Aufgabenstellung richtig gelesen oder gehört hätte. Im Umgang mit ihren Kindern sollten die Eltern genau hinhören, was das Kind sagt, wenn sie möchten, daß sich das Kind von ihnen ernst genommen fühlt. Mancher Streit im öffentlichen Leben könnte vermieden werden, wenn die Äußerungen der Kontrahenten exakt aufgenommen worden wären. Dieses Training der Wahrnehmung

kann mit einfachsten Mitteln im Unterricht geschehen. Beschreibung eines Steines, den die Schüler eine Zeitlang anschauen müssen; Schulung in genauer Wiedergabe von Diskussionsäußerungen der Gesprächspartner usw.
An komplexen Unterrichtsgegenständen sollte das analytische Denken geübt werden. Dabei hätte sich der Lehrer beim direkten Lenken des Gespräches zurückzuhalten. Seine Aufgabe wäre es, in Zwischenbilanzen die methodischen Fehler der Lösungsversuche aufzuzeigen. Der Schüler sollte ferner damit vertraut gemacht werden, in Netzen wechselseitiger Abhängigkeiten zu denken. Welche Auswirkungen hat eine Aktion auf andere Faktoren, und wie wirken diese Veränderungen auf die Ursache zurück? Dem Schüler muß in Fleisch und Blut übergehen, nicht monokausal, sondern multikausal zu denken, wobei zu lernen wäre, die einzelnen Komponenten zu gewichten. Schließlich ist es durchaus nicht unwissenschaftlich, nicht nur in das kausale, sondern auch in das finale Denken einzuführen. Oft fragt man sogar mit »warum« und meint »wozu«. Es ist beispielsweise schwer, die Funktion von Herzklappen kausal zu erklären. Es bietet sich hingegen an, sie final zu verstehen. Das erste Verfahren wäre nur mit Hilfe von langwierigen entwicklungsgeschichtlichen Exkursionen möglich. Daß Herzklappen aber dazu da sind, den Rückstrom des Blutes beim Druckabfall in der Entspannungsphase des Herzmuskels zu verhindern, leuchtet sofort ein.
Von größter Bedeutung ist es, das fächerübergreifende Denken zu bilden. Den Gefahren des Spezialistentums kann nicht damit begegnet werden, daß der Schüler von vielen Gebieten oberflächliche Kenntnisse erhält, sondern indem er lernt, was das eine mit dem anderen zu tun hat, auch wenn es verschiedenen Fächern angehört und scheinbar keinen Zusammenhang besitzt. Eine Denkrichtung, die vom Detail zum Ganzen vordringen möchte, ist zu fördern. Hierzu gehört das Denken in großen Zusammenhängen. Ohne diese Fähigkeit kann nicht über den Stellenwert des Einzelteils befunden werden. Ohne Gesamtschau gelingt die Unterscheidung von wesentlich und unwesentlich nicht. Dies ist jedoch eine Vorbedingung zum Erlangen von Urteilsfähigkeit.

Daraus ergibt sich, daß das schulische Bildungsziel Kritikfähigkeit durchaus zu bejahen ist. Kritikfähigkeit darf allerdings nicht mit Kritizismus verwechselt werden. Kritik muß sich die kritische Frage gefallen lassen, warum und wozu sie geschieht. Ist kritische Gesinnung nur ein Ausfluß destruktiver Tendenzen? Zielt sie ab auf Revolution oder auf Evolution? Das Richtmaß echter Kritikfähigkeit ist die Bereitschaft zur Selbstkritik. Das analytische Element des Denkens darf nicht zu einseitig betont werden. Denkakte sollten auf konstruktive Ergebnisse abzielen. Dazu ist Phantasie nötig. Kreatives Denken sollte ein Lernziel der rationalen Erziehung in der Schule sein. Denken muß davor bewahrt bleiben, sich in blutleere Theorien zu verrennen oder sich in schöne, aber wirklichkeitsferne Ideen zu versteigen. Immer wieder gilt es auf den Wirklichkeitsbezug des Denkens hinzuweisen. Freischwebendes Denken hat sich mit dem Problem der Machbarkeit auseinanderzusetzen. Hierbei spielt Erziehung zum Kostendenken eine große Rolle.

Ohne daß in einer philosophischen Arbeitsgemeinschaft in Erkenntnistheorie und Logik eingeführt werden bräuchte, sollte in allen Schulfächern methodisches Denken erlernt werden, das um seine Voraussetzungen, Gesetze und um seine Grenzen weiß. Der Schüler muß darin geübt werden, Begriffe zu definieren. Die Schule sollte ihm Systematik des Denkens und daraus hervorgehend des Handelns beibringen. Ich schließe damit die Liste der rationalen Lernziele ab, ohne Anspruch auf Vollständigkeit zu erheben.

Jeder Lehrer, der diese Zeilen las, entdeckte wohl genügend Inhalte seines Fachs, an denen jene rationalen Fähigkeiten geschult werden könnten. Erziehung von Wahrnehmen, Denken, Urteilen erfordert allerdings sehr viel Zeit. Erziehung des Intellekts ist daher nur möglich, wenn jeder Fachlehrer bereit ist, sich um der anspruchsvollen Erziehungsziele willen in seinem Fach auf wichtige Stoffschwerpunkte zu beschränken, beziehungsweise sich durch die von der Kultusbehörde durchzuführende Revision der Lehrpläne beschränken zu lassen.

Es ist möglich, daß dem einen oder anderen Leser die Ausführungen, die diesem Abschnitt vorausgingen, als Ausdruck einer antirationalen Haltung des Autors erscheinen. Ein solcher Eindruck drängte sich vielleicht auf, weil ich die Überschätzung von Wissen, Wissenschaft sowie des Rationalen überhaupt korrigieren mußte. Es dürfte kaum nötig sein, hervorzuheben, wie wichtig es ist, innerhalb des Gültigkeitsbereiches von Verstand und Vernunft diese Möglichkeiten nach Kräften zu erschließen. Ein ganzheitlicher Entwurf von Schule darf selbstverständlich das Rationale nicht geringschätzen und das Irrationale aufs neue romantisch verklären. Ziel einer menschgemäßen Schule ist unter anderem Ausbildung aller Verstandeskräfte. Dies muß jedoch gepaart sein mit der Entwicklung der Kräfte des Gemütes, des Gefühls und anderer nicht rationaler Möglichkeiten. Wird die Intelligenz auf diese Weise eingebettet in die Ganzheit des Menschen und ist sie getragen von emotionalen und sozialen Kräften, so wird beim reifenden Menschen aus Intellekt Geist.

9 Emotionale Erziehung in der Schule

Was ist mit Erziehung der emotionalen Schichten des jungen Menschen gemeint? Leider gibt es kein deutsches Wort, das umfassend genug die verschiedenen Bedeutungen des Emotionalen in sich vereinigen würde. Das Emotionale schließt in sich Gefühl, Empfindung, Gemüt, Phantasie, Einfühlungsvermögen, Antrieb, Trieb. Das Emotionale umfaßt die Inhalte des Unbewußten, ohne mit dem Unbewußten gleichgesetzt werden zu können. Das Emotionale bezeichnet Normales wie Gestörtes. Mit diesem Wort sind unter anderem auch Ängste, Aggressionen und innerseelische Konflikte gemeint. Emotionale Erziehung erstreckt sich demnach auf ein weites Feld, dessen Bedeutung im rational-technischen Zeitalter ganz erheblich unterschätzt wird.

Warum sich auch die Schule der emotionalen Erziehung annehmen muß, klang bereits an. Eine ausgewogene emotionale Basis ist die Voraussetzung für Lernfähigkeit aller Art. Je tragfähiger das emotionale Fundament, um so mehr rationales Lernen ist möglich. Gestörte Emotionalität beeinträchtigt oder verhindert Leistungen. Eine große Anzahl der Schüler ist heutzutage konzentrationsgestört. Entsprechend wenig können sie mit ihrer Intelligenz anfangen. Ein unkonzentrierter Mensch nimmt nicht genau und intensiv auf. Was nicht gesammelt und mit innerer Zuwendung aufgenommen wird, haftet nicht. Demgemäß sind die zahlreich auftretenden Konzentrationsmängel mit einer entsprechenden Gedächtnisschwäche gepaart. Gerade in den Bereichen sind sehr viele Schüler besonders behindert, in denen die Schule besonders viel von ihnen verlangt. Konzentrations- und

Gedächtnisschwäche hemmen in gleicher Weise beim Speichern der vielen Einzeldaten, bei ihrem Reproduzieren ebenso wie beim Produzieren. Jeder weiß, wie wichtig es ist, anspruchsvolle Arbeit mit gesammelter Aufmerksamkeit zu verrichten. All dies betrifft aber nicht nur das Lernen in der Schule, sondern das ganze Leben. Ein konzentrationsgestörter, innerlich abwesender, fahriger Mensch bringt weder in seinem Beruf etwas Rechtes zustande, noch ist er in seinem Privatleben aktions- und erlebnisfähig.

Konzentrations- und Gedächtnismängel sind emotionale Störungen. Die Konzentration wird beeinträchtigt, wenn im Unbewußten des Menschen viele unverarbeitete und nicht geäußerte beziehungsweise nicht gelebte Inhalte ihr Unwesen treiben. Das kann die Menge der unverdauten Umweltreize sein, seelische Verletzungen können eine Rolle spielen, unbewußte Ängste können ablenken, unausgelebte Motorik kann unruhig machen, Selbstaggressionen können die Aufmerksamkeit lähmen und vieles andere mehr kann hierbei am Werke sein. An alledem darf die Schule nicht so ohne weiteres vorbeigehen. Die Schule ist natürlich keine psychotherapeutische Poliklinik; sie muß jedoch pädagogische Wege finden, die jene Störungen verringern.

Emotionale Erziehung ist ein ungemein wichtiger Bestandteil kompensatorischer Erziehung. Die rational-technische Welt erzeugt nämlich auf doppelte Weise in uns allen emotionale Störungen. Folge der gegenwärtigen Überbetonung des Rationalen, des Reflektierens, des Wissens, des Machens, des Nützlichen, des Rationellen ist eine Vernachlässigung emotionaler Wirklichkeiten. Unsere zwischenmenschlichen Beziehungen sind zu sehr aufs Sachliche, Praktische gerichtet. Sie enthalten zu wenig Gefühl und Gemüt. Unser Leben ist derart geplant und manipuliert, daß für die Eigengesetzlichkeit von Emotionen kaum Raum bleibt. Die Sprache, die uns verbindet, ist, wie gesagt, die emotional verarmte Sprache rationaler Information. Sie läßt uns leer, gibt dem Gefühls- und Gemütsleben kaum Nahrung. Verheerend wirkt sich dies in den Eltern-Kind-Beziehungen aus. Aufgrund des Verlustes von Gefühls- und Gemütsbindungen von Eltern und Kindern werden diese seelisch unterernährt. Obgleich die meisten Familien äußerlich intakt sind, breiten sich in vielen Kindern Schäden aus, die dem bekannten Hospitalismussyndrom ähneln.

Dabei ist der Bürger des rational-technischen Zeitalters mit nicht weniger emotionalen Anlagen und Gefühlsbedürfnissen ausgestattet, als zum Beispiel der Mensch der Romantik. Es ist ein verhängnisvoller Irrtum fortschrittsgläubiger Geister anzunehmen, der Mensch sei ein derart anpassungsfähiges Wesen, daß er sich reibungslos in kurzer Zeit auf die veränderten Bedingungen seiner Umwelt einstellen könne. Die Strukturen der gegenwärtigen Zeit entsprechen dem Menschen in vieler Hinsicht so wenig, daß – wenn nicht von mehreren Seiten aus gegengesteuert wird – schwere Schäden beim einzelnen und in der Gesellschaft unvermeidlich sind. Die emotionalen Anlagen werden, auch wenn sie sich im Klima unserer Zeit nicht entfalten können, dennoch nicht aufgehoben. Sie wandeln sich vielmehr um in ein wirres Knäuel primitiver, dumpfer Affekte.

Dem von Gefühl und Gemüt entleerten sterilen Bewußtsein steht beim Gegenwartsmenschen ein mit undifferenziert gebliebenen Affekten hochgradig aufgeladenes Unbewußtes gegenüber. Unbewußte Zustände haben immer die Neigung, sich in bewußte umzusetzen. Brechen diese von der rationalen Kontrolle oft nur mühsam zurückgehaltenen Affekte durch, so kommt es häufig zu rapiden Zusammenbrüchen der Persönlichkeit. Gefährlich sind jene Primitivaffekte auch in sozialer und politischer Hinsicht. Deutschland hat vor einer Generation schon einmal erlebt, wie dumpfe Affekte mobilisiert werden können und was daraus wird. Das Potential angestauter Affekte im Unbewußten ist heute größer als das im Jahre 1933. Es auf die Dauer mit rationalen Mitteln kontrollieren und beherrschen zu wollen, ist eine Illusion. Die damit konstellierte politische Gefahr ist noch bedenklicher, weil die Zunahme von Primitivaffekten mit einem Anwachsen aggressiver und destruktiver Spannungen verbunden ist. Aus methodischen Gründen werde ich auf das Thema »Erziehung der Aggressionen« in den nächsten Kapiteln eingehen.

Zu diesem Affektstau kam es auf der anderen Seite, weil wir

immer mehr emotionale Ausdrucksmittel verloren. Unsere Tendenz ist, keine Gefühle zu haben, oder sie zumindest nicht zu zeigen. Im Umgang miteinander sind wir gefühlsmäßig unbeteiligt und scheuen uns, Gefühle sehen zu lassen. »Cool« zu sein, gilt in der jungen Generation als ideal. Wer gestattet sich zum Beispiel zu weinen? Selbst beim Psychotherapeuten entschuldigen sich Patienten, wenn sie in Tränen ausbrechen. Von dem Ausdrucksverlust unserer Sprache war bereits mehrfach die Rede. Gebärden werden heute als pathetisch empfunden. Pathos aller Art ist verdächtig. Vor wenigen Jahrzehnten wurde noch oft gesungen, häufig sogar bei der Arbeit. Heute geniert man sich eher zu singen und schaltet, weil man die leere Stille nicht ertragen kann, statt dessen irgendwelche Tonträger an. Erneut konsumieren wir Reize, die nicht ausgedrückt werden. Damit wird der innere Druck noch größer.

Unser Leben wurde arm an Bewegungen. Somit verloren wir auch die Möglichkeit, mittels Muskelbetätigung innere Stauungen abzuleiten. Jeder weiß wohl, wie befreiend es wirkt, sich körperlich auszuarbeiten, oder eine lange Wanderung zu machen. Dennoch sitzen wir lieber vor dem Fernseher oder fahren mit dem Auto durch die Gegend. Mittels Darstellung werden Affektspannungen umgesetzt. Da unser Leben so viele Äußerungsmöglichkeiten verlor, ist der Organismus oft gezwungen, zur Organsprache – wie das in der psychosomatischen Medizin heißt – Zuflucht zu nehmen. In psychosomatischen Erkrankungen reagieren sich verdrängte Affekte ab. An die Stelle eines unterdrückten Weinkrampfes kann ein Asthmaanfall treten und so weiter. Wahrscheinlich wird jeder aus eigenem Erleben diesen Zusammenhang verstehen. Affekte sind aber verschiebbar. Eine große politische Explosion kann viele individuelle Teilexplosionen ersparen.

Der Schule stehen mehrere Möglichkeiten der emotionalen Erziehung zur Verfügung. Zunächst kann sie dem Schüler helfen, seine Ausdrucksmöglichkeiten zu entfalten. Hierzu dient die Pflege einer Sprache, die neben ihrem informatorischen Charakter auch Ausdrucksmittel darstellt. Der Schüler soll lernen, frei und spontan zu reden. Hierbei dürfen natürlich nicht alle Worte wertend auf die Goldwaage gelegt werden. Wenn der Schüler ständig mit Benotung rechnen muß, kann er Verstandeskontrolle und Selbstbeobachtung nicht fallen lassen. Hat der Schüler Gelegenheit, sich frei zu entwickeln – und sich in Wort- wie Begriffswahl auch einmal »zu verhauen«, so wächst in ihm die Fähigkeit unbewußten Sprechens. Auch ohne daß ständig vorüberlegt und vorformuliert wird, gelingt dann ein Reden, das sowohl rational klar ist, wie emotionale Selbstmitteilung des Jugendlichen darstellt.

Weiterhin sollte die elementare Ausdrucksform des Singens wieder freigelegt werden. Singen stellt für manche Gefühle und Stimmungen ein Ausdrucksmittel dar, das unmittelbarer ist und reichere Möglichkeiten enthält als die Sprache. Schließlich gilt es die Fähigkeit des bildhaften und plastischen Gestaltens zu erziehen. Sie sollte überwiegend als eine Form der Selbstdarstellung des Schülers betrachtet werden. In diesen Gestaltungen finden ebenfalls Inhalte Eingang, die sich zum Teil kaum in Worte fassen lassen. Vor allem nehmen im Arbeiten mit Farbe, Form, Material innere Wirklichkeiten Gestalt an, die dem Betreffenden vorher oft nicht bewußt waren. Die Schule besitzt hiermit eine wichtige Möglichkeit zur Erziehung des Unbewußten und zur Verarbeitung innerer Störungen.

Emotionale Erziehung geschieht ferner durch emotionale Anregung. Die wichtigste Rolle spielt hierbei die Lehrerpersönlichkeit. Bislang versteht sich der Lehrer weit eher als Wissensvermittler denn als Erzieher. Als Folge hiervon ist er vorwiegend auf den Unterrichtsstoff und kaum auf den Schüler als personales Gegenüber bezogen. Er redet über den Unterrichtsgegenstand und macht dabei den Schüler zum Abnehmer seiner Informationen. Hierdurch entsteht zwischen Lehrer und Schüler zumeist ein unpersönliches Verhältnis. Weil der Lehrer in der Rolle des Unterrichters aufgeht, ist es ihm möglich, seine Persönlichkeit aus dem Unterrichtsvorgang draußen zu lassen. Das ist verständlicherweise vielen Lehrern nur zu recht. Denn je persönlicher es zwischen Menschen zugeht, um so anstrengender und unter Umständen sogar aufreibender wird es für denjenigen, der mehr geben muß, als er zurückerhält. Von einem solchen Ver-

hältnis können allerdings keine Wirkungen auf den Schüler ausgehen, die seine Persönlichkeit verändern.
Emotionale Erziehung verlangt demgegenüber, daß sich der Lehrer selbst der Ausdruckssprache bedient. Er muß als Mensch in seinem Wort zugegen sein. Emotionale Erziehung schließt aus, die Tätigkeit des Lehrers als Vollzug oder gar als Spiel einer Rolle zu verstehen. Der Lehrer kann nur emotional erziehen, wenn er dabei selbst als emotionales Wesen erscheint. Persönlicher Bezug zum Schüler ist unumgänglich. Ohne gefühlsmäßige Beteiligung des Lehrers am Schüler vermag er ihn nicht in seinen emotionalen Bereichen anzuregen. Um Entwicklungsrückstände aufzuholen und um personale Stabilität zu erreichen, ist Entfaltung der Gesamtpersönlichkeit des Schülers nötig. Sie verlangt ganzheitliche Erziehung. Basis eines umfassenden Erziehungsgeschehens zwischen Lehrer und Schüler ist die Kommunikation ihrer emotionalen Schichten.
Erziehung vollzieht sich jedoch nicht nur in der Lehrer-Schüler-Beziehung, sondern auch durch die Gruppenprozesse innerhalb des Schülerkreises. Das bedeutet freilich, daß die Schüler in der gleichen Weise aus dem Schutz ihrer Schülerrolle heraustreten, daß sie also ihre Persönlichkeit nicht zu Hause lassen. Auf diese Weise entsteht ein starkes emotionales Feld, das Veränderungen in den emotionalen Schichten dessen zustande bringt, der sich an diesen Prozessen beteiligt. Gruppenvorgänge dieser Art bieten einerseits große Möglichkeiten, schließen andererseits aber Schwierigkeiten und Gefahren in sich. Auch ohne nun als Gruppendynamiker oder gar Gruppenanalytiker im Kleinformat zu agieren, ist es für den Lehrer nötig, um den Überblick zu behalten, einiges von Gruppenprozessen und der Psychologie des Unbewußten zu verstehen. Wir werden später noch einmal hierauf zurückkommen.
Emotionale Anregungen erhält der Schüler in großer Menge aus vielen Quellen, wenn er für sie offen ist. Dazu benötigt er ein bestimmtes Verhältnis zur Welt. Die heutige Schule prägt dem jungen Menschen die distanzierte, objektivierende Einstellung auf, in der innerhalb einer Schule, die sich dem Ideal von Wissenschaftlichkeit verpflichtet weiß, Unterricht geschieht. Auf

diese Weise wird bereits beim Grundschüler in der Sachkunde naive, unmittelbare Welterfahrung zerstört. Rasch verdrängt Erkenntnis Anschauung und Erfahrung. Nachdem so Anschauung und Erfahrung als Mutterboden wegfallen, aus dem Erkenntnis erwächst, entstehen »Erkenntnisse« im luftleeren Raum. Der Entwurf der vorläufigen Arbeitsanweisungen für Sachkundeunterricht in der Grundschule von Baden-Württemberg sieht zum Beispiel zum Thema Luft die Frage vor – sie ist in der ersten oder zweiten Grundschulklasse bereits zu behandeln – »Was macht der Wind, wenn er nicht weht?« Scheinbar führt hier der Lehrer lebens- und erlebnisnahe in die Gesetze der Physik ein. In Wirklichkeit wird die Offenheit für unmittelbare Sinneserfahrungen und unreflektiertes Welterleben abgetötet. Der Schulunterricht verwandelt ästhetische Qualitäten in stoffliche Quantitäten.

Ein Beispiel mag diese Art von Weltbetrachtung illustrieren. Eines Morgens sahen meine älteren Kinder, die sich gerade, beziehungsweise ein Jahr zuvor, in der Schule mit den Staubgefäßen von Blüten herumgeschlagen hatten, wie über Nacht eine Seerose aufgegangen war. Ihr Kommentar: »Wie viele Staubgefäße hat die Seerose. Ein Glück, daß wir die in der Schule nicht lernen mußten.« Normalerweise sollte man die Seerose als Ganzheit empfinden, sich an ihrer Schönheit freuen, ein wenig darüber staunen, daß sie selbst in einer Vase noch abends zugeht, morgens wieder offen ist, und nicht an die Zahl ihrer Staubgefäße denken. Die Schule dagegen fördert den Blick für Quantitäten. Von wahrgenommenen Quantitäten gehen jedoch keine emotionalen Wachstumsreize aus. Deshalb gilt es auch an dieser Stelle innerhalb der Schule selbst gegenzusteuern. Die objektivierende Einstellung zur Welt ist durch die unmittelbar erlebende zu ergänzen. Oder um es noch betonter zu sagen, emotionale Erziehung sollte erreichen, daß ästhetische Welterfahrung der objektivierenden, analysierenden Haltung vorausgeht. Die Welt muß auf beide Weisen gesehen werden. Licht ist – die alte Kontroverse zwischen Newton und Goethe – nicht ein physikalischer Vorgang oder eine ästhetische Empfindung, sondern zugleich Quantität und Qualität. An vielen Stellen gilt es immer wieder zu dieser Einstellung hinzuführen. Je mehr es der Schule gelingt, den jungen Menschen empfindungs- und erlebnisfähig zu machen, um so mehr hilft sie ihm bei seiner Reifung. Und um so mehr macht sie ihn glücksfähig.

Ein wichtiges Element emotionaler Erziehung ist die Erziehung zum Verzicht. Unter dem Einfluß des Zeitgeistes, der Leben mit Streben nach möglichst raschem Lusterwerb gleichsetzt, geprägt durch die Suggestion der Konsumgesellschaft, der Verbraucher solle sich möglichst viel leisten und dies möglichst bald, entstand besonders in jungen Menschen die Neigung, auf kürzestem Weg unlustvolle Spannungszustände in Lusterlebnisse umzuwandeln, beziehungsweise ihnen auszuweichen. Bedürfnisspannungen wirken jedoch als Motor, der die Entwicklung des Menschen vorantreibt. Die gegenwärtige Tendenz nimmt also menschlicher Reifung den Antrieb und erzeugt innere Leere, Einsamkeit, Infantilismen.

Auch die Schule muß hier wichtige Erziehungsarbeit leisten. Sie soll dem jungen Menschen helfen, daß er mit seiner Kritik an der Konsumgesellschaft nicht im Theoretischen steckenbleibt. Konsumverzicht gilt es – ohne Asket zu werden – mittels kleiner Schritte zu praktizieren. Das bedeutet, hier und da Verzicht auf eine Fernsehsendung, auf eine Flasche Coca-Cola, auf eine Zigarette, auf einen verquatschten Abend, in den man floh, um dem Alleinsein mit sich selbst zu entgehen. Es sollen jedoch nicht nur in einem tragbaren Umfang Bedürfnisspannungen ausgehalten werden, vielmehr sollte Schulerziehung systematisch darin üben, Unbehagen, das bei Tätigkeiten auftritt, durchzustehen, ohne aufzugeben. Auf diese Weise bilden sich Ausdauer und Belastbarkeit. Wenn wir über Leibeserziehung sprechen, werden wir noch einmal hierauf zurückkommen.

Die Analyse der Anforderungen des Lebens zeigte uns, wie wichtig Persönlichkeitswerte sind. Die Fähigkeit, allein sein zu können, ist beispielsweise nur vorhanden, wenn bereits einiges an eigenständiger Persönlichkeit entstand. Persönlichkeitsentfaltung, Ich-Stärkung, Selbstwerdung, gleich unter welchem Aspekt dieses Geschehen betrachtet wird, ist in jedem Falle nur möglich, wenn starke Kräfte am Werke sind und wenn der junge Mensch fähig wird, die mit Wachstum verbundenen Schmerzen auszuhalten. Ohne ein gewisses Maß von Sublimierung ist weder Ausgestaltung von Individualität noch Sozialität möglich. Sublimation stellt jedoch ein Geschehen dar, das mit Unbehagen verbunden ist. Aus all diesen Gründen fällt der Erziehung zum Verzicht und zur Fähigkeit, mit Unlustspannungen zu leben, eine zentrale Rolle in einer Schule zu, die auf das Leben vorbereiten will.

Wir erwähnten mehrfach, daß die Schüler zunehmend psychosoziale Störungen in die Schule mitbringen, daß andererseits die Schule aber kein psychotherapeutisches Institut sein könne. Dennoch besitzt sie mittels emotionaler Erziehung erhebliche Möglichkeiten, jene Probleme anzugehen. Sie sollte in der Lage sein, dem Schüler ein offenes Verhältnis zu sich selbst zu vermitteln. Auch dies weist wieder auf die Bedeutung der Lehrerpersönlichkeit im Erziehungsvorgang hin. In einer Haltung der Offenheit weicht der junge Mensch weniger vor sich aus und macht sich weniger vor über sich. Aus diesem Grunde wird er sich auch mehr als der erfahren, der er wirklich ist – einschließlich der vordem verdrängten Konflikte und affektiven Spannungen. Hierzu ist er allerdings nur bereit, wenn er allmählich an ein Leben herangeführt wurde, in dem ein gewisser Tribut an Leiden gezollt werden muß. Ferner ist möglich, daß Erziehung zur Unlustfähigkeit seine Belastbarkeit erhöht. Nur so ist der Jugendliche imstande, die mit Selbsterfahrung verbundenen Unlustzustände auszuhalten.

Annahme der vordem abgelehnten Seiten bei sich selbst setzt voraus, daß der Schüler als Person akzeptiert wird. Erneut ist er dabei auf die personale Beziehung des Lehrers zu ihm angewiesen. Der Lehrer sollte den Schüler als Mensch akzeptieren, auch wenn er manches an ihm – zum Beispiel seine Leistung – kritisch bewerten muß. Die Erfahrung, von Menschen, die einem etwas bedeuten, bestätigt zu werden, ist ungemein wichtig. Sie gibt Wertgefühl, Kraft und Hoffnung, manches durchzustehen. Fühlt sich der junge Mensch vom Lehrer geliebt, so lösen sich in ihm manche Verkrampfungen. Nunmehr vermag er sich selbst stärker zu bejahen; das aber ist der Anfang von neuem Leben.

Vor allem die künstlerischen Fächer können dem Schüler Hilfen zur Abreaktion, zur Darstellung und Verarbeitung innerer Schwierigkeiten geben. In der Musikerziehung wäre anzustreben, daß jedes Kind ein Instrument erlernt. Das mag »nur« eine Blockflöte sein, es können Orffsche Instrumente sein. Ist der Schüler über das Handwerkliche bei der Bedienung eines Instrumentes hinaus, so bietet sich ihm die Möglichkeit, seine Stimmungen – sie sind oft depressiver Art – in Töne fließen zu lassen. Selbst wenn der Jugendliche »nur« ein einfaches Schlagzeug bedient – wenn er zum Beispiel auf die Pauke haut –, kommt Angestautes aus ihm heraus. Er erhält etwas mehr Luft; einiges gerät in Fluß. Im Singen und gemeinsamen Musizieren wird der Schüler aus seiner Vereinzelung herausgenommen. Er erfährt sich als Glied einer Gemeinschaft, die etwas Sinnvolles tut und erlebt, daß er seinen Teil zum Gelingen des Ganzen beiträgt. Musikerziehung dient damit der Überwindung von Isolation.
In der Kunsterziehung wird dem Jugendlichen geholfen, seine Bedrückungen, seine Ängste und seine Aggressionen in Bild und Gestalt zu bringen. Mittels Form und Farbe nehmen sie Fleisch und Blut an und treten aus ihm heraus. Darstellend befreit er sich von ihnen. Nun stehen seine inneren Gestalten, die ihn im Traum verfolgten, vor ihm und er kann mit ihnen umgehen. Aber nicht nur das Gestörte wird durch bildhaftes Gestalten und Modellieren verarbeitet, auch das undifferenzierte, keimhafte, neugeborene Leben tritt mittels der Form ins Leben. Formgebung vermag Inhalte freizusetzen.
Emotionale Erziehung zielt schließlich darauf ab, Antriebe im Schüler zu erschließen. Es ist allgemein bekannt, wie schwach die Motivation der meisten Schüler zum Lernen ist und daß mangelnder Antrieb in allen Lebensbereichen zum Problem wird. Die Motivation des Schülers wird ungleich höher sein, wenn er in einer veränderten Schule die Erfahrung macht, für das Leben zu lernen. Sie wird ferner durch Personalisierung der Lehrer-Schüler-Beziehung gesteigert. Bekanntlich hängen Lernen des Schülers und Ertrag seines Lernens stark von der Einstellung ab, die der Lehrer dem Schüler entgegenbringt. Aus Liebe zum Lehrer, um ihn nicht zu enttäuschen, um ihm zu gefallen, vermag

der Schüler Ungewöhnliches zu leisten. Hierin darf jedoch nicht die eigentliche Quelle seiner Leistungsmotivation gesehen werden. Er soll ja lernen, nicht für die Schule und auch nicht für den Lehrer, sondern für sich selbst und das Leben, das vor ihm liegt, zu arbeiten. Dazu bedarf es unmittelbarer Antriebe.

Antriebsarmut, Kraftlosigkeit, Durchhalteschwäche gehören zu dem depressiven Syndrom, das dabei ist, zur Krankheit unserer Zeit zu werden. Ursprünglich sind in jedem Menschen starke und vielfältige Antriebe angelegt. Sie werden jedoch häufig in der Kindheit nicht emotional ernährt, durch die Umweltbedingungen oft an der falschen Stelle gebremst und durch das moderne Mißverständnis von Erziehung, die zu sehr laufen läßt und das zu wenig fordert, was dem Kind abverlangt werden kann, nicht gestärkt. Deshalb wachsen sie nicht oder bilden sich, wenn einiges vorhanden war, wieder zurück. Geschieht emotionale Erziehung in der Schule in der Weise, wie es hier kurz umrissen wurde, so wird in vieler Hinsicht das personale Wachstum des Schülers gefördert und gefordert, darunter wesentlich auch das seiner Antriebe.

Zu betonen ist, daß es sich bei emotionaler Erziehung um ein Erziehungsprinzip handelt, das den Unterricht in allen Fällen mitgestalten muß. Weil im Entwurf einer menschgemäßen Schule die Wissensfächer einen erheblichen Teil ihrer Unterrichtszeit abgeben, entstehen freie Zeitkapazitäten. Diese sollten zum Teil den musischen Fächern zufallen. In jeder Schulart und in jedem Schuljahr sollten bis hin zur Oberstufe pro Woche zwei Stunden Musik und zwei Stunden Kunsterziehung gegeben werden. In der Grundschule müßte der Anteil dieser Fächer im Unterrichtskanon größer sein. Mehr Raum sollte den musischen Fächern dennoch nicht zugebilligt werden. Gelingt es, den Ballast des Theoretisierens abzuwerfen, so wird eine Menge Zeit für die aktiven Vollzüge des Schülers entstehen. Es wäre allerdings völlig verfehlt, wenn sich die anderen Fachlehrer mit dieser Aufwertung der musischen Fächer von dem Prinzip der emotionalen Erziehung freikaufen wollten. Wesentliche Bildungsziele können nur erreicht werden, wenn emotionale Erziehung zu einem tragenden Pfeiler einer menschgemäßen Schule wird.

10 Soziale Erziehung in der Schule

Wie bei dem Begriff »emotionale Erziehung« muß auch hier festgestellt werden, daß der Begriff »soziale Erziehung« den Sachverhalt nur ungenügend bezeichnet. Dennoch dürfte es der beste Namen sein, der für das gemeinte Anliegen in Frage kommt. Soziale Erziehung betrifft zunächst einmal das Verhältnis von Einzelmensch zu Einzelmensch. In diesem Sinne ist soziale Erziehung mitmenschliche Erziehung oder Erziehung des menschlichen Miteinanders. Soziale Erziehung geht jedoch über die Entfaltung von Zweierbeziehungen hinaus. Sie folgt dabei der Tatsache, daß der Mensch nicht nur ein Wesen ist, das in individuellen Ich-Du-Beziehungen lebt. Jeder Mensch stellt auch ein Gruppenwesen dar. Soziale Erziehung möchte folglich die Fähigkeit des Menschen, in Gruppen (Familie, Arbeitsteams, Nachbarschaft, Vereine, Kirchengemeinden usw.) leben zu können, fördern. Über kleine und größere Gruppen hinaus gehört der Mensch Gemeinschaften an, die weit über ihn hinausgreifen. Er ist Angehöriger eines Volkes und Teil der Völkergemeinschaft. Auch das Vermögen, in politischen Gemeinschaften zu leben, möchte soziale Erziehung zur Entfaltung bringen.
Der sozialen Erziehung fällt heute eine Bedeutung zu, aus der die Schule bislang keine hinreichenden Folgerungen zog. Es wurde bereits in den ersten Kapiteln ausgeführt, daß die Belastungen des menschlichen Zusammenlebens steigen, daß auf der anderen Seite aber soziale Bindungen nachlassen und soziale Gefüge auseinanderbrechen. Der Prozeß der Auflösung sozialer Verbindungen wird fortschreiten, da die Bedingungen, die jene

Erscheinungen bewirken, nach wie vor bestehen. In erster Linie wäre hier die Emanzipationsbewegung, die sich in vielen Formen äußert, beziehungsweise das ihr zugrunde liegende Selbstverständnis des Menschen zu nennen. Durch Emanzipation werden die festen Formen, die in der Vergangenheit menschliches Verhalten und soziale Beziehungen prägten, aufgehoben. Die Emanzipationsbewegung sieht in ihnen Zwänge, Beengungen, Abhängigkeiten, die dem Menschen die Freiheit zur Selbstbestimmung und Selbstverwirklichung genommen haben.

Diese Betrachtungsweise ist ebenso einseitig wie unrealistisch. Rollen, Regeln, Gesetze, Autoritäten geben dem Menschen nämlich auch Sicherheit, Haltung, Orientierung. Es ist sehr viel leichter, mit Hilfe von vorgegebenen, selbstverständlich und entsprechend sicher wirkenden Mustern dem Mitmenschen zu begegnen und sich in Gemeinschaften zu bewegen, als dies in Freiheit zu tun. Freiheit ist mit Unsicherheit verbunden. Jeder Mensch ist anders, jede Situation ist neu. Eine solche Freiheit erfordert, daß man sich ständig anders verhält und dennoch man selber bleibt. Sehr viele sind von so viel Freiheit überfordert. Sie flüchten entweder in neue, von den Massenmedien gelieferte Klischees, wie »man« sich als moderner Mensch verhält, oder sie meiden ängstlich tiefere Beziehungen und ziehen sich in das Schneckenhaus der Einsamkeit zurück. Da die vorgeprägten Rollen fehlen, ist es auch nicht leicht, den anderen richtig einzuschätzen. Je mehr Freiheit, um so mehr Komplikationen sind möglich.

Das unrealistische Element in unserem Emanzipationsverständnis läßt sich auf dreifache Weise kennzeichnen. Zum einen liegt jenem Bemühen um Befreiung des Menschen ein seltsamer Optimismus zugrunde. Es wird geglaubt, daß Befreiung aus den Zwängen, daß Freiheit selbst schon das »happy end« wäre. Man nimmt an, daß sich in Freiheit alles von selbst auf eine gute Weise regele. Hierbei wird der Mensch völlig verkannt. Die Schwierigkeiten, die er mit sich hat und seiner Umwelt bereitet, sind mehr in seiner Natur und weniger im Milieu begründet. Außerdem werden von Generation zu Generation die Folgen der inneren Ambivalenzen, Diskrepanzen und Konflikte des Menschen weitergegeben. Die Eltern übertragen durch das Erziehungsklima, das von ihnen ausgeht, ihre innerseelischen Schwierigkeiten auf die kleinen Kinder. Falls sie in ihrem Leben gereift sind und einige ihrer Probleme hinter sich lassen konnten, müssen sie bei ihren Kindern erleben, daß diese, wenn vielleicht auch in anderer Gestalt (autoritäre Eltern können zum Beispiel emanzipatorisch gesonnene Kinder haben, die auf ihre Weise genauso gewalttätig sind) längst in den Kindern weiterleben. So aber geht es fort von einer Generation in die nächste. Selbstverständlich vermochte die Emanzipationsbewegung eine Reihe von Beengungen aus dem Felde zu räumen, die das Leben erschwert oder gar abgetötet haben. Sicher ist es ebenfalls richtig, daß in geringem Umfang in die Freiräume auch Leben hineingewachsen ist. Dennoch sind durch die emanzipatorischen Prozesse riesige Vakuen entstanden, die Angst erzeugen und in die jederzeit Ideologie einströmen kann.

Das zweite Mißverständnis von Freiheit ist folgendes: Bindungen werden mit Freiheitsverlust verwechselt. Der vorausgesetzte Freiheitsbegriff ist falsch. Es wird nicht gesehen, daß sich der Mensch aus Freiheit in gewissem Umfang binden muß, wenn er seine Freiheit behalten will. Freiheit erweist sich gerade auch in dem Verzicht auf Vollzug eigener Freiheiten um des anderen willen. Jene Mißdeutung von Freiheit zog soziale Bindungslosigkeit und damit Einsamkeit nach sich. Ihre andere Folge war und ist Rücksichtslosigkeit den Mitmenschen gegenüber.

Aus beiden Fehleinschätzungen des Menschen ergab sich eine dritte. Der Mensch ist eben nicht nur ein sozialfreundliches, sondern in gleicher Weise ein sozialfeindliches Wesen. Im allgemeinen dürfte sein Egoismus größer sein als sein Altruismus. Und ob die Kräfte, die Menschen untereinander verbinden, stärker sind als die in ihnen bereitliegenden Aggressionen wie Destruktionen, ist völlig unsicher.

Durch Emanzipation gingen auch Formen und Spielregeln verloren, die früher das menschliche Miteinander leichter gemacht haben. Ich denke an den Schwund von Höflichkeit, Ritterlichkeit und guten Manieren wird das Sozialfeindliche im Menschen, das durch die emanzipatorische Geisteshaltung immer noch entbunden wird, am Ende die Gemeinschaft zerstören?

Welche Konsequenzen ergeben sich hieraus? Es ist müßig, über die Emanzipationsbewegung zu klagen. Sie war geschichtlich notwendig, denn aus vielen traditionellen Formen und Autoritäten war längst das Leben entwichen. Sie war ferner notwendig, weil es unerträgliche Unterdrückungen gab und immer noch gibt. Macht-, Besitz- und Herrschaftsverhältnisse mußten neu gestaltet werden und diese Aufgabe ist noch nicht beendet. Freilich wäre zu wirklichkeitsnäherer Emanzipation mehr Realitätssinn, Augenmaß und psychologisches Verständnis nötig gewesen. Die entstandenen Hohlräume geben uns neue soziale Probleme auf, die vielleicht schwerer wiegen als die alten. Dringend nötig ist folglich, die Vakuen mittels sozialer Erziehung zu füllen. An den Platz der zerstörten traditionellen Muster sollten lebendige zwischenmenschliche Beziehungen treten. Ohne das Rad der Geschichte zurückdrehen zu wollen und zu können, wird soziale Erziehung jedoch auch nach neuen festen Formen suchen müssen, welche zwischenmenschliche Beziehungen tragen und zu gestalten vermögen. Eine Synthese ist folglich anzustreben. Das soziale Leben der Vergangenheit war zu sehr beengt, um dem Menschen genügend Möglichkeiten seiner individuellen Entfaltung zu bieten. Heute sind mehr Freiräume vorhanden, als für den einzelnen und das Zusammenleben gut ist. Deshalb sollten die Werte, die wir bilderstürmerisch abgeschafft haben, daraufhin gesichtet werden, was von ihnen und in welcher gegenwartsnahen Gestalt zur Entfaltung und Regelung des sozialen Lebens gebraucht werden kann. Weiterhin ist es unsere Aufgabe, neue Formen des Miteinanders aufzubauen, die sich aus Einsichten über den Menschen ergeben könnten.

Soziale Erziehung, emotionale Erziehung und Werterziehung hängen also aufs engste zusammen. Ist der Mensch isoliert, dann können ihn Anregungen, die sein persönliches Wachstum befruchten, nicht erreichen. Je ichschwächer er aufgrund seines mangelnden Eigenlebens wird, um so mehr muß er sich verkapseln und um so größer wird sein Unvermögen zu sozialer Kommunikation. Zusammenleben erfordert auf der anderen Seite Formen. Ohne Formen gehen die Inhalte verloren. Miteinander ohne Formen wird unerträglich. Menschliches Zusammenleben verlangt Werte. Soziales Leben wirft die Frage der Gewichtung von Werten auf: Wo muß ich, um mich selbst zu finden, die Interessen des anderen verletzen und wo muß ich auf meine Freiheiten verzichten, um des anderen willen? Es wäre eine Illusion zu meinen, Verwirklichung des Eigenlebens und der Möglichkeiten des Mitmenschen vertrügen sich konflikt- und kollisionsfrei. Nach welchen Wertmaßstäben gilt es jedoch im Konfliktfall zu entscheiden? Zusammenleben ist auf Sinn bezogen. Wozu dient Familienleben? Was ist der Sinn des öffentlichen Lebens? Oder ist alles nur Selbstzweck? Über diese Wertfragen müssen wir neu nachdenken. Werterziehung in der Schule wird versuchen müssen, hierzu Stellung zu beziehen.

Sprache ist ein wesentliches Element menschlicher Verbindung. Begegnung erfordert Sprache. Vereinsamung wird durch das Gespräch überbrückt. Konflikte können nur ausgetragen und überwunden werden, indem die Kontrahenten miteinander reden. Ohne Verstehen ist keine rechte Hilfe möglich. Jeder weiß, wie wichtig es ist, in schwierigen Situationen das richtige Wort zu finden, den richtigen Ton zu treffen. Ein falscher Zungenschlag kann zu neuen Verhärtungen führen. Soziale Erziehung ist daher Erziehung zur Gesprächsfähigkeit.

Miteinanderreden ist schwierig. Im Gespräch wagt man sich aus seiner Sicherung heraus. Man riskiert, kein Echo zu finden, mißverstanden und abgelehnt zu werden. Im Gruppengespräch sollte die Schule den Mut dazu schaffen. Sprechen darf, wenn es menschliche Kommunikation herstellen soll, nicht einseitig sein. Monologe machen den anderen mundtot. Worte sollten nicht verwendet werden, um den Gesprächspartner zu unterdrücken, sondern um eine gemeinsame Basis zu finden. Zum Miteinander gehört Gesprächsdisziplin. Wird Gesprächsdisziplin erlernt, so wird die wichtige Tugend der Selbstdisziplin überhaupt eingeübt. Die Schule sollte darum zur Gesprächsdisziplin erziehen.

Soll das Wort den Mitmenschen erreichen, so ist es nötig, ihn dort aufzusuchen, wo er sich befindet. Der Schüler muß darum lernen, sich in den Gesprächspartner hineinzuversetzen. Einfühlungsvermögen gilt es zu üben. Miteinanderreden heißt auch Aufeinanderhören. Das verlangt, den Partner zu Wort kommen und ihn ausreden zu lassen. Solange er redet, sollte man sich nicht schon neue Argumente oder gar Gegenargumente zurechtlegen, sondern dem Gegenüber volle Aufmerksamkeit widmen. In unserer Zeit werden zwar viele Worte gebraucht, aber es wird wenig mit gesammelter Aufmerksamkeit zugehört. Im Gegenteil, die Wortinflation bewirkt, daß wir abstumpfen und abschalten. Es ist eine recht seltene und beglückende Erfahrung, jemanden zu treffen, der wirklich zuhören kann. Auch wenn er kaum etwas sagt, wird er als guter Gesprächspartner empfunden. Lehrer können meistens gut reden – die bisherige Schulstruktur gebietet dies – aber weniger gut zuhören. Ihre Umgebung empfindet eine solche Gesprächshaltung als Schulmeisterei. Gesprächserziehung in der Schule verlangt vom Lehrer einen anderen Stil. Er muß lernen, mit Worten sparsam umzugehen, sich zurückzunehmen, die Schüler kommen zu lassen und darüber zu wachen, daß die Schülergruppe diese Art, miteinander umzugehen, lernt.

Miteinanderreden sollte zum Einanderverstehen führen. Dazu ist erforderlich, sich mit den Augen des anderen zu sehen. Der Schüler sollte ein Gespür dafür entwickeln, warum und inwiefern ein anderer wegen der andersartigen Situation, in der er sich befindet, infolge seines andersgearteten Lebenshintergrundes vieles anders betrachtet und empfindet als er selbst. Ein Gespräch, bei dem jeder um die eigene Subjektivität und die des Partners weiß, kann fruchtbar werden. Viele von uns sind im Reden ungeübt. Nicht nur in Familien der Unterschicht wird wenig miteinander gesprochen. Auch in anderen Familien führt der Fernseher das große Wort. Hören und Sehen von Fernsehworten ist aber noch nicht gleichzusetzen mit der Fähigkeit, sich mit ihrer Hilfe richtig ausdrücken zu können. Worte treffen oft nicht, was man gemeint hat. Für die Schule bedeutet dies auf der einen Seite, den Schüler in der Treffsicherheit des Ausdrucks zu bilden und ihn auf der anderen Seite anzuleiten, daß er unterscheiden lernt zwischen dem, was der Partner aus Unbeholfenheit sagt und dem, was er eigentlich meint. Verstehen gebietet, sich in das einzufühlen, worum es dem Gesprächspartner geht.

Echtes Verstehen entwickelt sich freilich nur dort, wo der andere

ernst genommen wird – selbst wenn manche Äußerungen von ihm nicht ernst genommen werden können. Wird einer verstanden und ernst genommen, so erhält er wesentliche Impulse für seine Weiterentwicklung. Verstehen und Ernstnehmen sind wichtige Heilungsprinzipien der Psychotherapie. Zu beidem bietet der Gruppendialog in der Schule, gleich welcher Unterrichtsgegenstand behandelt wird, große Möglichkeiten. Würde die Schule nur erreichen, daß sie den Schüler gesprächsfähig ins Leben entläßt, so hätte sie ihm etwas mitgegeben, das schwerer wiegt als viel Fachwissen zusammen.
Im Gespräch kann sich die wichtigste Grundeinstellung des Menschen entfalten, sein Vertrauen nämlich. Wird er im Dialog ernst genommen, anerkannt, verstanden, so riskiert er, mehr und mehr aus sich herauszugehen. Macht er auch hierbei wieder gute Erfahrungen, dann springt die Vertrauenshaltung auf Lebensbezirke außerhalb der Schule über. Erstarkt er im Gespräch innerhalb der Schule, so ist er auch imstande, manche Verletzungen und Enttäuschungen außerhalb zu ertragen. Vertrauen ist das Kernstück von Liebe in all ihren Formen. Erziehung zur Gesprächsfähigkeit beinhaltet damit gleichzeitig Erziehung zur Liebesfähigkeit. Religiöser Glaube ist, personal verstanden, kein Fürwahrhalten von rationalen Glaubenssätzen, sondern die Haltung des Vertrauens der nicht greifbaren und unbegreiflichen Realität Gottes gegenüber. Wirkliches Gespräch in der Schule liefert damit Vorerfahrungen, die nötig sind, um nicht nur Menschen, sondern auch Gott trauen zu können.
Wenn soziale Erziehung darauf abzielt, zwischenmenschliche Beziehungen zu stärken, so ist hierdurch ihre Einstellung zu Konflikten vorgezeichnet. In Anbetracht der schwachen Bindungskräfte in der modernen Gesellschaft wäre es verhängnisvoll, das ohnehin schon vorhandene Konfliktmaterial durch Hervorhebung von Klassengegensätzen und Klasseninteressen noch zu verstärken. Der hierdurch vorbereitete Klassenkampf dürfte, sollte er je voll entbrennen, bei dem hohen Aggressions- und Destruktionspotential, das im modernen Menschen untergründig bereit liegt, zum kollektiven Selbstmord führen. Klassenunterschiede können in Anbetracht dieser Situation nur durch

Evolution und das heißt durch gegenseitige Annäherung ausgeglichen werden. Ziel eines sozialen Ausgleichs müßte allerdings Gerechtigkeit und nicht Gleichheit sein.
Erziehung zum Konflikt in der Schule strikt abzulehnen. Dagegen sollte soziale Erziehung Konfliktfähigkeit vermitteln. Damit ist folgendes gemeint: Ein gewisses Maß an Konflikten gehört zum Leben. Selbst wenn die Konflikte, die aus sozialer Ungerechtigkeit entspringen, aufgehoben wären, würden die Konflikte, die durch die Natur des Menschen vorgegeben sind, bestehen bleiben. Diese Konflikte sind Ausdruck der Ambivalenz und Ambitendenz des Menschen. Sie sind begründet im – allerdings lebensnotwendigen – Antagonismus zwischen Es und Über-Ich. Aus der Grundverfassung des Menschen einer letzten, auf keine gesellschaftlichen Ursachen mehr reduzierbaren Entfremdung von sich selbst – die Bibel bezeichnet diesen Tatbestand als Sünde – gehen ständig Konflikte hervor. Konflikte ergeben sich schließlich im menschlichen Zusammenleben aufgrund der Individualität, also der Verschiedenartigkeit von Partnern.

Menschsein heißt in Konflikten stehen. Wer Mensch werden will, benötigt daher die Fähigkeit, mit Konflikten umgehen und mit Konflikten leben zu können. Das Heile in der Welt, das noch vorhanden ist, sollte nicht zersetzt werden; aber andererseits wäre es verkehrt, vorhandene Konflikte harmonisieren zu wollen, und es wäre lebensfremd, in der Erziehung von einem Harmonie-Ideal ausgehen zu wollen. Erziehung sollte nicht bewirken, daß Konflikte und damit Seiten des Menschseins verdrängt werden. Sie sollte vielmehr zur Offenheit den Konflikten gegenüber befähigen, die nun einmal vorhanden sind. Auseinandersetzungen mit Konflikten kann die Ich-Stärke des Menschen genauso erhöhen wie Konfliktfurcht sie herabsetzt. In einer konfliktoffenen Haltung lassen sich manche von ihnen in fruchtbare Spannungen verwandeln.

Soziale Erziehung sollte folglich den Schüler dazu befähigen, sich den Konflikten seines Lebens stellen zu können. Dazu benötigt er Ich-Stärke. Manches hiervon kann ihm durch emotionale Erziehung in der Schule, durch die Haltung des Lehrers zu ihm und durch die Gesprächserfahrungen, von denen die Rede war, zuwachsen. Verhilft die Schule dem jungen Menschen zu einem größeren Maß an Ich-Stärke, so beugt sie gleichzeitig revolutionären Versuchen vor, gesellschaftliche Konflikte nicht in mühsamer Kleinarbeit anzugehen, sondern ihrer unlustvollen Spannung durch Flucht nach vorne zu entrinnen. Konfliktfähigkeit bedeutet ferner, sich Konflikte einzugestehen, sie bewußt zu machen und ins Gespräch zu bringen. Das Gespräch im Konflikt über den Konflikt stellt die einzige Alternative zur affektiven und aggressiven Konfliktentladung dar. Im Reden über Inhalt und Entstehung von Konflikten lassen sich Gegenpositionen annähern und Kompromisse finden. Damit erweist sich, daß Erziehung zur Konfliktfähigkeit zugleich Erziehung zur Kompromißfähigkeit darstellt. Kompromisse sind unbefriedigend und beim jungen Menschen, der von idealen Vorstellungen ausgeht, unbeliebt. Dennoch sind Kompromisse der einzige Weg, Gegensätze auszugleichen. Verharren die Konfliktparteien in unversöhnlicher Haltung, so blockieren sie jede den Konflikt mildernde Änderung. Als Folge hiervon erhitzt sich die Konflikttemperatur bis zum Siedepunkt. Kompromisse hingegen ermöglichen mittels einer Strategie der kleinen Schritte einen evolutionären Prozeß.

Je komplizierter unsere Welt wird, je mehr wir aufeinanderrücken, desto mehr sind wir auf Zusammenarbeit angewiesen. Bislang bestimmt jedoch mehr das Gegeneinander der Konkurrenz als das Miteinander der Kooperation unser Zusammenleben. Es kann nicht übersehen werden, daß die Zukunftschancen für den einzelnen Menschen schrumpfen. Falls sich unsere Grundeinstellung zum Mitmenschen nicht ändert, wird der Kampf um die Sozialchancen mörderisch werden. Dieser Ausdruck stellt keine Übertreibung dar. Bereits heute kränkt es viele Menschen, die an ihrem Arbeitsplatz von dickfelligen und brutalen »Kollegen« auf die Seite geschoben werden, oft derart, daß sie krank werden. Viele sterben am Konkurrenzkampf, sei es, daß sie jahraus, jahrein von Mitarbeitern und Vorgesetzten unterdrückt werden, sei es, daß sie sich im Kampf um die Berufsposition übernehmen. Hinter vielen Herzinfarkten stehen solche

Probleme. Wie wird es also erst zugehen, wenn sich die Schere zwischen Nachfrage und Angebot qualifizierter Stellen stetig öffnet?

Schon heute kostet der Verschleiß, der sich aus dem Konkurrenzkampf ergibt, Summen, die kaum vorstellbar sind. Arbeitsausfälle, Krankenbehandlung, Kuren, Unfallkosten, vorzeitige Invalidierung sind Kostenfaktoren, die von uns allen zu finanzieren sind. Es wäre doch viel vernünftiger, wir würden uns weniger gegenseitig im Konkurrenzkampf verschleißen und könnten dafür gesünder und glücklicher leben. Der Gewinn, der durch Konkurrenzverhalten entsteht, wird ohnedies durch die Reibungsverluste solchen Verhaltens längst wieder aufgezehrt. Allein ein so simpler Gedanke macht deutlich, wie unvernünftig es im Leben zugeht und wie wenig vernünftig sich der homo sapiens verhält. Der menschlichen Vernunft darf also nicht zu viel Zutrauen geschenkt werden. Um die tiefsitzenden Motive des Konkurrenzverhaltens abzuschwächen und einzudämmen, reicht die Macht der Vernunft nicht aus; dazu bedarf es sorgfältiger sozialer Erziehung. Die Schulstrukturen sind abzubauen, die Konkurrenzverhalten begünstigen und kooperativem Verhalten im Wege stehen. Gezielt gilt es, die Fähigkeit der Schüler zur Zusammenarbeit zu fördern. Dies kann allerdings nicht darin bestehen, daß das eigenständige Arbeiten des einzelnen zugunsten von Gruppenarbeit vollständig aufgehoben wird. Beides ist nötig, die Fähigkeit zu selbständigem Arbeiten – mit der ja durchaus nicht eine Konkurrenzeinstellung verbunden sein muß – wie das Vermögen, im Team arbeiten zu können.

Soziale Erziehung sollte dem jungen Menschen die Sinne schärfen für Ungerechtigkeit und Not in der Gemeinschaft, der er angehört. Durch Aufklärung allein kann das jedoch nicht geschehen. Hierzu muß eine entsprechende Gesinnung erworben werden. Hilfsbereitschaft gegenüber Einzelmenschen ist ebenso zu fördern wie soziales Verantwortungsgefühl dem Ganzen gegenüber. Das soziale Verpflichtungsgefühl darf nicht an den Grenzen der eigenen Interessengruppe oder des Volkes aufhören. Jeder Einzelmensch ist Mitglied der Völkerfamilie; daher trägt jeder Verantwortung für kommunistische und faschistische Un-

terdrückung, für das Gettodasein von Gastarbeitern wie für das Elend in den riesigen Slums der Dritten Welt.
Soziale Erziehung ist Erziehung zur Friedensfähigkeit. Damit stoßen wir erneut auf das Thema Aggression und Destruktion. Wir können nicht davon ausgehen, daß die Ursachen dieses Vernichtungspotentials, die in Umweltbedingungen liegen, in absehbarer Zeit verschwinden. Selbstverständlich sollte soziale Erziehung auch das Gewissen der kommenden Wähler für die nichtmenschgemäßen Strukturen der Welt, in der wir leben – beispielsweise unserer zu sehr verdichteten Nachkriegssiedlungen – schärfen, damit auch hier ein Wandel eintritt. Wie lange wird es jedoch dauern, bis in den Wohnmaschinen und Steinwüsten, die Anonymität, Einsamkeit, Bewegungsarmut und Aggressionen fördern, weil zu wenig in mitmenschliche Kommunikation und in Bewegung abfließen kann, keine Menschen mehr wohnen? In der Zwischenzeit ist, um inneren wie äußeren Frieden zu ermöglichen, Erziehung der Aggression nötig. Wie sie geschieht, soll im nächsten Kapitel, das sich mit leiblicher Erziehung befaßt, erörtert werden.
Ich erwähnte bereits, daß der Einsicht in die Notwendigkeit sozialer Erziehung in der Schule folgend von manchen gefordert wird, dieses Anliegen einem neuen Fach »Sozialkunde« zu übertragen. Die Verfälschung von Erziehung in Unterrichtung und die Delegation an ein weiteres Fach wäre jedoch noch verfehlter wie die ausschließliche Übertragung der emotionalen Erziehung an die musischen Fächer. In den musischen Fächern sind aktive Vollzüge ohne weiteres möglich; in Sozialkunde hingegen käme es zu weiterem Theoretisieren. Der Sozialcharakter des jungen Menschen entfaltet sich nicht im Reden über soziales Verhalten, sondern in Erfahrungen und eigenem Handeln. Gewiß ist es notwendig, daß Schüler mehr Kenntnisse über soziale Zusammenhänge erhalten. Als kommende Eltern der nächsten Generation sollten die Schüler zum Beispiel einiges erfahren über die psychologische Entwicklung des Kindes und über erzieherische Notwendigkeiten. Alle Schüler sollten mit den Grundproblemen der Dritten Welt vertraut gemacht werden. Diese Informationen könnte jedoch in Zukunft das Fach Gemeinschaftskunde

übernehmen, das ja ohnedies aufzuwerten ist.
Soziale Erfahrungen und soziales Handeln sind in jeder Klasse möglich, denn jede Schulklasse ist ein Sozialkörper. Sie ist ein Mikrokosmos des gesellschaftlichen Makrokosmos. In ihr spiegeln sich die Probleme der Gesamtgesellschaft. Jede Schulklasse stellt eine Konfliktgesellschaft im kleinen dar. In jeder Klasse gibt es soziale Nöte. Kinder sind, wie wir alle wissen, grausam. Jede Schulklasse hat ihre Außenseiter und Sündenböcke, auf denen sie herumhackt. Der Außenseiter ist rasch gefunden. Ein Kind braucht nur spürbar anders zu sein als die konforme Masse. Der eine wird zum Außenseiter, weil er zu dick ist; der andere ist zu lang; ein dritter trägt eine Brille; der vierte stottert; der fünfte ist kein Deutscher und so geht es fort. Unter den Augen des Lehrers werden die Schwachen verfolgt. Ich habe es mehrfach miterlebt, wie Cliquen der Klassen dem Sündenbock nach Schulschluß regelmäßig auflauerten und ihn verprügelten, ohne daß sich Lehrer darum kümmerten. In der Regel erfahren sie nichts davon. Lehrer blenden jedoch meistens auch die Sozialwirklichkeit der Klasse aus. Sie fühlen sich für ihren Stoff und das intellektuelle Lernen ihrer Schüler zuständig und kaum für die Konflikte des Klassenverbandes oder gar für die Nöte des einzelnen Schülers.
Hier kann und muß sich Grundlegendes ändern. Mit einer anderen Einstellung und dem entsprechenden Blick sieht der Lehrer die möglichen Konfliktkonstellationen. Achtet er darauf, so kann er merken, wie sich einiges zusammenbraut. Für soziale Erziehung ist die Klasse selbst also ein ideales Lernfeld. Die Wirkmechanismen sozialer Schwierigkeiten können ins Bewußtsein gehoben werden. Klassenkonflikte sind im Gespräch zu bearbeiten. Modellhafte Lösungen lassen sich anbahnen. Die Notfälle in der Klasse sind eine Chance, um Hilfsbereitschaft und soziales Verantwortungsgefühl zu erproben. Warum sollte von den Klassen nicht selbst ein Nachhilfeunterricht organisiert werden, bei dem Stärkere Schwächeren helfen? Hier würde Konkurrenz in Kooperation umgewandelt werden. Der helfende Schüler würde lernen, um des Schwächeren willen auf etwas zu verzichten, auf einen angenehmeren Zeitvertreib zum Beispiel und auf die

Chance wie das Prestige durch den Notenvorsprung.
Auch anderer Notzustände kann sich die Klasse unter Anleitung des Lehrers annehmen. Dafür sollten auch die Eltern der Schüler gewonnen werden. Viele Schwierigkeiten lassen sich beheben, wenn man am richtigen Draht zieht. Jedes Elternpaar hat ein paar Drähte in Reichweite, die einen mehr, die anderen weniger. Der eine kann helfen aufgrund seines intellektuellen Berufes, der andere wegen seiner praktischen Möglichkeiten. Klassen könnten ferner Patenschaften übernehmen. Im Reihumverfahren kann einem Spastikerkind praktisch geholfen werden. Patenschaften für Kinder in der Dritten Welt wären möglich. Die Schüler könnten einen kleinen Teil ihres Taschengeldes dafür abzweigen, daß solche Kinder das Lebensnotwendige – darunter eine Berufsausbildung – erhalten. Auf diese Weise fließen unmittelbare Erfahrungen in den Unterricht zurück. Die damit verbundenen Probleme der Helfer und derer, die Hilfe erhalten, wären zu besprechen.
Voraussetzung zu alledem ist wieder die persönliche Haltung des Lehrers, die schon im Zusammenhang mit der emotionalen Erziehung gefordert wurde. Ein Lehrer, der mit seiner Persönlichkeit hinter seinem Reden und Handeln steht, vermittelt dem Schüler wichtige soziale Erfahrungen. Von ihm geht eine Atmosphäre der Offenheit und Gesprächsbereitschaft aus, die sich auf die Klasse überträgt. Hierdurch entsteht das Klima, in dem Gesprächsfähigkeit gedeihen kann. Soziale Erziehung verlangt auf der einen Seite sehr viel vom Lehrer; sie wirkt aber auch bereichernd auf ihn zurück. Machen Schüler gute Erfahrungen an ihm und mit ihm, so kann er sicher sein, daß die guten Erfahrungen von der Klasse zu ihm zurückfließen. In der Wissensschule frustrieren sich Lehrer und Schüler gegenseitig. In der Schule des gemeinsamen sozialen Lernens fänden beide Seiten Erfüllung.

11 Leibliche Erziehung in der Schule

Leibeserziehung ist Erziehung der körperlichen Seite des Menschen sowie Erziehung der Gesamtpersönlichkeit durch Leibeserziehung. Die großen Möglichkeiten zur Gesamterziehung durch Leibeserziehung werden im allgemeinen ungenügend erkannt und wahrgenommen.
Leibeserziehung ist zunächst einmal Bewegungserziehung. Jeder Mensch wird geboren mit dem starken Bedürfnis, sich zu bewegen sowie mit Lust an der Bewegung. Daß auch der Mensch in der technischen Zivilisation mit erheblichen Bewegungsenergien versehen ist, übersieht man häufig. Das Menschengeschlecht vermochte über Jahrhunderttausende hinweg nur zu überleben, weil es starke motorische Kräfte besaß. Erst seit wenigen Jahrzehnten verändert das Maschinenzeitalter unsere Lebensbedingungen grundlegend. Vor hundert Jahren gab es noch keine Autos. Die Massenbeförderungsmittel steckten in den Kinderschuhen. Die alltäglichen Wege wurden zu Fuß zurückgelegt. Noch vor wenigen Jahrzehnten war der Mensch bei seiner Arbeit auf Muskelkraft und die Geschicklichkeit seiner Hände angewiesen. Die Vorstellung vieler Gesellschaftsoptimisten, der Mensch könne sich, ohne Schaden zu nehmen, in diesem kurzen Zeitraum den veränderten Umständen der technischen Welt anpassen, war grotesk. Dennoch prägte sie unsere Umwelt, beispielsweise die Entstehung unserer autofreundlichen und menschenunfreundlichen Städte. Daß dem Menschen ein derart hohes Maß an Anpassungsfähigkeit zugetraut wurde, zeugt noch einmal davon, wie schwach die naturhafte Seite des Menschen

eingeschätzt, wie sehr seine intellektuelle Lernfähigkeit überschätzt wurde und welches Übergewicht der Glaube an die totale Prägbarkeit des Menschen durch das Milieu besaß.
Dieser Irrglaube mußte natürlich verhängnisvolle Folgen haben. Bewegungsarmut wurde zu einer der wichtigsten Todesursachen für Millionen von Menschen. Was ist das Schicksal des menschlichen Bewegungsdrangs in der technischen Welt? Die meisten Kinder wachsen heute in Städten auf, die den Notwendigkeiten des Verkehrs mehr Rechnung tragen als höher einzustufenden anders gearteten Bedürfnissen des Menschen. Die Wohnungen sind im allgemeinen hellhörig. Obgleich wir uns noch vor kurzem so viel auf den Fortschritt einbildeten, waren wir nicht imstande, ein Gesetz zu schaffen, das schallgedämpfte Wohnungen erzwungen hätte. Also dürfen Kinder in den Wohnungen nicht schreien. Die vielen mit Lärm verbundenen Bewegungen wie hüpfen, rennen usw. sind ihnen verboten. Außerhalb der Häuser dürfen sie ebenfalls nicht spontan losrennen. Sie könnten unter ein Auto kommen. Die Spielplätze sind zu klein, lassen den Kindern zu wenig Entfaltungsmöglichkeiten und sind häufig von den Wohnungen zu weit entfernt. Als Ausgleich für Bewegungsspiele erhält das Kind Fernsehkonsum. Damit wird es in eine sitzende, passive Rolle gebracht. Die Lust an der Bewegung wird durch Lust am Konsum ersetzt.
Die motorischen Antriebe verschwinden jedoch nicht, wenn sie nicht mehr gefragt sind und nicht mehr ausgelebt werden. Es bildet sich vielmehr ein Stau jener Energien, die, da ihnen der ursprüngliche Weg versperrt ist, nunmehr in andere Richtungen drängen. Es entsteht die sattsam bekannte nervöse Unruhe des Kindes. Kinder fangen an herumzuzappeln und herumzuhampeln. Die ursprünglich fließenden schönen Bewegungen werden abgelöst von Bewegungsperversionen, die der Umgebung auf die Nerven gehen. Innerhalb weniger Jahre entstehen durch Bewegungsmangel und abgeschlaffte Sitzhaltung Haltungsschäden, die sich später in Bandscheibenschäden und anderem fortsetzen.
Die angestauten motorischen Impulse legen sich ferner auf das vegetative Nervensystem und erzeugen Fehlfunktionen im Or-

ganismus. Seit einiger Zeit wissen wir, daß nicht nur Neurosen schon in der Kindheit beginnen, sondern ebenfalls psychosomatische Erkrankungen und Zivilisationskrankheiten. Am Anfang fallen diese Störungen oft kaum ins Gewicht. Im Laufe der Jahre formen sie sich immer stärker aus und bewirken, wenn noch andere Faktoren hinzutreten, manifeste Krankheiten. Schließlich hängen Bewegungsmangel und Übergewicht zusammen. Durch geringe Muskelbetätigung werden auch weniger Kalorien verbraucht. Also setzen die Kinder Fett an. In einer passiven Konsumhaltung wird auch mehr gegessen und getrunken, als eigentlich notwendig wäre (siehe das Knabbern und Süffeln am Fernseher). Die Kinder übernehmen auch hier rasch die schlechten Angewohnheiten der Eltern. Bewegung, Spiel und ihm gemäße Arbeit sind für das Kind, wie für den Menschen überhaupt, echte Erfüllungen. Verschwinden sie, so stellen sich ungesunde Ersatzbefriedigungen ein.
Von großer Bedeutung ist ferner der Zusammenhang Motorik und Aggression. Durch Muskelarbeit lassen sich viele Aggressionen ableiten. Fortbewegung und körperliche Arbeit waren in der Vergangenheit außerordentlich bedeutsame Ventile, um die Aggressionen, die auf gesellschaftlich erlaubte Weise nicht ausgetragen werden konnten, abzuleiten. Im bewegungsarmen Menschen der technischen Zivilisation sammeln und stauen sich die Aggressionen. Hinzu kommt, daß sogar eine Energieverschiebung in entgegengesetzter Richtung stattfindet. Die nicht umgesetzten Bewegungsimpulse verwandeln sich unter anderem in Aggressionen und Destruktionen. Damit wird der Aggressionsdruck im modernen Menschen noch einmal erhöht. Welche Gefahren für einen Frieden nach außen und innen hiermit verbunden sind, brauche ich nicht auszuführen.
Hieraus erwächst der Schule eine außerordentlich wichtige Aufgabe. Es ist ungleich bedeutsamer, dem Herz- und Kreislauftod vorzubeugen sowie bei der Sicherung des Friedens mitzuwirken, als Kenntnisse zu vermitteln, die ohnedies rasch wieder vergessen werden. Sieht man diese Relation, so dürfte es nicht schwerfallen, tiefgehende Eingriffe in den Lehrplänen der Schule hinzunehmen, um Platz für das Lebensnotwendige zu erhalten. Wird

das Kind in die Grundschule aufgenommen, so ist im allgemeinen ein erheblicher Teil seiner Bewegungslust bereits untergegangen. Dennoch besteht nach wie vor ein Bedürfnis nach Bewegung. Die Schulbedingungen dürfen also zum ersten nicht bewirken, daß auch dieser Teil der Bewegungsfreude noch gestört oder gar zerstört wird. Der Bewegungsdrang des gesunden sechsjährigen Kindes wird vergewaltigt, wenn es mehrmals hintereinander vierzig Minuten an einem Stück ruhig sitzen muß. In der ersten Grundschulklasse dürfen dem Kind nur Abschnitte von etwa zwanzigminütigem Stillsitzen zugemutet werden. Danach muß es ausreichende Möglichkeiten erhalten, sich zu bewegen, zu spielen, zu betätigen, zu singen. Die Zeiteinheiten des Unterrichtes, in denen das Kind seine Bewegungsimpulse zu zügeln hat, dürfen bis zum Ende der Grundschule nur allmählich auf die Spanne einer Dreiviertelstunde erweitert werden.

Mittels Bewegungserziehung soll dem Kind die Freude an der Bewegung erhalten bleiben, beziehungsweise soll diese neu geweckt werden. Gelingt das, so wird nicht nur Krankheitsvorsorge betrieben, sondern Freude an einer sinnvollen Freizeitbetätigung bewahrt. Wie wichtig aktive Freizeitgestaltung ist, erkannten wir im ersten Teil des Buches. Bewegungserziehung ist folglich auch Freizeiterziehung.

Freude an der Bewegung und Freude am Spiel fließen beim Kind zusammen. Bekanntlich ist der Mensch ein spielendes Wesen. Schwinden Elemente des Spiels aus seinem Leben, verliert er die Lust am Spiel, so ist der Mensch dabei, ein Stück seines Wesens einzubüßen. Soll die Schule menschgemäß sein, so hat sie auch dem Spieltrieb des Kindes entgegenzukommen und ihn zu fördern. Das kann in Theateraufführungen und im künstlerischen Gestalten geschehen. Besonders eignet sich hierfür die Leibeserziehung. Sportliche Betätigung und spielerische Betätigung gehören zusammen. Wie wir sehen werden, soll Schulsport den jungen Menschen durchaus fordern und ihn darin üben, daß er es lernt, sich vieles abzuverlangen. Bei aller Härte gegen sich selbst, die dabei erworben wird, darf jedoch ein gewisser spielerischer Einschlag nicht verlorengehen, sonst führt auch der Sport in der Schule zur Verbissenheit. Von verbissenem Lernen aber gibt es in der heutigen Schule mehr als dem Schüler gut tut. Aufgabe von Leibeserziehung ist es umgekehrt, ein wenig mehr Spiel, Spaß und Freude in die Schule hineinzubringen.

Auf der anderen Seite sollte es aber in der Schule sportliches Bemühen geben, dem es ernst ist. Die Schule sollte den jungen Menschen lehren, im körperlichen Einsatz voll an die Grenze des Leistungsvermögens zu gehen und dabei die Leistungskraft immer weiter zu steigern. Das ist in vieler Hinsicht bedeutsam. Die sportliche Betätigung bietet ein gutes Korrektiv der Konsumentenhaltung. Durch Sport werden die aktiven Kräfte des Menschen entwickelt. Das Entstehen einer aktiven Lebenseinstellung wird gefördert. Im Konsumieren gewöhnt sich der Mensch daran, auf dem bequemsten Weg, unlustbetonte Bedürfnisspannungen in Lust umzuwechseln. Ernsthafte sportliche Betätigung geht gerade in die andere Richtung. Hier wird nicht abgeschlafft, sondern angespannt. Viel Unlust nimmt man in Kauf um des zum Teil recht entfernten Zieles willen. Dabei erwächst die Erfahrung, daß es sich lohnt, nicht gleich aufzustecken, wenn es mühevoll wird, oder wenn sich kein rascher Erfolg einstellt.

Am Ende des zähen Trainings oder am Ziel einer strapaziösen Übung stellt sich der Erfolg ein. Es ist zum Beispiel ein Genuß, wenn man in vielen Übungssprüngen die richtige Hochsprungtechnik erwarb, um dann technisch gut und elegant über die Latte zu gehen. Ein fließender, ursprünglich schwieriger Bewegungsablauf vermittelt ein ästhetisches Körpererlebnis – eben Bewegungsfreude auf höherer Ebene. Es ist eine Lust zu erfahren, wenn eigentlich Schwieriges nach langem Üben leicht geht und wenn nach den vielen Mühen, eine gute Technik zu erlernen, fast spielerisch leicht komplizierte Bewegungen gelingen. Selbst einer, der vorher mit Fleiß trainierte und dennoch in einem Wettlauf nur den letzten Platz belegt, kann ein lustbetontes Erfolgserlebnis haben. Er macht die Erfahrung, daß er trotz der ganzen Quälerei des langen Rennens nicht aufgab. Er hat sich selbst besiegt. Wer in einem solchen Lauf sich bis an die Grenze des ihm Möglichen forderte, und nicht aufgab, hat auch als Letzter einen Triumph über sich selbst errungen, der in ihm ein Gefühl der Befriedigung hervorbringt.

Solche Erfahrungen erhalten für die Anforderungen des Lebens ein Gewicht, wie es dem intellektuellen Lernen in der Schule nicht zukommt. Das Leben ist nämlich selbst ein Rennen über lange Strecken. Einen Spitzenplatz zu belegen, ist nur wenigen vergönnt. Jeder aber hat die Möglichkeit, seine Kräfte zu trainieren und mitzumachen, so gut er vermag. Schöpft er so seine Möglichkeiten voll aus, dann ist die errungene Position nicht mehr entscheidend. Er hat gegeben, was er konnte und damit seinen Lebenssinn verwirklicht. Das Rennen des Lebens besteht jedoch aus vielen Einzelforderungen. Sie finden im Privatleben, im Berufsleben, im öffentlichen Leben statt und zwar jeden Tag aufs neue. Wer dran bleibt und trotz Schwierigkeiten, Unbehagen und einer sich in seiner Umgebung ausbreitenden Tendenz, es sich bequem zu machen und bei härteren Anforderungen schnell zu resignieren, dennoch nicht aufgibt, wird im Leben einen guten Platz belegen.

Mittels Leibeserziehung läßt sich folglich manchen in der Gesellschaft verbreiteten Fehlhaltungen gegensteuern und damit Gefahren in einem Ausmaß entgegenwirken, wie es die derzeitige Schule nicht vermag. Leibeserziehung ist Erziehung der Gesamtpersönlichkeit. Durch sie kann Einfluß genommen werden auf innerseelische Vorgänge wie auf soziale Haltungen. Beide aber wirken auf die intellektuelle Lernfähigkeit zurück. Intensiver Sport stellt ein gutes Willenstraining dar. Leibeserziehung kann die Selbstdisziplin erhöhen. Wir stellten fest, welchen Wert Fähigkeiten wie Ausdauer, Geduld, Durchhaltevermögen, Belastbarkeit im Leben haben. Leibeserziehung bildet diese Eigenschaften aus. Mittels Sport kann der Jugendliche das Durchhalten von Unlustspannungen üben. Das ist von großer Bedeutung für die Entwicklung von Ich-Stärke. Wird das Ich solchen Spannungen ausgesetzt, so wird es belastbarer. Einem gekräftigten Ich steht anschließend um so mehr Stärke zum Ertragen neuer Belastungen zur Verfügung. Reifung setzt Spannung voraus, schließt Umformungsvorgänge von Trieb- und Antriebsimpulsen in sich. Auch hierzu ist Ich-Stärke notwendig, die Leibeserziehung vermitteln kann.

Von großem Wert ist die Leibeserziehung für die soziale Erziehung. Sport verlangt das Einhalten von Spielregeln. Auf diesem Feld kann der junge Mensch folglich lernen, sich an die Spielregeln des menschlichen Zusammenlebens zu halten. Mittels Leibeserziehung kann eine Haltung der Fairneß dem Gegner gegenüber erworben werden. Hierdurch wäre es möglich, unerfreuliche Seiten des Wettbewerbes im Leben abzuschleifen. Im Wettbewerb tritt man zwar gegeneinander an, fühlt sich jedoch durch die gemeinsame Betätigung, durch die Gemeinsamkeit des im Training vergossenen Schweißes, durch das Ziel und durch die gemeinsam anerkannten Regeln untereinander verbunden. Trotz aller Auswüchse im kommerziellen Sport gibt es im Sport dennoch so etwas wie Sportkameradschaft oder Sportfamilie. Leibeserziehung vermag soziale Einstellungen zu schaffen, die über den Sport hinausreichen und Verbindung unter Menschen stiften.

Viele Sportarten werden mannschaftlich betrieben. Mannschaftssport ist von hohem sozialen Wert. Jeder muß sein vereinzeltes Menschsein, seinen persönlichen Ehrgeiz dem Ganzen unterordnen. Je mehr der einzelne dem gemeinsamen Ziel zuliebe seine Sonderinteressen zurückstellt, um so mehr Erfolg hat die Mannschaft und um so erfolgreicher ist damit jeder einzelne. Einordnung und Unterordnung unter das Gesamtinteresse heißt jedoch nicht Kollektivierung. Es ist bezeichnend, daß Mannschaften der Sowjetunion, bei denen noch vor wenigen Jahren der Kollektivismus ihrer Teams auffiel, der natürlich nur eine schematische, leicht vorhersehbare und störbare Spielweise zuließ, nunmehr, um zum Erfolg zu kommen, dem einzelnen größere Möglichkeiten zur Entfaltung seiner Individualität auf dem Spielfeld einräumen. Dienst in und an der Mannschaft sowie persönliche Eigenart des Dienens schließen sich nicht aus sondern ein. Bringt jeder Spieler seine Individualität in das Mannschaftsspiel ein, so wird es entsprechend varianten- und erfolgreich.

In der Mannschaft muß einer für den anderen eintreten. Wechselnde Funktionen eines Spielers in der Mannschaft verlangen Mitdenken, Stellvertretung, Mitverantwortung von jedem einzelnen. Auf spielerische Weise lassen sich folglich mittels Leibeserziehung Eigenschaften und Einstellungen heranbilden, die für

das ganze Leben von hohem sozialen Rang sind. Die Leibeserziehung zeigt, daß gemeinsames soziales Handeln mehr Bildung zustande bringt als theoretische Sozialkunde.
Leibeserziehung enthält wohl die besten Möglichkeiten zur Aggressionserziehung. Selbstverständlich kann und soll auch in der Erziehung zur Gesprächsfähigkeit gelernt werden, den Mitmenschen nicht verbal und argumentativ in die Ecke zu drängen. Gesprächserziehung ermöglicht auf der einen Seite, sich in Aggressionszügelung und Rücksichtnahme auf den Gesprächspartner zu üben und gibt auf der anderen Seite die Chance, sich auf angepaßte, vertretbare Weise mit Hilfe von Worten durchzusetzen. Hierdurch werden Aggressionen in gewissem Umfang dem Gesamtverhalten integriert und in gesellschaftlich sinnvolle Formen gebracht. Weil Aggression körperlichem Verhalten näher steht als das Sprechen und da Handeln stärker erzieht als Reden, läßt sich Aggressivität durch Leibeserziehung noch wirkungsvoller kultivieren. Zunächst gilt es einmal, die verschütteten Wege der motorischen Betätigung wieder freizulegen. Durch ein höheres Maß an Bewegung fließen viele motorische Impulse ab, die vorher in Aggression umgeschlagen waren. Bei der engen Verbindung von Motorik und Aggression erfolgt zugleich eine Umkehr der früheren Transformationsrichtung. Allein durch Öffnung des Bewegungsventils wandeln sich Aggressionen um in motorische Energien und werden anschließend durch Muskelarbeit abgeführt.
Die Bedeutung von Leibeserziehung für Aggressionserziehung darf jedoch nicht ausschließlich oder in erster Linie unter dem Aspekt des Abreagierens gesehen werden. Durch Sport werden Aggressionen in das soziale Handeln hineingenommen. Beim Sport handelt es sich ja um eine Form von Kampf. Der andere soll besiegt werden. Aggressive Antriebe werden also benutzt, um sich gegen ihn durchzusetzen. Dabei werden sie allerdings kultiviert, indem sie nur den Regeln gemäß eingesetzt werden. Die besten Möglichkeiten, Aggressionen dem Sozialverhalten zu integrieren, bieten wohl einige Ballsportarten, die mannschaftlich betrieben werden, zum Beispiel Fußball, Handball, Hockey und so weiter. Im Werfen, Treten, Schlagen des Balles wird

ein Aggressionsüberschuß abgeleitet. Beim Kampf um den Ball versucht jeder, sich gegen seinen Gegenspieler durchzusetzen. Er muß dabei aber eine Form einhalten, die ihm die Regeln auferlegen und die den Gegner nicht verletzt.

Selbst im harten Bundesligafußball, bei dem oft Emotionen hochgepeitscht werden, überwiegt die Fairneß. Man will den anderen nicht verletzen, genausowenig wie man selbst von ihm verletzt werden möchte. Die Spieler wissen eben, daß sie sich beruflich benachteiligen, wenn sie ihren Aggressionen zu sehr die Zügel schießen lassen. Wer einen Gegenspieler foult, handelt seiner Mannschaft durch den Pfiff des Schiedsrichters einen Nachteil ein und riskiert ein Revanchefoul. Wer ein böses Foul begeht, das einen Spieler der Gegenmannschaft verletzt, wird entweder vom Platz gestellt und für ein paar Wochen vom Spielbetrieb, damit aber vom Prämienerwerb ausgeschlossen, oder er hat damit zu rechnen, daß er selbst von der gegnerischen Mannschaft so hart genommen wird, daß er verletzt vom Platz muß.

Man kann einwenden, es handle sich hierbei um Ethik auf primitivster Ebene: »Ich tue Dir nichts, damit Du mir nichts tust.« Wenn wir im Leben überall eine solche Primitivethik befolgen würden, hätten wir ein leichteres Leben. Im Berufsleben foulen wir uns doch gegenseitig derart, daß der andere geschädigt wird und wir mit Vergeltungsmaßnahmen von seiner Seite rechnen müssen. Im Leben gibt es leider für die vielen Fouls, die das Gesetzbuch nicht erfaßt, keinen Schiedsrichter, der vom Platz stellt und kein Schiedsgericht, das für einige Zeit eine Sperre ausspricht. Um so mehr gilt es frühzeitig die Spielregeln des Lebens durch entsprechende Erziehung gründlich in sich aufzunehmen und das Maß zwischen erlaubter Durchsetzung und verbotener Rücksichtslosigkeit zu lernen. Leibeserziehung in der Schule kann von beidem viel vermitteln.

Leibeserziehung wirkt als soziale Erziehung ebenso wie als emotionale Erziehung. Weil der moderne Mensch viele Ausdrucksformen einbüßte, übernehmen heute auf dem Wege der Verdrängung in den Körper dessen Organe die Funktion von Ausdrucksmitteln. Hierbei handelt es sich um körperlichen Ausdruck an der falschen Stelle. Eigentlich wäre es die Aufgabe von Bewegungen, von Mimik und Gestik, auch als Mittel zur Ausformung und Darstellung von Affekten und inneren Konflikten zu dienen. Den Körper als Medium echten Ausdrucks gilt es wieder zu entdecken. Jede nicht von Hemmungen gestörte Bewegung und Gebärde stellt zugleich Ausdruck emotionaler Zustände dar. Das heißt, eine Erziehung des Leibes, die den Menschen in einen unmittelbaren Bewegungsfluß hineinbringt, verhilft ihm, seine eigentliche Körpersprache zurückzugewinnen. Verstärkt werden kann dieses erzieherische Bemühen durch den Einsatz von Bewegungsformen, die besonders auf Ausdruck mit Hilfe des Körpers abzielen. Auch sie sollten in der Schule ihren festen Platz einnehmen. Zu nennen wären bestimmte Arten von Gymnastik, Rhythmik, Ausdruckstanz.

Mittels Ausdruck in der Bewegung, energetischer Entladung durch die Bewegung und Integration von Aggressionen in zwischenmenschliches Handeln kann Leibeserziehung die Ableitung von Affekt-, Antriebs- und Aggressionsstaus anbahnen. Auf diese Weise wirkt sie als überaus wichtiges Mittel der Gesundheitserziehung. Leibeserziehung ist ferner Gesundheitserziehung, weil sie dem Grundbedürfnis des Leibes nach Bewegung entspricht und daher den Schäden durch Bewegungsmangel vorbeugt. All dies hat einen Abbau von Dystonien, von Miß- oder Fehlspannungen im Organismus zur Folge. Leibeserziehung trägt also zur Eutonisierung, zur Schaffung eines gesunden Spannungsgleichgewichtes im menschlichen Organismus bei. Damit kommen die vegetativen Rhythmen, die den Menschen steuern, wieder mehr in ihr Gleis.

Weil der Mensch eine Einheit und Ganzheit darstellt, wirkt sich die Harmonisierung der vegetativen Zyklen auch auf das seelische Befinden, das soziale Verhalten und die intellektuelle Leistungsfähigkeit aus. Ein Mensch, dessen vegetatives Gleichgewicht durch alle möglichen Stauungen und Konfliktspannungen aus der Balance gebracht wird, ist auch in seelischer Hinsicht mißgestimmt und in seinen intellektuellen Funktionen beeinträchtigt. Sein Denken ist oft verlangsamt, er ist begriffsstutzig, fühlt sich, als hätte er Watte im Kopf, und hat Mühe beim Finden von Begriffen und Worten. Ein gesunder Geist solle in einem gesunden Körper wohnen. Der Autor dieses Wortes wußte offenbar damals schon, daß ein gesunder Körper Voraussetzung eines gesunden Geistes sei. Leibeserziehung als Gesundheitserziehung wirkt folglich nicht nur als ganzheitliche Krankheitsvorsorge für das spätere Leben, sondern macht dem Schüler unmittelbar sein Leben leichter trotz und gerade wegen der Mühen, die mit Leibeserziehung verbunden sind.

Sollen die körperlichen Möglichkeiten des Menschen entwickelt werden, so ist auch Werkerziehung nötig. Jahrtausende hindurch war der Mensch, um am Leben zu bleiben, auf das Werk seiner Hände angewiesen. Hierbei halfen ihm nur recht einfache Werkzeuge. Erst seit rund 150 Jahren ersetzen Maschinen und Automaten in immer größerem Umfang die Handarbeit. In diesem Zeitraum haben sich natürlich – wie die Bewegungsantriebe überhaupt – die Antriebe zur Betätigung der Hände nicht zurückgebildet. Die menschlichen Hände sind kunstvoll aufgebaut und ermöglichen die vielfältigsten Handgriffe. Die Hände sind nicht nur dazu da, Hebel zu drücken und Knöpfe zu drehen. Mit der Vielfalt ihrer Möglichkeiten sind entsprechend viele Handlungs- und Gestaltungsimpulse verbunden. Da diese in der technischen Welt nicht mehr abgerufen werden, pervertieren auch sie. Aus Schaffensdrang wird nervöse Unruhe. Man greift nach einer Zigarette, um mit seinen Händen irgend etwas zu machen. In allerlei sinnlosen Bewegungen fingern die Hände herum. Weil die Hände nicht konstruktiv werden können, werden sie destruktiv, beziehungsweise richten sich destruktive Tendenzen gegen sie. Die Hände ziehen sich gegenseitig die Haut ab, Nägel werden abgebissen und so weiter.

Die bereitliegenden schöpferischen Kräfte, die sich mittels der Hände ausgestalten wollen, gilt es durch Werkerziehung freizusetzen. Wenn die Hände Sinnvolles tun, fließt Betätigungsenergie ab und zwar auf eine Weise, die dem Menschen Befriedigung einbringt. Mit den Händen lassen sich aggressive und destruktive Kräfte in Konstruktives umsetzen. Wird ein Holz gehobelt, so fliegen die Späne; am Ende hat man jedoch ein glattes ebenmäßiges Brett. Bei Schnitzarbeiten stößt die Hand das Messer in das Holz und bricht Stücke daraus. Hierbei entsteht etwa eine Schale. Mittels Werken lassen sich unbewußte Inhalte in handwerkliche Formen umsetzen. Gestörtes wird dabei verarbeitet; Undifferenziertes gestaltet sich aus. Werkerziehung stellt folglich auch eine wichtige Möglichkeit der emotionalen Erziehung dar.

Werkerziehung hält die Freude, mit den Händen etwas zu schaffen, am Leben. Sie trägt bei zu einer aktiveren Einstellung des jungen Menschen. Werkerziehung bereitet darauf vor, in der Freizeit statt zu konsumieren, die Monotonie der Berufstätigkeit durch vielseitige Arbeit mit den Händen ausgleichen zu können. Sie ist von hohem Wert als Mittel der Gesamterziehung. Von vielen Seiten wird heute Erziehung zur Kreativität gefordert. Werkerziehung fördert die schöpferischen Kräfte und die Entwicklung der Phantasie. Beim Werken können eine Reihe wichtiger Tugenden erlernt werden. Diese Tätigkeit verlangt Ausdauer, denn es dauert ja eine ganze Weile, bis aus dem Rohmaterial ein schönes Produkt geworden ist. Dabei müssen tote Punkte überwunden werden. Der Schüler hat keine Lust mehr und glaubt, aus dem Werk würde nichts Rechtes. Er wird angehalten, trotz seiner Lustlosigkeit und der Neigung, die Flinte ins Korn zu werfen, die Arbeit wieder aufzunehmen. Sorgfalt muß an den Tag gelegt werden, wenn das Ergebnis zufriedenstellen soll. Beim Werken sieht der Schüler meistens selbst – auch ohne die Rückmeldung der Note – wenn er nicht sorgfältig gearbeitet hat. Der Lernprozeß ist unmittelbarer. Ein befriedigendes Werk ist ein handgreifliches Erfolgserlebnis. Es beglückt mehr als die abstrakte Notenzahl, mit der eine Klassenarbeit versehen wird. Der Stolz auf das sichtbar gelungene Werk ist eine wichtige Motivation, sich in anderen Techniken und an schwierigeren Aufgaben zu versuchen. Die Selbstbestätigung durch die eigene Schöpfung springt als Motivation über auf andere Leistungsgebiete. Im Werken wird Selbstvertrauen erworben, das auch bei intellektuellen Leistungen ein größeres Gefühl von Sicherheit verleiht.

In diesem Zusammenhang sollte von der Notwendigkeit der Haushaltserziehung gesprochen werden. Jungen sind in gleicher

Weise wie Mädchen in den Belangen und Techniken des Haushalts zu unterweisen. Die meisten jungen Männer leben nach dem Auszug aus der elterlichen Familie bis zur Heirat allein. In dieser Zeit müssen sie ihren kleinen Haushalt selbständig versehen können. Auch nach der Gründung einer eigenen Familie sollten sie in der Lage sein, die Hausfrau im Haushalt und in der Kinderpflege zu entlasten. Man mag einwenden, für jene Dinge sei die Schulzeit zu kostbar und jene Fähigkeiten würden die jungen Leute in der Praxis schon selber lernen. Wir sahen, daß alles, was mit Haushalt zu tun hat, einen wichtigen Platz im Leben einnimmt. Soll die Schule auf das Leben vorbereiten, darf sie diese Lebenshilfe nicht den Wissensfächern opfern. Richtiges Verbraucherverhalten lernt sich durchaus nicht ohne weiteres von selbst. Viele Menschen werden alt und haben manches trotzdem nicht gelernt. In vielen Ehen gibt es Schwierigkeiten, weil der eine oder andere Teil – manchmal auch beide – mit dem Geld nicht haushälterisch umgehen können. Es ist richtig, daß auch eine Frau, die bei der Eheschließung vom Kochen keine Ahnung hat, in den allermeisten Fällen nach wenigen Ehejahren zumindest eine passable Köchin ist. Es muß jedoch Lehrgeld dafür bezahlt werden. Das junge Eheglück wird nicht gesteigert, wenn ein Schnitzel an die Beschaffenheit von Schuhsohlen erinnert. Die Anpassungsvorgänge in einer jungen Ehe verlaufen oftmals nicht unproblematisch. Wozu sollten diese Probleme noch gemehrt werden durch Fehler im Haushalt, die durch Haushaltserziehung vermeidbar wären?

Hieraus geht hervor, daß Leibeserziehung im engeren wie im weiteren Sinne in der Schule ganz erheblich auszubauen ist. Nach der täglichen Sportstunde wird schon seit Jahrzehnten gerufen. Es ist fast skandalös, daß bei dem gewaltigen Ausbau des Bildungswesens in den letzten zwölf Jahren die Zahl der Wochenstunden im Sport im Durchschnitt nur von einer auf zwei bis drei erhöht wurde. Nachdem die fetten Jahre verstrichen sind, steht in den vor uns liegenden Jahren nur noch wenig Geld für neue Bildungsinvestitionen zur Verfügung. Bei den geringen Mitteln muß das Bedürfnis nach Leibeserziehung mit an die Spitze der Prioritätenliste gesetzt werden. Diese Plazierung ergibt sich einfach aus der fundamentalen Funktion dieser Erziehung. Die tägliche Stunde Sport sollte in zehn Jahren in jedem Stundenplan garantiert sein. Dazu sind die räumlichen und personellen Voraussetzungen rasch zu schaffen. Wir brauchen nicht nur Turnhallen und andere Sportanlagen, sondern ebenso Räume für Werk- und Haushaltserziehung. In der Frage Leibeserziehung wird sich erweisen, ob unser Bildungswesen imstande ist, den Idealismus und Rationalismus, der sein Bildungsverständnis bestimmt und es wirklichkeitsfremd macht, zu überwinden. Bislang muß dem Bildungswesen, wie die bisherige Behandlung der Belange von Leibeserziehung trotz aller anders lautenden Erklärungen zeigt, Leib- und Praxisverachtung bescheinigt werden.

12 Werterziehung in der Schule

Wertneutraler Unterricht war eine der schulischen Leitvorstellungen in der jüngeren Vergangenheit. Das Ideal der Wertneutralität hat inzwischen zwar an Anziehungskraft verloren; dennoch wirkt es in der Schule fort. Genau gesehen handelt es sich bei dem Glauben an eine mögliche Wertfreiheit um eine Illusion. Die Schulpraxis folgte auch in diesem Punkte dominierenden Strebungen moderner Wissenschaft. In den Sozial- und Humanwissenschaften wird heute von vielen die Meinung vertreten, wertneutrale Wissenschaft sei möglich, und nur eine Wissenschaft, die wertfrei arbeitet, sei überhaupt als Wissenschaft anzuerkennen. Man glaubt, auch im Bereich der Humanwissenschaften rein empirisch arbeiten zu können.

Dieser Auffassung liegt ein Mangel an kritischer Reflexion der eigenen Methode zugrunde. Es gibt keine Wissenschaft ohne Voraussetzungen. Die Mathematik, die doch am ehesten den Traum einer voraussetzungslosen, alles in Zahlen und Gleichungen erfassenden Wissenschaft zu verkörpern scheint, basiert auf einem Bündel von Prämissen, also von nicht beweisbaren Setzungen. Die Kernphysik weiß um die Bedeutung des Subjektiven in der empirischen Wahrnehmung. Je nach Versuchsanordnung erscheint Licht – wie schon erwähnt – einmal als Korpuskular- ein andermal als Wellenbewegung.

Selbst im Bereich des Rationalen und des Stofflichen ist voraussetzungslose Erfahrungswissenschaft folglich ein positivistischer Traum. Je stärker sich die Wissenschaften dem Lebendigen, dem Menschen, dem Emotionalen annähern, um so größer wird die

Zahl der notwendigen Setzungen, von denen aus Deutungen erfolgen, und damit das Ausmaß von Subjektivität in jenen Wissenschaften. Empirie und Deutung stehen folglich nicht im Gegensatz zueinander. Sie bedingen sich vielmehr. Die Interpretationen der Wirklichkeit befinden sich in einem inneren Zusammenhang. Ausgehend von einem Gefüge vorgegebener Grundannahmen wird in der Wissenschaft Welt verstanden und mit der Welt umgegangen. Deutungen und Wertungen sind unlösbar miteinander verbunden. Deutungen helfen zu verstehen, was und warum etwas ist. Wertungen geben an, wozu etwas ist und was geschehen soll. Wir erwähnten bereits, es wäre eine Beschneidung unserer Möglichkeiten des Weltverständnisses, die teleologische Denkweise, die Auskünfte über Ziel und Sinn vermittelt, aus dem Instrumentarium der Wissenschaften auszuschließen. Im Gegenteil, die Frage nach dem Warum und die nach dem Wozu sind aufeinander hingeordnet. Nur mit Hilfe dieser Doppelfrage wird man den Geschehnissen gerecht.
Dennoch wurde jene Denkrichtung als unwissenschaftlich abgetan. Im Streben nach reiner Wissenschaftlichkeit wurden, wie man meinte, Deutungen und Wertungen entfernt. Da Weltverständnis aber ohne solche Voraussetzungen nicht möglich ist, kam das verbannte Vorverständnis unbemerkt durch die Hintertüre in Gestalt ideologischer Glaubenssätze wieder herein. Diese neuen Dogmen der Wissenschaft hatten oft derart divinen Charakter, daß sie erst gar nicht auf ihren Wahrheitsgehalt hin kritisch überprüft wurden. Man sieht, wohin es führt, wenn Wissenschaften nicht sauber und bescheiden ihre Grundlagen, darunter auch ihre vorausgesetzten Wertvorstellungen ausweisen, sondern der Hybris verfallen, sie könnten die reine Wahrheit erfassen. Beispiele neuer Dogmen sind unter anderem der Glaube an die Gleichheit aller Menschen und der Glaube an ihre grenzenlose Begabbarkeit und Machbarkeit.
Die Illusion der Wertfreiheit brachte auf der einen Seite neue Superwerte und auf der anderen Seite eine Entwertung des Lebens. Unser Leben wird in allen Bereichen von der Wissenschaftsgläubigkeit des Zeitgeistes bestimmt. Überbewertung der Wissenschaften und Verlust von Wert und Sinn hängen mitein-

ander zusammen. Eine Schulpraxis, die nach Wertfreiheit im Unterricht trachtete, die Werte nicht geben wollte und konnte, mußte die Jugendlichen in ein Leben ohne Werte hineinschikken. Es ist absolut folgerichtig, daß heute viele junge Menschen – sowie auch ältere – ihr Leben als wert- und sinnlos empfinden. Konsequenterweise haben viele von ihnen das Gefühl, dieses Leben sei eigentlich gar nicht wert, gelebt zu werden. Streben nach Wertfreiheit führt letztendlich dazu, daß die Neigung zunimmt, ein Leben das nicht lebenswert erscheint, wegzuwerfen. Leben ohne Wert und Sinn ist unmöglich und unerträglich. Wenn sich die Schule nur darauf beschränkt, Faktenwissen mitzuteilen und ethische Werte dabei verdrängt, trägt sie bei zum Schwund des Lebens beim modernen Menschen, zur Ausbreitung der modernen Massenseuche, Depression genannt und zum Selbstmord bei denen, die es überdrüssig sind, ein wert- und sinnloses Leben zu führen.
Werterziehung in der Schule gilt es vor dem Hintergrund der Zeit zu sehen. Die zweite Welle der Aufklärung, die uns nach dem Zweiten Weltkrieg überspülte, bescherte uns einerseits Überbewertung von Wissen, Wissenschaft und Technik, andererseits eine Entwertung des sonstigen Lebens. In den Hohlraum, der durch den Verlust an seelischen, geistigen und ethischen Werten entstand, strömte praktischer Materialismus ein. Auch er wird aus dem Denken der Aufklärung gespeist. Die Wirklichkeit besteht ihrer Weltsicht zufolge aus Rationalem und Materiellem. Eng verbunden mit dem Materialismus ist der Kommerzialismus, die Vergottung des Geldes. Leben bestand für uns in den letzten Jahrzehnten weitgehend aus Geldverdienen, Massenkonsum, Statuserwerb und Machtstreben. Das waren und sind die eigentlichen Werte eines anderer Werte beraubten Lebens.
Der junge Mensch hat ein feines Gespür dafür, daß diese Werte das Leben letztlich nicht lebenswert machen. Mit Recht begann vor zehn Jahren der Jugendprotest gegen ein derart veräußerlichtes Leben. Leider sind heute fundamentale materielle Wirklichkeiten, die auch ein Leben benötigt, das sich nicht in ihnen erschöpfen möchte, gefährdet. Arbeit, erfüllender Beruf und ein zufriedenstellendes Einkommen sind nicht mehr selbstverständ-

lich. Von vielen begrüßt, begann die Jugend sich anzupassen und brav für jene materiellen Ziele zu arbeiten. Der Protest gegen den praktischen Materialismus unseres Lebens ist fast erloschen, ohne daß sich Wesentliches geändert hätte.

Wer diese Entwicklung begrüßt, dokumentiert damit unter anderem seine Kurzsichtigkeit. Der Protest galt letztlich einem wertlosen Leben. Durch Anpassung ist dieses Leben um nichts wertvoller geworden. Im Gegenteil, eine Chance wurde vertan. Das wird auf die Dauer nicht ohne politische Folgen bleiben. Unsere Verfassung garantiert uns mehr Freiheiten als die meisten anderen der Welt, erkannten wir. Leider sind uns die demokratischen Freiheiten so selbstverständlich geworden, daß wir nicht ermessen können, was es heißt, seine Meinung frei zu äußern, ohne dafür ins Gefängnis gesteckt zu werden, oder wie viel mehr Möglichkeiten das Leben dadurch erhält, daß wir reisen können, wohin es uns beliebt. Wie kostbar unsere Freiheit ist, werden wir erst bemerken, wenn wir sie einmal verlieren sollten. Dennoch wiegen all diese wertvollen Freiheiten bei vielen Bürgern nicht schwer genug, um ständig vor Eingriffen in diese Freiheit auf der Hut zu sein, um für ihre Verteidigung spürbare oder sogar schmerzliche Opfer zu bringen und unter Umständen für sie das Leben zu lassen. Unsere Freiheit wiegt leicht, weil sie hohl ist. Unter ihrem Schutz vollzieht sich ein entleertes, veräußerlichtes, von vielen als wertlos empfundenes Leben. Je weniger unser Leben also mit Werten gefüllt ist, um so weniger werden wir aufwenden, um unsere freiheitliche Gesellschaftsordnung, die dieses Leben ermöglicht, zu verteidigen. Die Schule vermittelt dem Jugendlichen Informationen und überläßt es seinem Gutdünken, wie er sie verwenden will. Weil die Informationen nicht eingebettet sind in ein Netz aus Wert und Sinn, werden viele junge Menschen vom Sog des praktischen Materialismus unserer Zeit erfaßt und gebrauchen die Schulinformationen im Dienste platt materialistischer Wertgebung, Aufgabe der Schule ist es, auch in dieser Richtung gegenzusteuern. Gerade weil unser Leben im Privatbereich, im Beruf und in den öffentlichen Bezügen von seelischen und ethischen Werten entleert ist, muß die Schule, wenn Leben ihr Lernziel sein soll,

die Schüler um so mehr mit Werten versehen.
Der Jugendprotest hat sich zwar gelegt; manche jungen Leute haben bereits resigniert und arbeiten stumpf vor sich hin. Bei vielen von ihnen gibt es jedoch immer noch eine große Offenheit für ein Leben, das sich nicht erschöpft im Produzieren um des Konsumierens willen und im Konsumieren um des Produzierens willen. Immer noch fragt und sucht eine große Zahl von ihnen. Wenn sie redliche, überzeugende und vertrauenswürdige Antworten erhielten, würden sie dem folgen. Die Wert- und Sinnmisere besteht nicht darin, daß Werte in der jüngeren Generation nicht gefragt wären, sondern dann, daß die Angehörigen der älteren Generation zumeist nicht den Mut haben, sich zu bestimmten Werten zu bekennen, sich bei und trotz aller Pluralität für diesen oder jenen Standpunkt zu entscheiden und von ihm aus verbindlich mit der Jugend zu reden. Falls sich in der Zukunft noch mehr junge Menschen das Leben nehmen sollten – wofür vieles spricht – dann tragen die Vertreter der älteren Generation hierfür Mitverantwortung, die zu ängstlich und zu kleinmütig waren, die Jugend zu einem Leben mit Werten und Wert zu erziehen.
Pluralität der Gesellschaft und Werterziehung durch ihre Institutionen stellen nicht – wie lange geglaubt – einen Widerspruch in sich selbst dar. Selbstverständlich darf die Schule dem Schüler kein enges Wertgehäuse überstülpen, weder ein christliches noch ein neomarxistisches. Die Werterziehung muß genügend Offenheit lassen für Wertentscheidungen der verschiedenen Gruppen der Gesellschaft. Sie hat sich darauf zu beschränken, ein hinreichend lockeres Gefüge von ethischen Leitsätzen zu vermitteln, das genügend Freiheit läßt, um darin verschiedenartige Positionen der gesellschaftlichen Gruppen unterzubringen. Jene Leitsätze sollten den einzelnen Jugendlichen leiten. Ihre Aufgabe ist es, wie Funkfeuer Orientierung und Kursbestimmung zu ermöglichen. Durch solche Wertmarkierungen wird der einzelne nicht gezwungen, sich an ihnen zu halten. Wenn er nicht auf die guten Erfahrungen vertraut, welche diejenigen, die ihm solche Orientierungshilfen anbieten, damit in ihrem eigenen Leben gemacht haben, mag er seinen eigenen Kurs steuern und dabei seine Er-

fahrungen sammeln. Wer sich jedoch orten und sein Lebensziel genau anpeilen möchte, dem darf die Schule jene Hilfen nicht verweigern.
In folgendem möchte ich eine Reihe solcher Grundsätze aufführen, die jene Funktion erfüllen könnten. Werterziehung in der Schule sollte von einer Werthierarchie ausgehen. Erstens: Befriedigung materieller Bedürfnisse mit Hilfe von Geld, zum Beispiel des Bedürfnisses nach Nahrung, Bekleidung, Wohnung, Fortbewegung ist wertvoll, verliert aber seinen Wert, wenn es zum alleinigen Zweck, zum Selbstzweck wird. Zweitens: Befriedigung elementarer Lebensbedürfnisse sollte auch als Fundament zur Erfüllung von seelischem, sozialem, geistigem und geistlichem Leben dienen. Drittens: Materielle Interessen sind nicht nur im Leben des einzelnen, sondern auch bei der Gestaltung der Gesellschaft, zum Beispiel der Wirtschaft, den Lebensnotwendigkeiten des Menschen unterzuordnen. Diese Rangordnung steht in unserem Leben derzeit häufig auf dem Kopf. Für die Wirtschaft bedeutet dies beispielsweise, daß Profit nicht der letzte Zweck des Wirtschaftens sein kann. Profit ist ein Mittel zum Zweck. Endzweck ist, durch menschgemäße Gestaltung der Arbeitswelt und durch Zentrierung auf die eigentlichen Bedürfnisse derer, die Produkte und Dienstleistungen verbrauchen, den Menschen ein größeres Maß von Möglichkeiten zu ihrer Entfaltung bereitzustellen.
Viertens: Jeder Mensch hat ein Anrecht auf Selbstverwirklichung, also auf Ausgestaltung seines einmaligen Personseins. Selbstverwirklichung geschieht aber nur im Nehmen und Geben. Ein Kind hat das Recht, mehr zu nehmen als es geben kann. Es übernimmt dabei die Pflicht, als erwachsener Mensch anderen mehr zu geben als genommen wird. Letztendlich muß im Leben ein ausgewogenes Verhältnis zwischen Rechten und Pflichten vorhanden sein. Fünftens: Die Freiheit, die unsere Verfassung garantiert, ist nicht nur eine Freiheit wovon, sondern – das muß in Ergänzung zu den Vätern des Grundgesetzes kräftig hinzugefügt werden – eine Freiheit wozu. Freiheit darf nicht zum Selbstgenuß verwendet werden. Sinn der Freiheit stellt es letztlich dar, sein Leben auf den Mitmenschen und die Gemeinschaft

zu beziehen. Mit Gaben, Eigentum, Macht und anderem sind Verpflichtungen verbunden. Diese Gaben dürfen nicht nur als Möglichkeiten des Selbstgenusses aufgefaßt werden, sondern auch als Herausforderung, sie in den Dienst des Mitmenschen und der Gemeinschaft zu stellen. Das Wissen um diese Notwendigkeit wird im Grundgesetz deutlich, wenn von der Sozialgebundenheit des Eigentums gesprochen wird. Nicht eine ohnedies unrealisierbare Gleichheit von Gaben, Besitz, Macht und so weiter bei allen Menschen ist der ethische Leitwert, sondern ihr Verpflichtungscharakter. Je mehr einer hat – ganz gleich durch was er herausgehoben ist – um so mehr wird von ihm gefordert. Wer nicht mit seinen Pfunden auch für die anderen wuchert, hat hat kein moralisches Recht, sie für sich zu verwenden.

Siebtens: Unsere Verfassung sieht den Menschen auch als Wesen vor Gott. Ohne daß Erziehung den einzelnen wie die Gesellschaft christlich überformen darf, sollte sie die Freiheit, in Vertrauen auf Gott glauben zu können, offenhalten. Eine Erziehung, die Verschlossenheit gegenüber einer solchen Dimension außerhalb des Menschen bewirkt, steht nicht im Einklang mit dem Grundgesetz. Achtens: Hinsichtlich der Grundlagen wie der letzten Ziele seines Lebens stößt der Mensch auf Unbegreifliches. Unterricht in der Schule darf dies nicht mit billigem Szientismus verschleiern. Werterziehung besagt, daß der Mensch nicht ohne gesetzte Deutungen und Werte sein Leben verstehen und vollziehen kann. Der Christ wird seine Interpretationen der Bibel entnehmen, ein anderer mag aus anderen geistigen Quellen schöpfen. Wer um die Subjektivität seiner Setzung weiß – auch wenn für ihn damit Wahrheitsanspruch verbunden ist – läßt dem Mitmenschen das Recht, eine andere Position zu beziehen. Neuntens: Zusammenleben verlangt charakterliche Tugenden. Die Maxime des Miteinander sollte einfach ausgedrückt lauten: »Verhalte Dich so zum Mitmenschen, wie Du es von ihm Dir gegenüber erwartest.« Leben in den drei Bereichen erfordert eine Reihe von Charaktereigenschaften, wie Ordnungssinn, Höflichkeit, Rücksichtnahme auf Personen ebenso wie auf Sachen, haushälterische Gesinnung, Sorgfalt, Zuverlässigkeit, Einsatzfreude, Verantwortungsgefühl, Pflichtbewußtsein, Opferbereitschaft und so weiter. Werterziehung in der Schule sollte bei den Schülern diese Tugenden entwickeln. Werterziehung ist Charaktererziehung.

Die Liste dieser Leitwerte erhebt keinen Anspruch, einen ethischen Minimalkatalog als Grundlage für Werterziehung in der Schule formuliert zu haben. Jene Sätze sind eher beispielhaft zu verstehen. Sie sollen angeben, wie Umrisse eines Gefüges von Leitsätzen lebensbezogener Minimalethik aussehen könnten. Die Aufzählung müßte selbstredend weitergeführt werden. Je feiner und vollständiger die Leitlinien ausgezogen würden, um so enger wird allerdings auch der ethische Rahmen. Deshalb darf eine solche Verfeinerung nicht zu weit getrieben werden. Anderenfalls vermag sie die Vielfalt unserer Gesellschaft nicht mehr abzudecken und engt den Entscheidungsraum des jungen Menschen zu sehr ein. Eine kasuistische Ethik als Voraussetzung von Werterziehung in der Schule kann und darf es nicht geben. Es reicht aus, wenn diese Erziehung dem Schüler Wertmarkierungen und Zielrichtung angibt, wenn sie bei ihm unverzichtbare Charakterwerte zur Entfaltung bringt, wenn sie eine ethische Grundhaltung anerzieht und durch all dies auch Gewissensbildung betreibt. Alles weitere wäre von Übel und würde den Jugendlichen in Unfreiheit schlagen. Werterziehung soll ihm einen genügend großen Spielraum lassen, um in den jeweils verschiedenen Situationen, in denen er sich befindet, eine angemessene ethische Entscheidung treffen zu können. Die vielen Kollisionen und Konflikte, die hierbei auftreten, darf ihm niemand abnehmen. Er soll an ihnen wachsen und dabei seinen Weg durchs Leben um so zielsicherer finden.

Es versteht sich wohl von selbst, daß auch Werterziehung in der Schule ein Erziehungsprinzip ist. In jedem Schulfach kann und muß Werterziehung geschehen. Durch eine saubere methodenkritische Haltung sollten die naturwissenschaftlichen Fächer auf die Grenzen des naturwissenschaftlichen Erkennens verweisen. Erkenntnis theoretischer Aussagen in jenen Fächern führt zur Bescheidung des Jugendlichen und zur Öffnung jenen Bereichen gegenüber, die in der Lage sind, Deutungen und Wertungen zu liefern. Auch im Geschichtsunterricht sollte unter anderem ge-

zeigt werden, daß der Wissenschaftler nicht von einer objektiven Wahrheit Besitz ergreifen kann und daß alle Gesichtsschreibung als Geschichtsdeutung geschieht. Zugleich sollte einem sich daraus leicht ergebenden Relativismus entgegengetreten werden.
Jeder soll sich für seine Position entscheiden und von dieser aus verbindlich mit der Wirklichkeit umgehen. Er sollte sein Vorverständnis allerdings ständig an den erfahrbaren Fakten messen und es revidieren, falls es in Widerspruch zum Erfahrungswissen gerät und sich zur Deutung von Geschehnissen als ungeeignet herausstellt. In jedem Fach tauchen Probleme des Wertes und des Sinnes auf, die zu behandeln sind und aus denen ethische Konsequenzen abgeleitet werden können. Dabei sollte diskutiert werden, was mehr für die eine und was mehr für die andere spricht. Der Lehrer sollte nach einer möglichst objektiven Diskussion jedoch nicht nur alles in der Schwebe lassen, sondern zu erkennen geben, was seine Haltung dazu ist und warum sie ihm richtig erscheint. Auch Werterziehung macht es unumgänglich, daß der Lehrer die Rolle des distanzierten Unterrichters aufgibt und seine Persönlichkeit in den Erziehungsprozeß einbringt.
In jedem Falle muß der Versuchung widerstanden werden, aus dem Erziehungsprinzip Werterziehung ein Fach Ethik zu machen, um es anschließend dem Religionsunterricht zu überweisen. Die Forderung nach Werterziehung in der Schule soll nicht den Religionsunterricht aufwerten, sondern die gesamte Schulerziehung entsprechend fundieren und zentrieren. Dabei ist es erforderlich, daß sich der Religionslehrer nicht nur als Religionswissenschaftler im Schulformat versteht, sondern als Erzieher, dessen Amt es ist, beim Entstehen ethischer Verbindlichkeiten in seinen Schülern mitzuwirken. Zu diesem Zweck müßte und könnte natürlich auch im Religionsunterricht noch mancher Wissensstoff ausgeräumt werden, um Platz für christliche Werterziehung zu schaffen.
Entscheidend wird sein, ob es der Werterziehung in der Schule gelingt, dem jungen Menschen beim Finden der richtigen Lebenseinstellung zu helfen. Der mittelalterliche Mensch war nach innen gerichtet und lebte weltabgewandt. Seine Lebensrichtung

faßte Augustinus einmal in folgende Worte: »Ich begehre, Gott und die Seele kennenzulernen.« Die andere Stimme in ihm (Augustin hatte sich, bevor er sich mit Inbrunst dem christlichen Glauben zuwandte, ziemlich in der Welt umgeschaut) fragte zurück: »Sonst nichts?« Die erste Stimme antwortete: »Nichts von allem.« Auf der Suche nach Gott und der Seele ließ der Mensch die Welt zurück. Er wollte durch sie nicht abgelenkt werden. Er befürchtete, durch die Verlockungen der Welt – und das sind ja, wie sich später zeigte, durchaus nicht nur sinnliche Versuchungen – das Kostbarste im Leben zu verfehlen.

Ausgelöst durch die Renaissance, vertieft durch Reformation und Aufklärung wandelte sich die Lebensrichtung des Menschen. An die Stelle seiner Weltverschlossenheit traten Weltoffenheit und Weltzugewandtheit. Von Jahrhundert zu Jahrhundert nahm die Extraversion des Menschen zu und die Introversion ab. In den letzten Jahrzehnten trieb dies einem neuen Höhepunkt zu. Wir verloren zuerst Gott und sind jetzt dabei, unsere Seele zu verlieren. In der Bibel heißt es: »Was hülfe es dem Menschen, wenn er die ganze Welt gewönne und nähme doch Schaden an seiner Seele.« Genau das geschah und geschieht. Man kann die Ohnmacht und die Kraftlosigkeit christlicher Verkündigung in der jüngeren Vergangenheit daran ablesen, daß sie nicht in der Lage war, dieser radikalen Veräußerlichung des menschlichen Lebens Einhalt zu gebieten und daß sie oft noch diesem Säkularisationsprozeß – zum Teil sogar begeistert – ihren christlichen Segen gab. Erst jetzt, nachdem uns die Folgen dieser einseitigen Lebensbewegung in Gestalt von zerstörter Umwelt und zerstörter Innenwelt einholen, beginnen wir, nachdenklich zu werden.

Es wäre nun völlig verfehlt – und einige sind dabei – eine neue Flucht aus der Welt anzutreten. Schlüge das Pendel in die alte Richtung zurück, so hätten wir aus dem Gang der Geschichte nichts gelernt. Die eine Lebensrichtung muß mit der anderen verbunden werden. Introversion und Extraversion schließen sich nicht aus; sie stehen vielmehr in einem fruchtbaren Spannungsverhältnis. Der Schwerpunkt des Lebens wird sich innerhalb der Lebensgeschichte des Einzelmenschen einmal mehr dem einen

Pol und in einem anderen Lebensabschnitt dem Gegenpol annähern. Lebt der Mensch nicht auch nach innen, sondern ausschließlich nach außen, so ist er nicht imstande, die Welt, die Zukunft der Menschen, menschlich zu gestalten. Dies nämlich setzt voraus, daß der Mensch offen ist, Gott und der Seele gegenüber. Zögen wir uns aus der Welt zurück, so würde dies die Macht der Macher verstärken, die, sei es als Technokraten, sei es als Ideologen, glauben, die Welt auch ohne Seele und Gott in ein Paradies verwandeln zu können. Vorentscheidungen aber, wie die Lebensrichtung bei jedem einzelnen aussieht, fallen auch in der Schule. Deshalb aber muß sich die Schule so wandeln, daß beide Lebensrichtungen in ihr Raum finden.

13 Voraussetzungen menschgemäßer Gestaltung der Schule

Die Schule hat es zu tun mit jungen Menschen, die auf der einen Seite untereinander gleich, auf der anderen Seite aber voneinander unterschieden sind. Zum Teil erwarten sie gleiche Lebensanforderungen, zum Teil sind diese verschieden. Gleichheit und Verschiedenartigkeit ergeben sich damit als zwei Gestaltungsprinzipien der Schule. Bildungspolitik sollte sich auf der einen Seite davor hüten, die herkömmlichen Schularten in eine Einheitsschule zu überführen und auf der anderen Seite, die Differenzierung des Schulwesens zu weit zu treiben. Wird der Akzent zu sehr auf das eine oder auf das andere Gestaltungsprinzip gelegt, so geht die Schule an der einen oder der anderen Seite des Menschen und des Lebens vorbei. Es ist anzustreben, die beiden Prinzipien in ein spannungsvolles, dynamisches Gleichgewicht zu bringen. Über die Frage der Gewichtung wird es immer wieder Diskussionen geben und geben müssen.

Jeder Schüler stellt ein rationales wie emotionales, ein soziales wie körperliches Wesen dar. Jeder Mensch ist auf Wert und Sinn angelegt und angewiesen. Deshalb müssen die Erziehungsarten, die jene Seiten des Schülers zu Entfaltung bringen sollen, in allen Schularten und Schulstufen vertreten sein. Je nach Begabung und Lebensalter sind hierbei die Gewichte verschieden zu verteilen. Ausdruck des Gleichheitsprinzips ist ein tragfähiger gemeinsamer Sockel der leiblichen und musischen Fächer, der ebenfalls eine allen Schularten und Schulstufen gemeinsame Reduktion in den Stundentafeln der Wissensfächer bedingt. Um Richtung und Relation einer Verteilung solcher Erziehung auf

Unterrichtsfächer anzugeben, möchte ich zeigen, wie ein Stundenplan in der Sekundarstufe I aussehen könnte. Es handelt sich hierbei um ein Grundmodell, das selbstredend unter verschiedenen Bedingungen unterschiedlich differenziert werden muß. Dabei gehe ich aus von einer Sechs-Tage-Woche und je sechs Stunden Unterricht. Weil den leiblichen und musischen Fächern in diesem Entwurf viel Raum gegeben wird, halte ich eine so hohe Stundenzahl für zumutbar. Folgende Zuordnung der Fächer wäre denkbar: Sechs Stunden Leibeserziehung, je zwei Stunden Musik, Kunsterziehung und Werk- inklusive Haushaltserziehung. Drei Stunden Deutsch. Je eine Stunde Geschichte, Gemeinschaftskunde, Geographie. Je drei Stunden Englisch und Französisch. Fünf Stunden für die mathematisch-naturwissenschaftlichen Fächer. Eine Stunde Religion. Sechs Stunden für freiwillige Arbeitsgemeinschaften. Die Grundtendenzen dieses Modells sollten in allen Schularten den Unterricht gestalten.

Die unumgängliche Stoffreduktion hätte mehrere Effekte. Sie würde es möglich machen, die Lehrinhalte in einigen Fächern so zu beschneiden, daß Zeit für die leiblichen und musischen Fächer entstünde. Ferner würde in den Fächern selbst durch Stoffverkleinerung Zeit gewonnen, die erforderlich ist, wenn in ihnen nach den von mir beschriebenen Erziehungsprinzipien erzogen werden soll und wenn dabei das Basiswissen derart gefestigt wird, daß es auch nach Verlassen der Schule noch zur Verfügung steht.

Stoffreduktion würde ferner die außerordentlich wichtige Möglichkeit der Verkleinerung von Klassen schaffen. Um nämlich die von mir skizzierte Art von Erziehung und Unterricht durchzuführen, sind Klassengrößen von zwanzig bis fünfundzwanzig Schülern unabdingbar. Gelingt es nicht, die Klassen derart zu verkleinern, so erübrigt es sich, über das Thema menschgemäße Schule weiter zu diskutieren. Ich möchte mit Hilfe eines Beispiels zeigen, wie Klassenverkleinerungen durch Stoffreduktion möglich sind: Unterrichtet ein Lehrer in einer Klasse von vierzig Schülern einen Stoff von hundert Einheiten in einer Zeit von vier Stunden, so kann er bei einer Stoffbeschränkung auf fünfzig Einheiten diesen Stoff in einer Zeit von je zwei Stunden zwei

Klassen zu je zwanzig Schülern beibringen. Damit entfällt, weil die Klassen kleiner wurden, auf den einzelnen Schüler anteilmäßig mehr Unterrichts- und Erziehungszeit von seiten des Lehrers.

Verdichtet man den Stoff noch weiter, so wird bei gleicher Klassenstärke Zeit des Lehrers für andere Zwecke freigesetzt. Der erste Zweck war, wie wir sahen, die Übernahme anderer Unterrichtsfächer. Das zweite Ergebnis wäre, daß Zeit für die Fortbildung des Lehrers entstünde. Wird die Schule in der von mir vorgeschlagenen Weise umgestaltet, so macht das eine intensive Fortbildung der Lehrer notwendig. Sie müssen sowohl auf ihren Erziehungsauftrag, als auf die Notwendigkeit, in einem Fach zu unterrichten, das sie nicht studiert haben, hinreichend vorbereitet werden. Ohne gründliche Vorbereitung der Lehrer auf die veränderten Aufgaben muß der Versuch, die Wissensschule in eine Lebensschule umzuwandeln, scheitern. Es dürfte dem Lehrer zumutbar sein, vielleicht zwei Wochen seiner Jahresferien für Fortbildung zu opfern. Es wäre jedoch eine Zumutung, die negativ auf die Schule zurückwirken würde, wollte man einen noch weiter gehenden Verzicht auf freie Zeit von ihm erwarten. Auf der einen Seite würde zwar jene Veränderung der Schule für den Lehrer erhebliche Erleichterungen bringen. Auf der anderen Seite ist es aber wesentlich anstrengender, personal und individuell zu erziehen, als wie bisher einem Unterrichtskollektiv gegenüber frontal zu unterrichten. Soll der Lehrer eine Erziehung kräftemäßig durchhalten, die viel von seiner Persönlichkeit fordert, so braucht er genügend Zeit, um sich erholen zu können. Läßt ihm die Schulverwaltung diese Zeit nicht, so wird er aus kräfteökonomischen Gründen in die kräftesparende alte Rolle des distanzierten Monologisierens zurückfallen. Stoffreduktion setzt folglich bisherige Unterrichtszeit frei, die auch zum Zwecke der Weiterbildung des Lehrers zu benutzen ist.

Die Möglichkeiten, die jene Stoffreduktion eröffnet, sollten gleichmäßig genutzt werden, um die erstrebten Ergebnisse zu erreichen: Erstens mehr Zeit für Erziehung und Unterrichtung. Zweitens mehr Zeit für andere Fächer. Drittens Verkleinerung der Klassen. Viertens mehr Zeit für Weiterbildung der Lehrer.

Um dieser Ziele willen sollten wir – falls sie sich mit der vorgeschlagenen Verdichtung des Stoffes auf etwa ein Drittel der bisherigen Menge nicht erreichen lassen – bereit sein, die Lernangebote noch mehr auf das Exemplarische zu beschränken.

Bestimmte Quantitäten machen es unmöglich, bestimmte Qualitäten hervorzubringen. Auf diesen Zusammenhang stießen wir bereits in der Frage der Klassengrößen. Es ist jedoch merkwürdig, daß viele von denen, die lautstark kleine Klassen fordern, nicht ebenso heftig für kleine Schulen eintreten. Von einer bestimmten Größe an wird nämlich eine Schule für Lehrer und Schüler unüberschaubar. Eine Großgruppe verwandelt sich damit in eine unstrukturierte Masse. Eine menschgemäße Schule kann nur von vielen personalen Beziehungen der Beteiligten untereinander getragen werden. Überschreitet das Lehrerkollegium eine gewisse Größenordnung, so sind unter den Lehrern solche Verbindungen nicht mehr möglich. Man kennt sich nicht, läuft aneinander vorbei, jeder macht seine Arbeit für sich. Wie wir sahen, ist soziale Erziehung ein tragendes Element einer Schule, in der Leben gelernt werden soll. Sollen die Erzieher soziale Fähigkeiten ausbilden, und Klassen als soziale Übungsfelder verstehen, so müssen sie selbst in einem Verband sozialer Interaktionen stehen. Je weniger das Lehrerkollegium eine Gemeinschaft ist, um so weniger wird es dem einzelnen Lehrer möglich sein, den Klassen zu helfen, daß aus ihnen echte Gemeinschaften werden. Das soziale Klima des Lehrkörpers bestimmt das Klima in der ganzen Schule.

Die Schule soll unter anderem zur Ganzheit erziehen. Zur Ganzheit der Einzelpersönlichkeit des Schülers, zur Ganzheit seiner Welterfahrung und des Umgangs mit der Welt. Ist der Lehrkörper keine Ganzheit, sondern zersplittert in viele Einzelteile, die nur auf ihre speziellen Fächer bezogen sind, so kann jenes Erziehungsziel nicht erreicht werden. Großschulen bewirken Anonymität und Vereinsamung bei Lehrern und Schülern. Sie desintegrieren, statt zu integrieren. Es mag sein, daß sich Lehrer und Schüler in ihnen sehr um soziales Lernen bemühen. Ohne die Voraussetzung individueller personaler Beziehungen, die im Hinblick auf die einzelne Klasse wie hinsichtlich der gesamten Schule auch von einer bestimmten Größenordnung abhängen, kann durch soziales Lernen nur neues soziales Wissen angehäuft werden. Bestenfalls legen sich die Schüler einige Sozialtechniken zu. Diese sind jedoch aufgesetzt und weder in die Gesamtpersönlichkeit integriert, noch als Ausdrucksmittel für sie geeignet. Soziales Lernen, das nicht getragen ist von personalen Voraussetzungen, führt zum human engineering, also zum technischen Umgang mit dem Menschen und damit zu neuer Inhumanität.

Eine Schule sollte nicht mehr als sieben- bis achthundert Schüler umfassen. Das hat zur Folge, daß eine Großzahl von Schulen neu zu gliedern sind. Hieraus ergibt sich aber wohl auch die Konsequenz, daß Gesamtschulen kaum die Schulform sein können, in der umfassende Bildung der Persönlichkeit des Schülers möglich ist. Die üblichen Gesamtschulen überschreiten jene Schülerzahl bei weitem und erzeugen das eben kritisierte, anonyme, unpersönliche Klima, in welchem personale Pädagogik unmöglich gedeihen kann. Wenn es möglich sein sollte, die Schülerziffer unter dieser Grenze zu halten und wenn in der Gesamtschule das tragende Element des Klassenverbandes gewährleistet wäre, könnten die Möglichkeiten der Gesamtschule unter dem Aspekt, den dieses Buch aufzeigt, durchaus diskutiert werden. Wird hingegen ein dreigliedriges Schulsystem in der Art, wie es hier umrissen wurde, mit einem breiten gemeinsamen Fundament versehen, so kann wohl nicht mehr davon gesprochen werden, daß das dreigliedrige Schulwesen unsere Klassengesellschaft stabilisiere. Das ist um so weniger der Fall, als, wie ich bald zeigen werde, neben den gemeinsamen Elementen in allen drei Schularten auch die Durchlässigkeit von Hauptschule und Realschule zur Hochschule hin stärker hervorzuheben ist.

Das Anliegen, unter dem Gesichtspunkt von Gleichartigkeit und Verschiedenartigkeit eine menschgemäße Schule aufzubauen, scheint mir also in einem dreigliedrigen Schulwesen besser gewährleistet zu sein, als in einem eingliedrigen. Die Unterrichtsfächer einer Schule, in der umfassende Erziehung auf das Leben hin geschieht, sind je nach Begabung und Lernfähigkeit der Schüler in den verschiedenen Schularten stärker oder schwächer zu akzentuieren. Mehr praktisch begabte, manuell befähigte und langsamer lernende Schüler sollten den Weg der Hauptschule einschlagen. Erziehung in der Realschule und im Gymnasium wird in der gleichen Weise wie in der Hauptschule leibliche, emotionale, soziale, rationale und Werterziehung sein. Jedoch auf einem höheren Begabungsniveau, in differenzierterer Weise, mit zusätzlichen Fächern – etwa der weiteren Fremdsprache – anderen Arbeitsgemeinschaften und einem höheren Lerntempo.

Wir sollten uns davor hüten, in den Akten der Feststellung von Begabungsrichtungen, des Begabungsniveaus, der Lernfähigkeit und damit in der Auslese bereits eine Entscheidung zu sehen, die Lebenschancen vorwegnimmt. Die Hauptschule sollte die Regelschule sein. In sie sollten nur die Schüler nicht übertreten, die sich bereits im Alter von zehn Jahren durch augenfällig überdurchschnittliche Begabung auszeichnen. Es werden wohl kaum mehr als zwanzig Prozent sein, bei denen man schon in diesem Alter ungewöhnliche Begabtheit feststellen kann. Die anderen achtzig Prozent sollen in der Hauptschule, die Gymnasium und Realschule gegenüber entsprechend aufzuwerten ist, nach Kräften gefördert werden. Dabei würden sich weitere Begabungen bei diesen Schülern herauskristallisieren, die in Realschule und Gymnasium besser entwickelt werden könnten. Diese Schüler sollten in den ersten zwei Jahren der Hauptschule noch leicht in die anderen Schularten überwechseln können. Der große Strom der Hauptschüler fließt weiter in das berufsbildende Schulwesen, das ebenfalls weit besser auszustatten ist, als dies in der Vergangenheit der Fall war. Gleichzeitig erlernt der Schüler einen praktischen Beruf. Sowohl in der berufsbildenden Schule, als durch das Lernen in praktischer Arbeit werden sich erneut Schüler mit solchen Begabungen herausschälen, die durch Aufbauzüge, Fachgymnasien und auf den anderen Wegen, die heute bereits bestehen, zu den verschiedenen Arten der Hochschulreife geführt werden können.

Eine korrigierende Bildungsinformation sollte versuchen, den durch die Bildungswerbung der sechziger Jahre hervorgerufenen Reflex: »Gymnasium gleich große Lebenschancen – Hauptschule gleich kleine Lebenschancen« wieder aufzulösen. Sie muß

den Eltern nachhaltig ins Bewußtsein bringen, daß zu Abitur, Hochschule, Universität zwei Wege führen, und zwar über das Gymnasium genauso wie über die Real- und Hauptschule. Die Eltern sollten wissen, daß ihre Kinder keine Chance versäumen, wenn sie diese, da sich am Ende der Grundschule noch keine überdurchschnittliche Begabtheit abzeichnet, in der Hauptschule belassen. Erneut ist den Eltern zuzumuten, daß sie umdenken.
Der Prozeß des Umdenkens muß noch weiter gehen. In uns steckt nach wie vor die Vorstellung: Man geht einmal zur Schule, danach vielleicht noch zur Universität und macht sein Examen. Wer das nicht zustande gebracht hat, wird nie mehr die Chance zu höherer Qualifikation erhalten. Wer das aber schaffte, braucht nie mehr die Schulbank zu drücken. In der Zukunft werden wir lebenslang lernen müssen. Diese Zukunft hat aber in Gestalt der Schüler, die unser Schulwesen auf ihre Zukunft hin vorbereiten sollte, schon angefangen. Weil diese jungen Leute bis weit in das 21. Jahrhundert hinein immer wieder lernen müssen, eröffnen sich ihnen damit aber auch immer neue Chancen durch Zuwachs von Können und Wissen. Es besteht folglich keinerlei Veranlassung, sich jetzt starr auf den eventuellen Übertritt aus der Grundschule in das Gymnasium zu fixieren. Weil lebenslang zu lernen ist, verliert die Schule das erdrückende Gewicht, das sie heute für viele bekommen hat. Ihre Weichenstellungen verlieren an Bedeutung.
Bildung werden wir in Zukunft als Baukastensystem zu begreifen haben. Ein wichtiges Element wird das Gymnasium bleiben. Wer es nicht durchlaufen hat, baut, so er will und befähigt ist – das ist heute bereits in der annähernd gleichen Zeit möglich –, verschiedene andere Steine zusammen mit demselben Ergebnis der Hochschulreife. Wer längst im Beruf steht, wird, weil er sich künftig nicht mehr auf dem früher einmal Erworbenen ausruhen kann, auch neue Bildungsmöglichkeiten finden. Ich sehe keine Bedenken, Facharbeiter, Techniker, graduierte Betriebswirte und so weiter, auch ohne daß sie das Abitur besitzen, an Kursen teilnehmen zu lassen, die von der Universität oder der Hochschule veranstaltet werden und die in ihrem Bildungsurlaub stattfinden. Die Teilnehmer sollten aller-

dings, damit auf dem gleichen, und zwar einem hohen, dennoch praxisbezogenen Niveau gearbeitet werden kann, in einer kleinen Prüfung Eingangsvoraussetzungen nachweisen. Mehrere Ferienkurse, vielleicht verbunden mit Fernunterricht könnten sehr wohl zu einem von der Hochschule verliehenen Zertifikat führen. Aber auch ohne Addition solcher Bildungsveranstaltungen kann es sehr sinnvoll sein, einen in sich abgeschlossenen etwa vierzehntägigen Kurs zu belegen.

Ein solches Baukastensystem hätte noch zwei erfreuliche Nebenwirkungen. Die erste: Wir wissen derzeit nicht, wie wir mit dem Schüler- und Abiturientenberg fertig werden sollen. Erst gegen Ende der achtziger Jahre wird sich an Hochschulen und Universitäten infolge der geburtenschwachen Jahrgänge der zweiten Hälfte der sechziger Jahre die Lage entspannen. Es bietet sich an, die große Zahl der Schüler nicht in das Gymnasium zu leiten, sondern praktischen Berufen zuzuführen – zumal die meisten Menschen ja ohnedies mehr praktische als theoretische Begabungen aufweisen. Was die jungen Menschen danach an weiterführender Bildung benötigen, würde auf den Zeitraum verteilt, in dem an den Hochschulen und Universitäten freie Kapazitäten vorhanden sind. Die zweite positive Nebenwirkung: Gezielte Bildungsveranstaltungen für Leute aus der Praxis sind nur fruchtbar, wenn sie entsprechend praxisnah sind. Um diese auszuarbeiten, wären die Hochschullehrer gezwungen, sich bei weitem mehr mit der Praxis auseinanderzusetzen, als dies heute geschieht. Sie würden dadurch wertvolle Anregungen erhalten. Ein wechselseitiger Lern- und Erziehungsprozeß käme zustande.

Wenn die Schule ihrem eigentlichen Anliegen nachkommen soll, den Schülern Hilfen zur Entfaltung ihrer Gesamtpersönlichkeit zu geben, muß sie befreit werden von dem Beiwerk, das inzwischen zu ihrem Hauptwerk wurde und das Pädagogische in ihr erdrückt hat. Ich meine damit das Unwesen der durch sie erteilten Berechtigungen. Derzeit nimmt Lehrer und Schüler die Jagd nach der Berechtigung, die an die optimale Numerus-clausus-Note gebunden ist, derart in Anspruch, daß das Fördern von Begabungen in den Hintergrund tritt. Je mehr die Schule, ohne individuell fördern zu können, fordert, um so mehr bringt sie die Schüler in einen ungesunden Streß. Da sich die anderen Schularten am Gymnasium orientieren, wächst in der Schule die Tendenz zu Abschlußprüfungen, mit denen ebenfalls Qualifikationen verbunden sein sollen, die wiederum zu bestimmten Laufbahnen berechtigen.

Weil Leistungen an Schule und Hochschule wenig aussagen über den Berufserfolg, ist es im Hinblick auf die meisten Berufe auch unsinnig, einen bestimmten schulischen Werdegang, verbunden mit einem entsprechenden Diplom als Eingangsvoraussetzung zu verlangen. Zu den wenigen Berufen, die hier eine Ausnahme bilden, dürfte zum Beispiel der Beruf des Arztes oder der des Richters gehören. Für die allermeisten Berufe, besonders für die Laufbahnen des öffentlichen Dienstes, sollte eine andere Regelung gelten. Grundsätzlich sollten jene Berufswege allen Hauptschulabgängern offenstehen. Über den beruflichen Aufstieg müssen Begabung, Leistung, Persönlichkeit und permanente Weiterbildung entscheiden. Wer in die nächsthöhere Laufbahn eintreten möchte, und in der bisherigen vollen Erfolg hatte, soll sich mittels Weiterbildung die Fähigkeiten und Kenntnisse aneignen, die er noch nicht besitzt, die aber auf der nächsten Stufe gebraucht werden. Jedem begabten, lerneifrigen und leistungswilligen Hauptschüler würde damit das Tor zur höheren Beamtenlaufbahn offenstehen. Es ist nicht einzusehen, warum zwar ehemalige Facharbeiter als Minister zum Teil Vorzügliches leisten, daß aber anderen der Zugang zu den höchsten Beamtenrängen verschlossen sein soll.

Umgekehrt hätten weder Abiturient noch Akademiker einen Anspruch auf eine Laufbahn und die Besoldung nach einer bestimmten Klasse. Sie sollten zuerst einmal eine zwei- bis dreijährige Probezeit durchlaufen, in der sie ihre Qualifikation in Gestalt von Leistung unter Beweis stellen, um dann in einer Laufbahn eingesetzt zu werden, die durchaus nicht die sein muß, auf die sie heute einen Rechtsanspruch haben. So hätte ein für die höhere Beamtenlaufbahn ungeeignet erscheinender Akademiker damit zu rechnen, als mittlerer Beamter eingesetzt zu werden. Falls er hier dennoch Ungewöhnliches leisten sollte, könnte er auf die nächsthöhere Ebene übernommen werden. Bei einer

solchen Regelung würde es sicher öfters vorkommen, daß ehemalige Haupt- oder Realschüler an Abiturienten und Doktoren vorbeizögen – auch ohne Parteizugehörigkeit.
Was hier vor allem für den öffentlichen Dienst gefordert wurde, wird in der Wirtschaft längst praktiziert. Modellhaft steht hierfür das Bankwesen. Hier legt man keinen großen Wert auf Akademiker ohne Banklehre. Umgekehrt erhalten Bankkaufleute auch ohne Abitur und Studium in den Sparkassenschulen und in den eigenen Bildungseinrichtungen der Großbanken eine spezielle Weiterbildung, die zum Aufstieg befähigt. Auch die übrige Wirtschaft fördert ihre Mitarbeiter in privaten Bildungsgängen und gibt dafür Unsummen aus. Warum sollte das System Bildung im Baukastenstil nicht noch mehr ausgebaut und im Laufe der Zeit wieder stärker in die Hände der öffentlichen Bildungsinstitutionen gelegt werden, die ja auch von öffentlichen Mitteln getragen sind?
Dieses Verfahren hätte eine Reihe positiver Auswirkungen. Zum ersten würde die Schule vom Druck des Berechtigungswesens befreit und könnte sich mehr ihrem eigentlichen Anliegen, der Förderung, widmen. Zum zweiten würden viele Eltern ihre Kinder nicht mehr in Gymnasien und Realschule schicken, wenn diesen auch ohne direkt angepeiltes Abitur mit nachfolgendem Studium alle Wege offenstünden. Das hätte eine weitere Entlastung von Gymnasium, Realschule, Hochschule, Universität zur Folge, wodurch die Erziehungs- wie Lernmöglichkeiten an diesen Institutionen erheblich verbessert würden. Zum dritten würde jeder durch die vor ihm liegenden Berufs- und Sozialchancen, sowie durch die bessere Bezahlung zur Weiterbildung und Mobilisierung seiner Begabungsreserven angeregt. Zum vierten wäre damit das Leistungsprinzip zum bestimmten Faktor im öffentlichen Dienst geworden. Die Effektivität würde gesteigert und als Folge hiervon die hohen Personalkosten des öffentlichen Dienstes gesenkt.
Ein ähnlicher Effekt geht für die Schule von einer Empfehlung aus, welche die Kommission »Anwalt des Kindes« des Landes Baden-Württemberg an den Kultusminister Professor Hahn richtete und die auf einen Vorschlag des Jugendpsychiaters Rein-

hart Lempp zurückging. Der Inhalt ist folgender: Das Abitur soll am Ende des zwölften Schuljahres abgelegt werden. Die dreizehnte Klasse hätte die Funktion eines Vorstudienjahres. In ihm sollte gezielt auf das zu wählende Studienfach vorbereitet werden. In das Vorstudienjahr würden nur die Schüler überwechseln, die sich einem Studium zuwenden wollen. Die anderen treten in praktische Berufe ein. Am Ende des Vorstudienjahres müßte eine Hochschuleingangsprüfung in der Schule abgelegt werden, die im Falle des Bestehens zum Studium berechtigt.

Eingangsprüfungen sind sinnvoll, weil in ihnen überprüft wird, ob der Stand von Kenntnissen und Fähigkeiten dem entspricht, was in der anschließenden Bildungseinrichtung vorausgesetzt wird. Eine Abschlußprüfung ist sinnlos, sofern längere Jahre Gelegenheit bestand, Begabungen, Leistungen und Entwicklung des Schülers zu beobachten und zu bewerten. Jener Empfehlung zufolge könnte die Schule bis zum Ende des zwölften Schuljahres ohne den heutigen Numerus-clausus-Druck sowohl berufs- als studienbezogen arbeiten und würde darum eine Befähigung vermitteln, mit der der junge Mensch, auch ohne studieren zu wollen, etwas anfangen kann. Das wäre für manche ein Anreiz, auf ein hartes Vorstudienjahr, dessen Ausgang unsicher ist, zu verzichten und einen Beruf zu ergreifen. Vor allem hätte das Abitur jedoch seinen Berechtigungscharakter verloren. Es würde nur zu einem Vorstudienjahr berechtigen und zu weiter nichts. Damit würden die Sinnlosigkeiten entfallen, die heute mit dem Streben nach einem möglichst günstigen Notendurchschnitt im Abitur verbunden sind, wie zum Beispiel das Abwählen der Fächer, um den Notendurchschnitt zu heben. Fächer, die man aber im Beruf braucht.

Die Schule, für die in diesem Buch plädiert wird, soll auf das Leben vorbereiten und menschgemäß sein. Das Leben des Menschen spielt sich nicht ab auf einer einsamen Insel, sondern in der Gesellschaft. Die Strukturen und die Bedürfnisse dieser Gesellschaft weichen jedoch in mancherlei Hinsicht von denen des Menschen ab. Inwiefern kann also eine Schule, die dem Menschen entsprechen und seine Gesamtpersönlichkeit zur Entfaltung bringen will, zugleich leben – und das heißt leben in der Gesellschaft – lehren? Liegt hier nicht ein Widerspruch vor? Die Gesellschaft, in der wir stehen, ist eine Leistungsgesellschaft. Ohne Leistungen des einzelnen können die vielfältigen Verpflichtungen von Gesellschaft und Staat nicht erfüllt werden. Auf der anderen Seite muß jedoch auch der Einzelmensch Leistungen vollbringen, wenn er sich verwirklichen will. Prinzipiell entsprechen somit die Notwendigkeit gesellschaftlicher Leistung und das Bedürfnis menschlicher Entwicklung nach Leistung einander. In einigen Punkten sind jedoch die beiden Leistungserfordernisse nicht deckungsgleich.

Soll sich der Mensch mittels Leistungen entwickeln, so müssen sie dem Menschen gemäß sein, das heißt sie müssen ganzheitlich sein. Leistungen, die den Menschen einseitig fordern, führen auch nur zu einseitiger Entwicklung. Die unterforderten Seiten verkümmern. Einer – medizinisch gesprochen – Hypertrophie, also einer Überentwicklung bestimmter Seiten stehen dann atrophierte Anlagen, also unterentwickelte Seiten des Menschen gegenüber. Dadurch gerät der Mensch aus dem Gleichgewicht und wird potentiell krank. Die Kombination von überforderndem intellektuellem Lernen und Unterforderung der emotionalen, sozialen, leiblichen und ethischen Seiten des Menschen ist, wie gesagt, eines der Hauptprobleme unseres Schulwesens. Genau darin besteht aber eine Analogie zu den Anforderungen unserer Gesellschaft. Diese Gesellschaft ist in hohem Maße arbeitsteilig. Damit verbunden sind aber immer nur Teilforderungen des Menschen. Es ist lebensnotwendig für ihn, die Disharmonien zwischen Über- und Unterforderung durch die Arbeitswelt in seiner Freizeit auszugleichen. Dennoch bleibt der Zwiespalt bestehen, daß die Schule den Menschen ganzheitlich bilden soll und daß in unserer Gesellschaft nicht Ganzheitlichkeit, sondern Spezialistentum gefragt ist. Produziert also nicht eine menschgemäße Schule am Bedarf der Gesellschaft nach menschlichen Teilfunktionen vorbei?

Ja und nein. Wenn die Schule den Menschen umfassend erzieht, ist er belastbar genug, um innerhalb des Berufslebens einseitige Verrichtungen zu übernehmen und in der Lage, die Folgen solcher Einseitigkeiten im Privatleben auszugleichen. Eine menschgemäße Schule soll aber auch junge Menschen entlassen, die sich als Pfahl im Fleisch einer zum Teil inhumanen Gesellschaft verstehen. Wieso müssen eigentlich gesellschaftliche Bedürfnisse und die des Menschen auseinanderweichen? Die Strukturen dieser Gesellschaft sind von Menschen gemacht. Gesellschaft sind wir alle. Der demokratische Staat, in dem wir leben, gibt uns die Freiheit, unser Gemeinwesen so zu gestalten, daß seine Bedingungen den Lebensnotwendigkeiten des Menschen gemäß sind. Warum muß eigentlich der Mensch der Gesellschaft angepaßt werden? Geht das nicht auch umgekehrt? Dies bedeutet: Die Schule soll dem Jugendlichen das Gewissen für Humanisierung der Gesellschaft schärfen und ihm Mut machen zu einem lebenslangen Weg politischer Veränderungen. Falls es nicht zu einer Vermenschlichung der Gesellschaft kommen sollte, ist dies nicht die Folge von Sachzwängen, sondern das Ergebnis von Bequemlichkeit und Resignation.

Die Schule darf demnach auf keinen Fall, um den Schüler auf die inhumanen Züge in der Leistungsgesellschaft zu präparieren, deren Strukturen übernehmen. Es ist unmenschlich zu sagen: »Die beste Voraussetzung auf den Streß der Leistungsgesellschaft ist der Streß in der Leistungsschule.« Im Gegenteil, die Schule muß menschgemäße Arbeitsbedingungen herstellen und den Jugendlichen dazu erziehen, daß er in der Gesellschaft um die gleichen Arbeitsbedingungen kämpft. Eine Produktionstechnik, die mit dem Stichwort »Fließband« gekennzeichnet ist und die den Menschen verkümmern läßt, stellt kein unabwendbares Schicksal für die Menschheit dar. Hochmechanisierte Abläufe, die den Menschen bei ihrer Bedienung auf das Niveau der Maschine herabdrücken, lassen sich überwinden durch Vollautomation, bei der die Zahl der einseitig geforderten Menschen kleiner wird. Sie können auch, wie bekannt, in Richtung auf größere Ganzheitlichkeit hin aufgelöst werden. Produktion in Arbeitsgruppen erfordert umfassendere Fähigkeiten und Fertigkeiten des Menschen.

Entscheidend zur Gestaltung der Arbeitswelt ist, welches Prinzip an die oberste Stelle der Wertordnung gesetzt wird. Soll der

Mensch dem größtmöglichen Profit geopfert werden oder begnügt sich der Kapitaleigner, damit sich der arbeitende Mensch in seiner Tätigkeit besser entfalten kann, mit geringerem Profit? Alles in allem betrachtet wäre dies auf weite Sicht gesehen sicher auch die wirtschaftlichste Lösung. Soll Humanisierung der Leistungsgesellschaft in den nächsten Jahrzehnten geschehen, so hat die Schule dafür zu sorgen, daß bei den Schülern jetzt die hierfür notwendigen Leitwerte, das politische Engagement und vor allem der lange Atem entsteht. Gelingt es der Schule, sich nicht von den inhumanen Strukturen der Gesellschaft – das Problem von Inhumanität in der Leistungsgesellschaft stellt ja nur ein Problem unter anderen dar – anzupassen, sondern auf Anpassung jener Bedingungen an die Bedürfnisse des Menschen hinzuerziehen, so ist der Widerspruch zwischen dem Menschgemäßen und dem Lebensbezogenen in ihrer Erziehung prinzipiell aufgehoben.

Um das zu ermöglichen, muß sich die Schule von einer Lernschule zur humanen Leistungsschule wandeln. Welche Bedingungen sind dabei zu erfüllen? Hierzu einige Leitsätze, die sich zum Teil bereits aus dem bisher Gesagten ergeben: Erstens: Leistungen in der Schule sind nötig zur Entwicklung des jungen Menschen. Sie sollten mit einem möglichst großen Wirkungsgrad Fähigkeiten und Fertigkeiten des Schülers und damit seine Persönlichkeit zur Entfaltung bringen. Zweitens: Schulleistungen müssen ganzheitlich sein, wenn sie die Entwicklung des Schülers nicht beeinträchtigen wollen. Drittens: Schulleistungen müssen altersgerecht sein. Viertens: Schulleistungen müssen sinnvoll sein. Es ist zwar auch eine Leistung, Wasser in ein Faß ohne Boden zu schöpfen. Diese Leistung ist jedoch nicht sinnvoll. Ähnlich sinnlos ist es, sich Stoff einzupauken, den man nach der nächsten Klassenarbeit, nach dem nächsten Zeugnis, nach der nächsten Prüfung wieder vergessen kann. Leistungen ohne Sinn fehlt die zentrale Motivation. Sie tragen bei zum Entstehen eines Lebensgefühls von Sinnlosigkeit. Fünftens: Schulleistungen müssen einen Lebensbezug haben. Sechstens: Der Schüler darf nicht mit seiner Leistung gleichgesetzt werden. Die Person des Schülers ist wertvoll, unabhängig von der durch ihn erbrachten Leistung. Siebtens: Schulleistungen dürfen nicht mit einem Übermaß von Streß verbunden sein, sonst wird die Leistung behindert. Zuviel Streß erzeugt Leistungsangst, Leistungskrampf, Leistungsversagen und aus diesen Gründen Leistungsverweigerung. Achtens: Leistungen der Schüler bedürfen der Rückkoppelung zum Lehrer. Leistungskontrolle, Leistungsbeurteilung sowie Analyse von Leistungsfehlern und daraus hervorgehende Hilfe zu besserer Leistung sind notwendig.

Die drei letzten Leitsätze schneiden Schulprobleme von erheblicher Tragweite an. Deshalb sind sie näher zu begründen und zu erläutern. Die Identifikation des Menschen mit seiner Leistung hat eine Vorgeschichte, die bald so lang ist wie die Geschichte des Abendlandes überhaupt. Das Neue Testament verkündete zwar der Menschheit, daß Gott jeden Menschen umsonst, ohne Vorleistungen und Gegenleistungen akzeptiert, doch schon bald ging diese gnädige Botschaft wieder verloren. Die Christen wurden vielmehr von der Kirche angehalten, die Gnade Gottes durch gute Werke zu verdienen. Nun hing das Ansehen des Menschen wieder von seinen Werken ab. Die Reformation Luthers legte die verschütteten biblischen Aussagen, daß Gott den Menschen erwählt und rechtfertigt habe, unabhängig von den Qualitäten und den verdienstlichen Taten des Menschen, erneut frei. Aber schon bei Calvin brach die alte Werkerei in neuer Gestalt wieder durch. Der Erfolg wurde bei ihm zum Erkennungszeichen der Auserwählung, und schon machten sich auch die reformierten Christen daran, der Erwählung durch Gott nachzuhelfen, indem sie mittels Arbeit für Erfolg sorgten. Bekanntlich liegt hier eine wichtige Wurzel der Hochschätzung des Geldes, der Entstehung des Kapitalismus und damit auch der späteren Industriegesellschaft. Der Wert des Menschen wurde erneut in den Wert der durch ihn erbrachten Leistung überführt und konnte sogar an der Menge des verdienten Geldes abgezählt und gemessen werden.

Dieser kleine historische Exkurs soll verdeutlichen, wie sehr es offenbar in der menschlichen Natur liegt, den Wert der eigenen Person mittels Leistung zu markieren. Die Frage stellt sich, inwieweit es überhaupt möglich sein kann, selbst wenn die Fäden durchgeschnitten werden, die unsere Gesellschaft immer noch mit ihrer kapitalistischen Vergangenheit verbinden, zu einem Menschsein vorzudringen, das frei ist von selbstauferlegtem Leistungsdruck. In jedem Falle müssen wir uns um eine Betrachtung des Menschen bemühen, welche die von ihm erbrachten Leistungen verglichen mit dem Wert, den er unabhängig davon als Mensch besitzt, möglichst niedrig ansetzt. Je mehr es der Schule als Institution und dem einzelnen Lehrer als Person gelingt, dem Schüler das Gefühl zu vermitteln, er sei etwas wert und würde akzeptiert, auch ohne seine erfolgreichen Leistungen oder sogar entgegen seinen schlechten Leistungen, um so mehr schwindet die Leistungshypothek, die auf dem Schüler lastet. Nunmehr erleichtert und unbefangener ist er wesentlich leistungskräftiger als zuvor. Jeder von uns weiß wohl aus eigener Erfahrung, daß Leistungserwartungen oder gar Leistungszwang nicht nur anregen – also einen gesunden Streß auslösen – sondern leicht auch blockieren und lähmen können.

Für die Praxis der Notengebung in der Schule ist dies von erheblicher Bedeutung. Faktisch wird der Schüler mit seiner Note identifiziert, beziehungsweise er identifiziert sich selbst damit. Hat er eine gute Note geschrieben, so ist er gut und fühlt sich gut. Ein Schüler, der schlechte Noten erhält, ist ein schlechter Schüler. Gemessen an den guten Schülern rangiert er unten in der Wertskala. Das Selbstgefühl des Schülers hängt stark von den Noten ab, die er zustande bringt. Mittels des Notensystems wird zwar sein Leistungsehrgeiz angestachelt, zugleich aber auch Leistungshochmut und Konkurrenzverhalten gezüchtet. Das Notensystem in der Schule trägt dazu bei, daß die Gleichsetzung von Mensch und Leistung in unserer Gesellschaft so fest verankert ist.

Dabei ist die Benotung von Schulleistungen eine in mehrfacher Hinsicht fragwürdige Angelegenheit. Objektive Leistungsmessung in Gestalt von Notengebung ist eine Illusion. Zugrunde liegt ihr unter anderem der Irrglaube an die Meßbarkeit des Menschen. Jeder Lehrer ist subjektiv. Verschiedene Lehrer beurteilen die gleiche Schülerleistung oft recht unterschiedlich. Zudem ist eine Note ja ein pädagogisches Instrument. Ein Lehrer gibt zum Beispiel eine bessere Note, um ein Kind mit schwachem Selbstgefühl zu ermutigen. Er gibt eine schlechtere Note, als sie der Leistung entspricht, um einen Faulenzer aufzurütteln.

Das Gewicht, welches die Notengebung in der Schule erhielt, ist dabei, Notengesichtspunkte zu Zentralgesichtspunkten der Schule zu machen. Hierfür nur zwei Beispiele. Der Lehrer riskiert, daß jede Note in einem Prozeß vom Verwaltungsgericht überprüft wird. Also sichert er sich und stellt seinen Unterricht darauf ab, daß er im Falle eines Prozesses nicht belangt werden kann. Auf dem Wege über die Notenziffern bestimmen folglich die Verwaltungsgerichte mit, wie in der Schule Unterricht und Pädagogik aussehen. Schließlich lassen sich die Leistungen in den Wissensfächern noch am ehesten messen. Weil aber nur das zählt, was gemessen und benotet werden kann, ist damit die Tendenz verknüpft, Leistungen in den musischen Fächern und Leibesübungen zu vernachlässigen. Die Benotungspraxis legt also noch einmal Gewicht auf den kognitiven Unterricht.

Daraus ergibt sich, daß eine Schule, die umfassend erziehen will, die folglich den verschiedenartigen Leistungen der verschiedenen Erziehungsbereiche prinzipiell den gleichen Wert zubilligt, die Frage prüfen muß, ob zur Leistungsbewertung das Notensystem überhaupt geeignet ist. Diese Frage stellt sich um so mehr, als diese Schule ja keine Berechtigungsscheine austeilen soll und will.

Damit keine Mißverständnisse auftreten, soll sogleich hinzugefügt werden: Leistungsbenotung und Leistungsbeurteilung sind zwei verschiedene Dinge. Auch wenn Leistungen nicht mehr benotet werden, müßten sie bewertet werden. Dazu wäre ein Beurteilungstext nötig. Wie will ein Lehrer zum Beispiel – falls die Schule Persönlichkeitsbildung als ihre Aufgabe begreift – dem Schüler mit Notenziffern bescheinigen, daß er sorgfältig, ausdauernd, pflichtbewußt und so weiter gearbeitet hat und soziale Qualitäten zeigte? Eine Persönlichkeitsbeurteilung, die rationalen, emotionalen, sozialen und leiblichen Leistungen ebenso wie Persönlichkeitswerten gerecht werden soll, kann nur mittels Worten aber nicht durch Zahlen geschehen. Für den weiteren schulischen Werdegang wäre entscheidend, ob das Klassenziel erreicht wurde oder nicht, für eine Prüfung, ob bestanden oder nicht.

Elemente eines solchen Bewertungssystems gab es noch vor wenigen Jahren in unseren Schulen. Die Benotung wurde nämlich durch eine Wortbeurteilung ergänzt. Ferner ist zu begrüßen, daß Kultusminister Hahn die Absicht erklärte, einer Empfehlung der Kommission »Anwalt des Kindes« folgend, die Benotung in den ersten zwei Grundschuljahren aussetzen zu wollen. Es müßte trotz mancherlei Schwierigkeiten, die eine Textbeurteilung vor allem für den Lehrer mit sich bringt, erprobt werden, ob nicht das bisherige Notensystem zuerst durch ein verbales Bewertungssystem ergänzt und danach vielleicht sogar von ihm abgelöst werden könnte. In pädagogischer Hinsicht wäre damit viel gewonnen. Der Lehrer hätte zwar ein Disziplinierungsinstrument verloren, dafür würde aber auch der ungesunde Leistungsehrgeiz, der zum Statusdenken führt und die Motivation der Leistung von der Freude an der Leistung zur Lust an der Höherstufung mittels Leistung verschiebt, erheblich geschwächt.

Bei der Beurteilung einer Arbeit, die der Schüler anfertigte, zum Beispiel einer Klassenarbeit, ist es pädagogisch kaum von Belang, welche Note daruntersteht. Bedeutsam ist es allerdings, daß Fehler ermittelt und angestrichen, ihre Zahl angegeben, daß eine Fehleranalyse und eine zusammenfassende Leistungsbewertung erfolgt. Besonders wichtig scheint mir die Fehleranalyse zu sein. Wenn einem Schüler immer wieder eine große Zahl von Fehlern angekreuzt und eine schlechte Note verpaßt wird, ist ihm damit im allgemeinen nicht geholfen. Die meisten Schüler sind nicht einfach nur faul und schreiben daher schlechte Noten. Sie machen Fehler, die typisch sind für sie. Jene Fehler weisen auf bestimmte Schwächen und Mängel hin. Der Schüler weiß häufig nicht, wie seine Fehler zustande kamen. Deswegen macht er im gleichen Lernstil weiter und hat häufig in der nächsten Arbeit wieder keinen besseren Erfolg. Hier ist es Aufgabe des Lehrers herauszuschälen, warum die Fehler gemacht werden und dem Schüler ein individuelles Lernprogramm anzuraten. Das erfordert freilich erheblich mehr Aufwand als die heute üblichen

Korrekturen von Arbeiten. Persönliche Gespräche mit dem Schüler werden erforderlich. Es liegt jedoch auf der Hand, daß durch eine derart individuelle Betreuung des Schülers von seiten der Lehrer die Schulleistungen wesentlich steigen. Für den Lehrer hat ein solches Verfahren den Vorteil, daß er den Schüler noch besser kennenlernt, und deshalb auch zu einer individuellen Leistungsbeurteilung ohne Notenziffern imstande ist.

Wird dem Lehrer eine solche Zusatzarbeit zugemutet, so muß er zugleich von der Vielzahl der heutigen Klassenarbeiten entlastet werden. Ist Förderung und nicht Notengebung das Ziel von Klassenarbeiten, so ist die Qualität der Auswertung einer Arbeit ungleich wichtiger als die Zahl der Arbeiten. Allerdings zieht dies eine weitere Konsequenz nach sich, zu der es ebenfalls schon Ansätze gibt. Werden Arbeiten geschrieben, um Noten und Zeugnisse zu ermöglichen, so ist, damit die einzelne schriftliche Arbeit nicht zu schwer wiegt, ein größeres Quantum schriftlicher Arbeiten erforderlich. Bei einer Leistungsbewertung mittels Notenziffern kann die mündliche Mitarbeit kaum den Rang einer gleichwertigen Beurteilungsquelle des Lehrers erhalten. Wie will er im Falle eines Prozesses nachweisen, aufgrund welcher Eindrücke er zu einer schwerwiegenden Note kam?

Stellt dagegen Förderung das Hauptziel des Unterrichts dar, so erhalten schriftliche Arbeiten eine andere Funktion. Sie dienen – und das ist ihr ursprünglicher, zum Teil jedoch verlorengegangener Sinn – zur Kontrolle des Leistungsstandes beim Schüler. Haben sie diesen Zweck, so muß sich ihnen eine Fehleranalyse mit nachfolgendem individuellem Übungsprogramm anschließen. In diesem Falle können sie – selbstverständlich ohne vorher der Klasse angesagt worden zu sein – als Stichproben dienen. Wird die Zahl der schriftlichen Arbeiten geringer, so fällt der mündlichen Leistung mehr Bedeutung zu. Das ist zu begrüßen, denn hierdurch werden die Schüler zur Mitarbeit im Unterricht angeregt. Auf diese Weise wird der Akzent stärker vom Schriftlichen auf das Mündliche gelegt. Das aber ist, wie wir erkannten, wegen der Bildungseffekte, die mit Sprechen verbunden sind, von großer Wichtigkeit.

Bei dieser Art von Schule und Leistungsverständnis verlieren

auch Prüfungen an Bedeutung. Sie sind überflüssig, wenn es möglich ist, sich vom Schüler über lange Zeit hinweg ein Bild seiner Leistung, seiner Fähigkeiten, seiner Entwicklung und seiner Persönlichkeit zu verschaffen. In der Schule ist das möglich. Wozu also noch Prüfungen? Prüfungen sind Momentaufnahmen. Was ist jedoch aussagekräftiger, eine einzige Aufnahme eines Menschen oder ein Film, der von ihm gedreht wurde? Prüfungen unterliegen besonderen Bedingungen. Die Tageszeit spielt eine Rolle. Die Gesamtverfassung ist außerordentlich wichtig. Schon die Tatsache, daß sie eine Prüfung ablegen müssen, reicht bei vielen Menschen aus, um in ihnen Angst und eine entsprechende Leistungsverkrampfung hervorzurufen. Sie kommen in einer Prüfung wesentlich schlechter weg, als es ihrem eigentlichen Wissen und Können entsprechen würde. Prüfungsergebnisse verfälschen folglich das wahre Leistungsbild. Da sie nur ein verzerrtes Bild wiedergeben und da Langzeitbeobachtung in der Schule ein wirklichkeitsgetreueres Bild zeichnen kann, sind sie für die Schule entbehrbar. Damit aber fällt von den Schülern ein Druck ab, der sie oft über Jahre hinweg belastet und ihnen die Freude am Lernen, an der Schule und bisweilen sogar am Leben vergällte.
Man wird einwenden: Schaffen wir die Prüfungen in der Schule ab, so wird auch weniger geleistet. Das ist möglich. Es kann jedoch auch das Umgekehrte eintreten, daß in einem entkrampften Klima Leistungsfreude entsteht, in dem mehr gearbeitet wird als in einer Atmosphäre der Angst. Freilich ist nicht von der Hand zu weisen, daß ohne die Peitsche der Prüfung bei manchen ein Leistungsabfall eintritt. Bei solchen Schülern handelt es sich nicht allein um die faulen, sondern auch um junge Menschen, die wegen seelischer Schädigungen nur unter Druck arbeiten können. Ihnen ist ein gesunder Leistungseifer offenbar nicht mehr möglich. Um so nötiger wäre es – soweit als möglich – diesen gestörten Jugendlichen mittels besonderer Betreuung zu besserer Leistungsfähigkeit zu verhelfen. Falls es diese Schüler nämlich nicht in der Schule lernen, in Freiheit zu arbeiten, werden sie auch im Beruf auf die Peitsche irgendeines Sklaventreibers – und wenn es nur Termine sind – angewiesen sein.

Möchte die Schule zu humanen Leistungen befähigen, dann sollte sie auf solche Druckmittel verzichten und zu einer Leistung aus Freiheit heranbilden. Damit wird ein hoher aber kein utopischer Anspruch an das erzieherische Handeln der Schule gestellt. Wer allerdings trotz solcher pädagogischer Bemühungen der Schule unzureichende Leistungen erbringt, dem sollte die Beurteilung der Schule auch deutlich bescheinigen, daß er wenig leistete, faul war oder offenbar nur unter Druck arbeiten kann.

Alle Versuche, die Schule menschgemäßer und lebensbezogener zu gestalten, münden ein in die Notwendigkeit veränderter Lehrerausbildung und Lehrerfortbildung. Wenn es nicht gelingen sollte, die Erziehung der Erzieher zu verändern, wird die innere Schulreform nur auf dem Papier stattfinden. Sicherlich dürfte bei vielen Lehrern manches an pädagogischem Handeln von selbst anspringen, wenn durch Wandlung der Institution Schule der hierzu nötige Freiraum geschaffen wird. Gewiß gibt es in der älteren Lehrergeneration noch eine große Zahl, die nur darauf wartet, wieder stärker dem pädagogischen Anliegen, das sie bewog, den Lehrerberuf zu ergreifen, nachgehen zu können. Gerade diese Lehrer haben sehr unter der Verwandlung der Schule in eine Wissensfabrik gelitten. Manche zerbrachen innerlich oder gar äußerlich an dieser Schule, die sie nicht bejahen konnten, der sie sich aber auch nicht zu entziehen vermochten. Nicht wenige waren froh, als der Tag der Pensionierung kam. Unter der jüngeren Lehrerschaft gibt es neben Schulingenieuren sehr viele Lehrer, die mit großem – durch wirklichkeitsfremde erziehungswissenschaftliche Theorien bisweilen allerdings ins Unrealistische gelenkten – Elan in die Schule kamen und nach wenigen Jahren an dieser Schule resignierten. Auch bei ihnen dürfte, verdeckt unter den vielen Enttäuschungen, noch Bereitschaft vorhanden sein, sich unter veränderten Umständen noch einmal zu engagieren. Aus den zahlreichen Diskussionen, die ich mit Lehrern hatte, bevor ich dieses Buch schrieb, gewann ich den Eindruck, daß wohl bei einer breiten Mehrheit der Lehrerschaft Offenheit zu einer Wandlung der Schule besteht, wie sie hier beschrieben wird.

Freilich darf Wollen nicht mit Können gleichgesetzt werden. In der künftigen Schule sollte nicht das Fach und nicht der Wissensstoff im Mittelpunkt stehen, sondern der junge Mensch. Das bedeutet, daß der Lehrer weniger Einzelheiten seines Faches beherrschen, dafür aber um so mehr vom Menschen und dem erzieherischen Umgang mit ihm verstehen muß. Der Lehrer benötigt zum Beispiel mehr Kenntnisse in Entwicklungspsychologie und Tiefenpsychologie. Er sollte einiges von gruppendynamischen Zusammenhängen wissen. Sein Blick für den Menschen sollte geschärft sein. Er sollte die Methodik der Gesprächsführung beherrschen. Die pädagogische Ausbildung müßte praxisnah sein. Der Lehrer benötigt didaktische Hilfen. Er soll fähig sein, eine Textbeurteilung des Schülers anzufertigen, die sich nicht an ein Schema klammert. Auch die Methodik der Fehleranalyse will gelernt sein. Vor allem aber sind dem Lehrer Hilfen zur eigenen Persönlichkeitswerdung zu geben.
Wieviel hiervon hat der Durchschnittslehrer in der eigenen Ausbildung erfahren? Sicherlich nicht allzu viel. Gewiß lernt der Lehrer vieles in der Praxis. Sicher wächst seine Persönlichkeit auch an den Belastungen der Schule. Dennoch gibt es bei nicht wenigen Lehrern Verkrustungen, die einer menschgemäßen Umgestaltung der Schule hinderlich sind. Manche Lehrer sind nicht bereit und möglicherweise auch nicht in der Lage, sich aus ihrer Fachbezogenheit herauszubegeben. Die Mehrheit der Lehrer dürfte jedoch zu einer Weiterbildung bereit sein und ihrer auch bedürfen. Wie nötig es ist, Neuerungen in der Schule mit einer darauf abgestimmten Weiterbildung der Lehrer zu verbinden, zeigten Fehler zum Beispiel bei der Einführung der Mengenlehre oder der Sexualerziehung.
Die Schule stärker personalisieren und pädagogisieren zu wollen, verlangt Hochschullehrer, die zu einer entsprechenden Bildung der kommenden und gegenwärtigen Lehrer bereit und fähig sind. Man kann jedoch nicht behaupten, daß personale Pädagogik die herrschende Richtung in der Erziehungswissenschaft wäre. Das Gegenteil ist der Fall. Jene Konzeption von Schule verlangt, daß erziehungswissenschaftliche Theorien an der Schulpraxis entwickelt werden, daß sie durch Nachdenken aus

Erfahrungen abzuleiten sind, die im Umgang mit Menschen erworben wurden. In der modernen Erziehungswissenschaft wird jedoch häufig das Kind ausgeblendet. Jene Erziehungswissenschaftler gehen nicht von Voraussetzungen aus, die an der Realität des Menschen und der Schulpraxis überprüft sind, die also ideologischen Charakter haben. Erziehungswissenschaftler, die so verfahren – und ihre Zahl ist nicht gerade klein – können bei der Erziehung der Erzieher nicht weiterhelfen. Gewiß gibt es andere Erziehungswissenschaftler, auf die obige Kritik nicht zutrifft. Ihre Zahl ist jedoch klein, die Anforderungen hinsichtlich der Aus- und Weiterbildung von Erziehern in Pädagogik hingegen groß. Es bietet sich folglich an, erfahrene Lehrer, die ihre erzieherische Qualifikation in der Schule nachgewiesen haben, die imstande sind, ihre Erfahrungen zu reflektieren, sie systematisch darzustellen und weiterzugeben, mit Lehraufträgen zu betrauen. Sie könnten besonders in der Weiterbildung tragende Säulen sein.

Überhaupt ist eine stärkere Verschränkung von Theorie und Praxis anzustreben. Es wäre zu begrüßen, wenn Hochschullehrer, die kommende Lehrer ausbilden, etwa alle fünf Jahre ein halbes Jahr lang als Lehrer in die Schulen gingen, um an der Basis die Wirklichkeit neu kennenzulernen und um hier ihre wissenschaftlichen Theorien zu überprüfen. Fände diese Realitätsprüfung statt, so wären manche erziehungswissenschaftlichen Aussagen und die Ausbildung von Lehrern lebensnäher. Auch an Hochschule und Universität gilt es, den Wissensstoff auf das Unverzichtbare zu beschränken, um Raum für menschbezogene Bildungsangebote zu schaffen und um Zeit für Vertiefung von Wissen und Können zu gewinnen. Grund- und Hauptschullehrer sollten drei Fächer studieren, damit zumindest in diesen beiden Schularten das überzogene Fachlehrerprinzip überwunden werden kann. Je öfter ein Lehrer in einer Klasse unterrichtet, um so eher ist es möglich, daß der Schüler ihn als eine pädagogische Bezugsperson empfindet, zu der eine tiefergehende soziale Beziehung zustande kommt.

Ein weiteres Problem entsteht dadurch, daß eine große Zahl von Lehrern infolge der Umstrukturierung der Schule in neuen Fächern unterrichten muß. Viele werden als Leibeserzieher, Werkerzieher, Musikpädagogen und Kunsterzieher tätig sein müssen, die heute noch Latein, Mathematik und anderes unterrichten. Zu dieser Umschulung, die von manchen als Prestigeverlust empfunden werden dürfte – auch darin zeigt sich die Überbewertung des Intellektuellen –, ist viel innere Bereitschaft nötig. Hierbei wird sich zeigen, inwieweit diesen Lehrern ihr Fach näher steht als der junge Mensch. Sie benötigen selbstredend, wenn jene Erziehung nicht in Dilettantismus ausarten soll, eine fundierte Weiterbildung.

In einer menschgemäßen und lebensbezogenen Schule fällt der Persönlichkeit des Lehrers entscheidende Bedeutung zu. Emotionale, soziale und Werterziehung sind unlösbar mit der Lehrerpersönlichkeit verknüpft. Die ganze von uns vorgeschlagene innere Schulreform steht und fällt damit, daß genügend Lehrerpersönlichkeiten vorhanden sind, die sie tragen und in die Tat umsetzen. Persönlichkeiten fallen nicht vom Himmel. Gewiß erfolgt manches an persönlichem Wachstum bei dem Lehrer durch die Herausforderungen des Unterrichtes, obgleich die derzeitige Schule wenig personal ist. Dennoch kann auch an dieser Stelle vom Lehrer nur gefordert werden, was er erhalten hat.

Unter dem Gesichtspunkt der Persönlichkeitsbildung ist folglich die Lehrerausbildung neu zu zentrieren. Für den Hochschullehrer ergeben sich somit die gleichen Anforderungen, die in einer menschgemäßen Schule an den Lehrer zu richten sind. Sie müssen ebenfalls ihre Persönlichkeit in den Bildungsprozeß einbringen. Als Forscher und Wissenschaftler können und müssen sie sachbezogen, als Lehrer hingegen personenbezogen sein. Personale Pädagogik verlangt an der Hochchule ebenfalls viel Zeit. Deswegen gilt es auch hier, das Fachwissen, das in diesem Ausmaß ja ohnedies an der Schule nicht gefragt ist, radikal zu kürzen. Die Akzente in der Lehrerbildung sind von der Massenvorlesung auf Arbeit in kleinen Gruppen zu verlegen. Hier kann in Gestalt von Seminaren, Übungen, Kolloquien unmittelbare Bildung von Mensch zu Mensch geschehen.

Zu Zwecken der Persönlichkeitsbildung sollten auch – wenngleich in einer kritischen Grundhaltung – gruppendynamische und gruppenanalytische Veranstaltungen angeboten werden. Werden diese von qualifizierten Fachleuten geleitet, so beinhalten sie ausgezeichnete Möglichkeiten zur Persönlichkeitsentfaltung. Dennoch darf man sich von solchen Angeboten keine Breitenwirkung versprechen. Die Zahl der Könner auf diesem Gebiet ist klein; die Kapazität solcher Gruppen gering. Die Zahl der Studenten und Weiterbildungskandidaten hingegen groß. Um so mehr Bedeutung fällt eben doch den Hochschulfachlehrern zu. An dieser Stelle bleibt nur zu hoffen, daß durch die innere Hochschulreform, die genauso dringlich ist wie die innere Schulreform, für den Hochschullehrer pädagogische Freiräume entstehen, von denen er dann im Sinne einer personalen Pädagogik Gebrauch macht.

14 Was können wir tun?

Vor etwa zwölf Jahren wurden Bildungsreform und Bildungsexpansion in Gang gebracht, um die damals so oft beschworene Bildungskatastrophe zu vermeiden. Die Reformbemühungen erreichten manches Positive. Dennoch wurden bereits im Ansatz schwerwiegende Fehler gemacht. Man dachte zu einseitig in Quantitäten und zu wenig in Qualitäten. Deshalb bekam die Bildungsreform einen zu starken bildungsorganisatorischen, ja technokratischen Drall. Im Bestreben, Bildungsrückstände aufzuholen, schenkten Bildungspolitiker wissenschaftlichen Aussagen oft zu unkritisch Glauben. Hierbei ging im Bildungsbereich manches Bewährte verloren – zum Beispiel die Bedeutung des Lehrers als Bezugsperson des Schülers – was heute mühsam wieder in das Bildungswesen aufgenommen werden muß.

Die äußere Schulreform wurde nicht aus einer inneren entwikkelt. Damit entstand die Schule als Lernfabrik. Es mangelte an langfristiger Finanzplanung. Die bildungspolitischen Ziele wurden abgesteckt, ohne gleichzeitig genauestens zu überprüfen, ob das hierzu nötige Finanzvolumen mit Sicherheit auch zur Verfügung stehen würde. Die Schere zwischen dem zur Finanzierung der Bildungsexpansion Nötigen und dem Möglichen öffnete sich noch einmal infolge der Rezession, die 1974 begann. Freilich wurde auch hier ein methodischer Fehler gemacht. Die Bildungsplaner projizierten die über Jahre beobachtete wirtschaftliche Entwicklung zu selbstverständlich in die Zukunft. Damit gelangten sie zu Bedarfsziffern an Akademikern, die sich inzwischen als weit überhöht herausstellen. Gleichzeitig glaubte man, durch an-

haltendes wirtschaftliches Wachstum in den vertrauten Größenordnungen würden genügend Mittel zur Deckung des Finanzbedarfes zur Verfügung stehen.
Bei kritischer Betrachtung ist zu sagen, daß auch ohne den Rückgang der Wirtschaft die finanziellen Möglichkeiten nicht ausgereicht hätten, um die riesigen Summen bereitzustellen, die sich aus den von den Bildungsplanern angestrebten Zielen ergaben. Ein Grundfehler bestand darin, einen Bildungsrückstand von Jahrzehnten in zehn Jahren aufholen zu wollen. Das mußte die finanziellen und personellen Kräfte übersteigen. An dieser Stelle zeigt sich der technokratische Ansatz der Bildungsreform. Man glaubte offenbar, daß Bildung in relativ kurzer Zeit machbar wäre, anstatt zu wissen, daß alles, was mit dem Menschen zusammenhängt, auch von Wachstumsprozessen, die viel Zeit benötigen, abhängig ist.
Aus diesen und anderen Gründen entstanden im Schul- und Hochschulwesen Mißstände, die in wenigen Jahren unschwer katastrophale Ausmaße annehmen können. Zehntausende von Jungakademikern werden demnächst keine angemessene Anstellung erhalten. Ihre Zahl dürfte in einigen Jahren die Ziffer von Hunderttausend überschreiten. Die Hauptschule ist ausgelaugt. Das Bildungsniveau sank an manchen Stellen derart, daß Betriebe zum Teil bei der Einstellung von Auszubildenden bereits Prüfungen in Allgemeinbildung durchführen. Die theoretisierende Schulbildung erhöht die Neigung der Betriebe nicht, mehr Ausbildungsplätze für die geburtenstarken Jahrgänge zu schaffen, die in den kommenden Jahren aus den Schulen herausströmen. Das Schulwesen ist nicht vom Menschen her konzipiert und muß daher zu Verbildungen beim Schüler führen. Auch diese Schere öffnet sich. Beobachtet man die psychologische Entwicklung von Vorschulkindern, so zeichnet sich jetzt schon ab, daß sie den Anforderungen einer Schule, die nicht vom Kind ausgeht, noch weniger gewachsen sein werden als die heutige Schülergeneration. Die Schulkonflikte werden folglich weiter zunehmen. Die Probleme im Bildungsbereich spitzen sich rasch zu, so daß technokratischer Optimismus fehl am Platze ist.
Von diesen Nöten aber sind Millionen von Menschen betrof-

fen: Schüler, Eltern, Großeltern, Lehrer. Heute noch leiden viele Eltern nur still vor sich hin, wenn sie durch Nachhilfeunterricht bei ihren Kindern überfordert sind und wenn sie die täglichen Schulprobleme ihrer Kinder miterleben. Daß Schule so ist, wird noch als eine Art Schicksal hingenommen. Was aber wird sein, wenn sich immer deutlicher herausstellt, daß die ganze Mühe umsonst ist, weil am Ende eben nicht der gesellschaftliche Aufstieg durch bessere Schulbildung winkt? Bei den von unserem Bildungswesen Betroffenen sammelt sich derzeit affektiver und aggressiver Sprengstoff. Heute äußert er sich noch als Unbehagen und Unlust am Schulwesen. Morgen schon kann der Zündstoff explodieren.
Daher wäre es völlig verfehlt, die Situation bagatellisieren oder verschleiern zu wollen. Bedenkt man das Schwergewicht und die Eigengesetzlichkeit der angelaufenen Prozesse, so ist es eine Illusion zu meinen, mittels kleiner Handgriffe könne in kurzer Zeit alles wieder ins rechte Lot gebracht werden. Auch auf die Gefahr hin, daß mir Schwarzmalerei oder Defätismus vorgeworfen wird, halte ich es für das einzig Sinnvolle, die Probleme rechtzeitig offen auszusprechen. Verdrängungen erfüllen eine Zeitlang ihren Zweck. Wird der verdrängte Konfliktstau jedoch zu groß, dann sind Explosionen die Folge. Wer sie vermeiden will, sollte frühzeitig genug Schwierigkeiten bewußt machen und der untergründig bereitliegenden Aggressivität einen Weg des konstruktiven Handelns aufzeigen. Das Ziel, das am Ende dieses Weges steht, wäre die menschgemäße, lebensbezogene Schule, die in diesem Buch geschildert wurde.
Wer der Analyse der Schulsituation, die hier gegeben wurde, zustimmen kann, wird beipflichten, daß der Schule nicht mit kleinen kosmetischen Operationen geholfen ist. Das Schulwesen muß vielmehr auf den Menschen hin neu zentriert und auf menschliches Leben hin entworfen werden. Dieser Ansatz, daß die Schule helfen solle leben zu lernen, ist ja wahrhaftig nicht neu. Aber gerade die Tatsache, daß er in zweitausend Jahren nicht so recht verwirklicht werden konnte, zeigt, wie ungeheuer schwer es offenbar ist, das einfachste und nächstliegendste zu tun. Im Schulwesen gibt es eine große Zahl von Selbstverständ-

lichkeiten, die, gemessen am Leben, nicht selbstverständlich, sondern fragwürdig sind. Dennoch besitzen sie immenses Gewicht. Eine entsprechend große konzeptionelle und organisatorische Kraft ist daher nötig, um die Gewichte anders zu verteilen. Die Bildungsreform der letzten zwölf Jahre war ein mühseliges Stück Arbeit. Dabei hatte sie es vorwiegend »nur« mit Quantitäten zu tun. Eine innere Reform, die auf das Entstehen neuer Qualitäten abhebt, wird es sehr viel schwerer haben.

Dabei ist folgendes zu bedenken: Ein gründlicher Umbau des Gebäudes, Schule genannt, ist unumgänglich. Er muß jedoch so behutsam und sorgfältig erfolgen, daß das Gebäude nicht einstürzt. In ihm befinden sich nämlich Menschen. Trotz allem Umbau muß ja weiterhin Schule gehalten werden. Ferner ist die Schule nicht so ohne weiteres machbar. Eine Schule, der es um Mensch und Leben geht, muß wachsen. Das aber benötigt Zeit, obgleich die Schwierigkeiten in den nächsten Jahren zunehmen werden und uns die Zeit auf den Nägeln brennt. Die Schule ist ein derart komplexes und kompliziertes System, daß viel Augenmaß und Geschick zu seiner Veränderung gehört. Es verlangt Geduld und Beharrlichkeit, das Trägheitsmoment dieser Institution zu überwinden und zugleich dem äußeren Druck von ungeduldigen Wählern, die rasche Wandlung sehen wollen, standzuhalten.

Ich schätze, wenn wir jetzt daran gehen würden, den Entwurf, den dieses Buch enthält, in Feinplanung umzusetzen und darauf mit dem Umbau begännen, wäre ein Zeitraum von einer Generation erforderlich, um eine solche Schule aufzubauen, obgleich erste Erfolge in wenigen Jahren erreicht sein könnten. Angesichts der Nöte, die uns jetzt bedrängen und morgen noch mehr quälen werden, ist das eine fast entmutigende Perspektive. Dennoch dürfte sie realistisch sein. Wie schnell jedoch dreißig Jahre vergehen, wird jeder fühlen, der einmal seinen Blick um dreißig Jahre zurückwendet. Wie rasch sind die drei Jahrzehnte seit Kriegsende vergangen. Genauso rasch wird der Beginn des nächsten Jahrtausends da sein. Er wird jedoch nur dann eine menschgemäße Schule vorfinden, wenn alle Beteiligten heute bereits mit Energie ans Werk gehen.

Die Aussichten hierzu sehen allerdings zur Zeit nicht besonders günstig aus. Gewiß ist die Diskussion um das nicht Menschgemäße in unseren Schulen und um andere Bildungsprobleme, die sich aus Fehlern der Bildungsreform ergeben, angelaufen. Erfreulich ist, daß es zwischen maßgeblichen Bildungspolitikern verschiedener Parteien wie Hahn, B. Vogel, Maier, Eppler, Hamm-Brücher Gemeinsamkeiten in der Kritik beziehungsweise Selbstkritik am Schulwesen gibt. In der Frage, wie die Schule der Zukunft jedoch beschaffen sein soll, gehen die Meinungen zum Teil erheblich auseinander. Meines Erachtens wäre es möglich, hier zu einer größeren Übereinkunft zu gelangen, wenn der Ansatz dieses Buches, von wenigen Grundaussagen zum Menschen und zum Leben auszugehen und aus ihnen Bildungsziele, wie Inhalte und Formen abzuleiten, auf seine Praktikabilität hin diskutiert würde.

Veränderung der Schule ist ein politisches Unternehmen. Aussicht auf Erfolg besteht nur, wenn es getragen wird von dem politischen Willen einer breiten Wählerschicht. Um eine solche Meinungs- und Willensbildung zu ermöglichen, müssen die Anfänge zur Diskussion jener Probleme und ihrer Lösungen in der Öffentlichkeit erweitert und vertieft werden. Im einzelnen sehe ich zur politischen Verwirklichung des Vorhabens einer menschgemäßen, lebensbezogenen Schule folgende praktische Möglichkeiten.

Erstens: Es ist nötig, daß sich die Massenmedien diesem Anliegen stärker zuwenden, als es bisher geschieht. Die Fragen sollten auf allen publizistichen Ebenen erörtert werden bis hin zu Elternrundbriefen.

Zweitens: Es sollten Basisgruppen von Eltern, Lehrern und Schülern entstehen, die auf lokaler Ebene jene Probleme angehen. Sie hätten in ihrem Wirkbereich bewußtseinsbildende Arbeit zu leisten, Kontakte zu den Elternvertretungen und Abgeordneten zu halten und in zäher Kleinarbeit zusammen mit dem örtlichen Schulträger, den lokalen Schulverwaltungen und den Lehrern die vielen kleinen Schritte in Richtung einer Vermenschlichung der Schule zu tun, die auch ohne große Politik möglich sind.

Drittens: Über ihre Schulklassen und Schulen hinaus besitzen Schulelternvertretungen die Möglichkeit, in den Gemeinden und im Landeselternbeirat in jener Frage aktiv und initiativ zu werden. Wenn hinter den Landeselternbeiräten ein entsprechend starker Elternwille steht, wiegt das Votum der Räte schwer. Kein Kultusminister wird sich ohne weiteres darüber hinwegsetzen können.

Viertens: Der wichtigste Weg zu politischen Veränderungen führt natürlich über die politischen Parteien. Wem die Sache einer Lebensschule auf den Nägeln brennt, mag trotz aller Vorbehalte in eine politische Partei eintreten. Aber auch von einem solchen Schritt darf sich niemand schnelle Erfolge versprechen. Es braucht Zeit, bis sich der politische Wille eines Ortsverbandes im Kreisverband, im Landesverband und bei den Abgeordneten der Partei niederschlägt. Dennoch sollten die positiven Möglichkeiten des Engagements in einer politischen Partei gesehen werden. Die meisten Orts- und Kreisverbände umfassen relativ wenig Mitglieder. Bisweilen genügt der Eintritt von einigen Dutzend neuer Mitglieder in einem solchen Verband, um die dortige Willensbildung spürbar zu beeinflussen. Diese neuen Parteimitglieder sollten sich allerdings im wesentlichen einig sein und um des gemeinsamen Zieles willen Meinungsunterschiede und persönlichen Ehrgeiz zurückstellen.

Fünftens: Die wichtigsten Anlaufstellen für bildungspolitische Fragen sind die Landtags- und im gewissen Umfang auch die Bundestagsabgeordneten. Sie haben den Auftrag, im Parlament den politischen Willen ihrer Wähler zu vertreten. Sie achten schon deshalb auf deren Meinungen, weil sie in der Regel wiedergewählt werden wollen. Sind sich stärkere Wählergruppen eines Wahlkreises in jener bildungspolitischen Frage einig und melden sie sich mit Nachdruck zu Wort, so wird es sich der Abgeordnete nicht leisten können, an diesem Wählerwillen vorüberzugehen. Kommen solche Aktivitäten aus einer größeren Zahl von Wahlkreisen zusammen, so schlägt sich dies im Landtag nieder. Hierbei müssen wir uns ins Gedächtnis zurückrufen, daß das Parlament die Legislative, die Kultusverwaltung hingegen die Exekutive ist. Im Parlament fallen die politischen Entscheidungen – zumindest oftmals. Eine Regierung arbeitet natürlich mit den Abgeordneten ihrer Partei zusammen und ist bereit, hinreichend starke Voten des Parlaments in die Regierungsarbeit aufzunehmen und in den einzelnen Ministerien umzusetzen.

Sechstens: Besonders günstig zur Einflußnahme auf die Willensbildung der Parlamente sind Wahlzeiten. Die Bevölkerung ist, wenn sie sich für das Vorhaben einer menschgemäßen Wandlung der Schule einsetzt, in der Lage, die Wahlkreiskandidaten entsprechend zu beeinflussen. Wählergruppen haben die Möglichkeit, Kandidaten um Stellungnahme zu ihren schulpolitischen Vorstellungen zu bitten. Sie können ihm eröffnen, er könne mit ihren Stimmen nur rechnen, wenn er zusage, sich nach Kräften für die Verwirklichung jener Vorstellungen einzusetzen. Die Wähler können hinzufügen, im Falle der Wahl müsse er damit rechnen, immer wieder danach gefragt zu werden, ob er als Volksvertreter den Willen des Wählervolkes energisch vertrete.

Siebtens: Der Kultusminister des Landes Baden-Württemberg, Professor Hahn, berief im Februar 1974 eine kleine Kommission aus Fachleuten und Eltern, die den Namen »Anwalt des Kindes« trägt. Ihre Aufgabe ist es, Empfehlungen zur kindgemäßen Gestaltung des Schulwesens zu machen. In der Zwischenzeit erarbeitete die Kommission eine größere Anzahl von Vorschlägen, die im Kultusministerum dieses Landes überwiegend offene Ohren fanden. Die Bestrebungen Minister Hahns, das Schulwesen in Baden-Württemberg stärker zu pädagogisieren, wurden hierdurch unterstützt. Eine entsprechende Kommission ist in Rheinland-Pfalz tätig. Solche überparteilichen Kommissionen, bestehend aus Fachleuten und Eltern, sollten in jedem Kultusministerium der Bundesrepublik daran mitwirken können, daß der Mensch in das Zentrum der Schule gerückt wird. Durch all dies werden Bildungspolitiker, Kultusminister und Kultusbeamte, die die Notwendigkeit jener Veränderung erkannt haben und an deren Verwirklichung arbeiten, in ihren Bemühungen unterstützt.

Das Maß an Unterstützung aus der Öffentlichkeit kann nicht groß genug sein. Denn leider ist die Neigung bei vielen Politikern, sich bildungspolitischer Fragen anzunehmen, zur Zeit nicht allzu groß. Das ist verständlich. Zur Expansion und Reform des Bildungswesens wurden große Anstrengungen unternommen und Riesensummen ausgegeben. Als Ergebnis davon scheinen sich die Probleme eher gemehrt als verringert zu haben. Lorbeerkränze gibt es derzeit auf dem Gebiet des Bildungswesens nicht zu erringen – zumindest sieht es so aus. Um so nachdrücklicher muß darauf hingewiesen werden, daß trotz bester Absichten der Verantwortlichen einige Kinder in den bildungspolitischen Brunnen gefallen sind. Sie müssen herausgeholt werden. Sich in der zweiten Hälfte der siebziger Jahre um bildungspolitische Fragen zu mühen, ist keine angenehme, aber eine politisch dringend notwendige Aufgabe. Die Politiker und Verwaltungsbeamten, die sich hier engagieren, sollten Rückenstärkung durch Bevölkerung, Elternbeiräte und Massenmedien erhalten. Die Politiker, die die Probleme nicht klar genug sehen und an bildungspolitische Fragen nicht so recht heranwollen, gilt es aufzurütteln.

Es zeigt sich, mit welchen Schwierigkeiten das Unterfangen, Schulen für das Leben aufzubauen, verbunden ist. Dennoch kann dieses Ziel erreicht werden, wenn wir auf dem Wege dorthin nicht erlahmen. Falls wir müde werden sollten, ist es gut, sich daran zu erinnern, wem der Einsatz gilt. Es geht um die Zukunft unserer Kinder. Wir haben die Pflicht, unseren Nachkommen die Welt ein wenig menschlicher zu hinterlassen, als wir sie vorfanden. Die Schule bietet, recht verstanden, wesentliche Möglichkeiten, unseren Kindern bei deren Entfaltung zu helfen. Je größer aber die Zahl derer ist, die ihrem aufgetragenen Menschsein näher kommen, um so mehr werden durch sie auch die Bedingungen in unserer Welt verändert, die Menschwerdung erschweren.

Die meisten von uns müssen sich wohl den Vorwurf machen, daß sie in der Vergangenheit zu sehr ihren beruflichen und privaten Interessen nachgingen und darüber ihren Auftrag in der Öffentlichkeit vernachlässigten. Wenn am Schulwesen Kritik geübt werden muß, so bedeutet dies gleichzeitig Kritik an uns selbst, weil wir uns für menschgemäße Gestaltung unserer Schulen nicht genügend einsetzten. Wir haben es als Eltern nicht in der Hand, was die Zukunft unseren Kindern bringt. Aber wir haben es in der Hand, sie durch Erziehung, auch durch Bildung an unseren Schulen so zu kräftigen, daß sie mit den Bedrohungen der Zukunft fertig werden und ihre Chancen ergreifen können. Jeder von uns verfügt als Bürger einer Demokratie über politische Möglichkeiten, beim Aufbau solcher Schulen mitzuwirken. Wenn jeder von seinen Möglichkeiten Gebrauch macht, werden Schulen entstehen, die zur Entfaltung der Persönlichkeit unserer Kinder beitragen und ihnen helfen, Leben zu lernen.

Themen der Zeit

Erich Fromm
Haben oder Sein
Die seelischen Grundlagen einer neuen Gesellschaft

Es wird immer klarer, daß das Instrumentarium von Begriffen, Werten und Vorstellungen, das sich die westliche Welt geschaffen hat, heute nicht mehr ausreicht, auch nur die dringlichsten Probleme zu lösen. »Haben oder Sein« ist ein Buch, das die Möglichkeiten eines humanen Lebens aufzeigt, Möglichkeiten der Veränderungen des Einzelnen und der Gesellschaft, ein Buch, das sich an alle wendet, die zwar erkannt haben, daß es so nicht weitergeht, aber ratlos fragen, was nun zu tun sei.

Arno Plack
Ohne Lüge leben
Zur Situation des Einzelnen in der Gesellschaft

»Ohne Lüge leben heißt nicht die Wahrheit zur Waffe machen, um sie anderen an den Kopf zu knallen«, sagt Arno Plack. Bekannt geworden durch den Bestseller »Die Gesellschaft und das Böse«, setzt er nun seine Kulturkritik fort: am Leitfaden der Lüge. Er nimmt dabei zu hochaktuellen Themen Stellung: zum modernen Feminismus, zum Überdruß an der Leistungsgesellschaft, zur drohenden Umweltzerstörung, zum Terrorismus und zum vielbeklagten Sittenverfall.

Bruno Bettelheim
Der Weg aus dem Labyrinth
Leben lernen als Therapie

Bruno Bettelheim, der bekannteste lebende Kinderpsychologe, Autor von »Liebe allein genügt nicht«, »So können sie nicht leben« und »Die Kinder der Zukunft« beschreibt zum ersten Mal detailliert und mit leidenschaftlicher Überzeugung die wahrhaft revolutionäre therapeutische Gemeinschaft, die er während 29 Jahren an der Orthogenic School der Universität Chicago schuf.
Aus dieser Schule sind viele »unheilbar« schizophrene und autistische Kinder und Jugendliche in die Welt zurückgekehrt, um ein vollwertiges Leben zu führen. Bettelheims Methode zeigt neue Wege für die Planung sozialer Institutionen und für weitere Bereiche zwischenmenschlicher Beziehungen.

Deutsche Verlags-Anstalt